Räkel
Der deutsche Minnesang

HANS-HERBERT S. RÄKEL

Der deutsche Minnesang

Eine Einführung
mit Texten und Materialien

VERLAG C. H. BECK MÜNCHEN

Das Umschlagbild zeigt ein Minnesiegel des französischen Ritters und Trouvères Conon de Béthune, der am 3. Kreuzzug teilgenommen und im 4. Kreuzzug eine wichtige politische Rolle gespielt hat. Er kniet hier in voller Rüstung vor einer Dame, welche seine Hände umschlossen hält (*immixtio manuum:* Akt der Unterwerfung des Vasallen). Mit dem Wort *merci* drückt der Minneritter nicht etwa Dank aus, sondern bittet sowohl um ‚Gnade' als auch um ‚Lohn'. Das Siegel ist bildhafter Ausdruck der feudal und christlich vermittelten Minnefiktion, welche das Hauptthema der gesamten höfischen Poesie des Mittelalters bildete. (Abbildung nach: Paul Lacroix, Vie militaire et religieuse, Paris 1873)

CIP-Kurztitelaufnahme der Deutschen Bibliothek

Räkel, Hans-Herbert S.:
Der deutsche Minnesang : e. Einf. mit Texten u. Materialien / Hans-Herbert S. Räkel. – München : Beck, 1986.
ISBN 3 406 31308 6

ISBN 3 406 31308 6

Umschlagentwurf: Walther Kraus, München

Satz und Druck: Appl, Wemding
Printed in Germany

Inhalt

Einleitung
Mittelalterliche Minnelyrik und moderne ästhetische Erfahrung

„Von Poesie reden, heißt immer von etwas sehr Altem reden." So beginnt Hans Magnus Enzensberger seinen Vortrag über „die Entstehung eines Gedichts"[1], und er fährt fort: „Dieses Steinalte läßt kein Überholen und Überwinden zu, und somit keine Überraschungen und keine Reprisen." Zur Poesie gehört nun gewiß auch der deutsche Minnesang, zu dem ich mit dieser Anthologie einen Zugang eröffnen möchte. Enzensberger spricht freilich nicht davon, sondern von der neuesten Poesie, von einem seiner eigenen Gedichte, dessen Entstehung so kurze Zeit zurückliegt, daß er sich noch genau an die Umstände und einzelnen Etappen des Entstehungsvorgangs erinnern kann. Was er hieran alt nennt, kann also nur etwas betreffen, das aller Poesie wesentlich ist – vielleicht das, was man an ihr zeitlos oder gar ewig genannt hat? So könnte man geschwind aus Enzensbergers Behauptung herauslesen, daß in aller Poesie auch immer dasselbe zu finden und daß eben darin ihr Wert und der Sinn einer Beschäftigung mit ihr beschlossen sei. Nur ein kleiner Schritt noch, und die Aussage über das Wesen der Poesie verwandelt sich in einen moralischen Anspruch, dem der Leser genügen muß. Dieser Anspruch wird tatsächlich erhoben und liegt einer repräsentativen Vorstellung von Bildung zugrunde: „Die Frage kann nicht sein, ob mittelhochdeutsche Dichtung der jeweiligen Gegenwart etwas zu sagen hat. Es liegt vielmehr an uns, zu fragen, ob wir in der Gegenwart unserer Zeit bereit und fähig sind, die Aussage dichterischer Gestaltungen von zeitloser Bedeutung aufzunehmen und zu verstehen. Darin erkennen wir eine Aufgabe der Bildung", schreibt Erika Essen[2], und in ihrer seit drei Jahrzehnten durch die Hände der Lehramtskandidaten im Fache Deutsch gehenden Methodik des Deutschunterrichts[3] heißt es: „So erkennen die Schüler, daß wahre Dichtung unhistorisch ist." Enzensberger wollte gewiß *so* nicht verstanden werden, denn er führt seinen Gedanken vom Alter der Poesie folgendermaßen fort: „Jenes Alte, das hart wie Stein ist und das wir Poesie nennen, ist schwer zu ertragen. Aber wer möchte sich das gerne eingestehen? Die Gesellschaft hat sich eigene Institutionen geschaffen, um die Poesie, die ihr unerträglich ist, zu entschärfen, dem Bestehenden kommensurabel und damit unschädlich zu machen. [. . .] Eine ganze Industrie lebt von den ideologischen Resten dessen, was früher Bildung genannt wurde."

Enzensberger ist selber Dichter, und vielleicht überschätzt er die Sprengkraft der Poesie ebenso wie die Anstrengungen der Gesellschaft, sie zu entschärfen. Vielleicht überschätzt er sogar das Interesse der Gesellschaft für Poesie, wenn er ihr eine „Neugier, die diesem Alten immerzu begegnet", unterstellt und findet, diese Neugier sei „schwer zu deuten". Immerhin würde er wohl die Suche nach dem zeitlosen und unhistorischen Wesen der Poesie für einen solchen Entschärfungsvorgang halten, denn für ihn ist Poesie in ihrer Spannung zur Gesellschaft natürlich historisch. Darin begegnet er der Überzeugung von Theodor W. Adorno; nach dessen Rede über Lyrik und Gesellschaft von 1957 „hält eigentlich das lyrische Gedicht in seinen Grenzen den geschichtlichen Stundenschlag fest", kann man es „als geschichtsphilosophische Sonnenuhr" betrachten.[4] In seiner Zeit erschien ihm der „individuelle Ausdruck" als die Grundlage der sogenannten traditionellen Lyrik; und den geschichtlichen Stundenschlag hörte er besonders dort, wo die moderne Krise des Individuums gerade jeden individuellen Ausdruck erschüttert. Aber auch diese traditionelle Lyrik war ganz wesentlich gesellschaftlich bestimmt: „Die traditionelle Lyrik aber, als die strengste ästhetische Negation der Bürgerlichkeit, ist eben damit bis heute an die bürgerliche Gesellschaft gebunden gewesen." Wenn sich nun ein moderner Dichter wie Helmut Heißenbüttel über seine eigene Produktion und deren Probleme äußert, so polemisiert auch er – gerade um sich davon absetzen zu können – gegen ein in der Vergangenheit angesiedeltes, aber sehr zählebiges „Subjekt": „Es reduziert sich, überspitzt ausgedrückt, zu einem Bündel Redegewohnheiten."[5] Die Aufgabe, welche der Dichter sich stellen muß, ist also nicht mehr, die ohnehin illusorische Einheit eines fühlenden und sprechenden Individuums zu dokumentieren, sondern durch geeignete Mittel (z.B. Montage und Zitat) dafür zu sorgen, daß die Sprache sich selbst erkennt oder bloßstellt, daß sie den Zustand ihrer eigenen Objektivation enthüllt. Das bewirkt jene ernüchternde Erkenntnis, daß unser Sprechen gar nicht das unsere ist – in der Vermittlung einer solchen Erkenntnis ist die zeitgenössische Lyrik berechtigterweise „schwer zu ertragen". Nicht jeder Leser möchte zugeben, was die Texte demonstrieren; Verteidigungsmechanismen werden ausgelöst, die den verunsicherten Leser das vorgeblich unbeschädigte Subjekt in der Poesie der Vergangenheit suchen lassen. „Der Liebe zum Vergangenen gesellt vielfach sich die Ranküne gegen das Gegenwärtige", schrieb Adorno zum Gedächtnis Eichendorffs.[6] Man muß in Rechnung stellen, daß jenes unangefochtene Subjekt, dessen Zusammenbruch heute konstatiert wird, gerade auch in seiner besten Zeit nur auf schwachen Füßen stand, daß seine Verletzbarkeit, seine Inkonsistenz mehr Dichtungen inspiriert hat als sein Triumph. Es gehört bestimmt zur Entschärfung, daß ältere Dichtung gegenüber der schockierenden Modernität so positiv-liebenswert erscheint. Vielleicht trägt die moderne Dichtung, oder doch wenigstens ihre Theorie, stark dazu bei, die Tradition als überwundene oder zu überwindende schließlich zu entschärfen und auch das an ihr zu verwischen, was einmal Spannung, Wagnis, Gelingen oder Niederlage gewesen sein mag.

Die traditionelle Lyrik hatte eine recht einheitliche Erscheinungsform, war Buchlyrik, schon am Druckbild erkennbar, oft eine unter poetischem Titel zusammengestellte Sammlung von Gedichten. Auch Heißenbüttels Texte stehen noch in Büchern, auch die konkrete Poesie Eugen Gomringers muß man lesen, wie stark das übliche Lesen hier auch durch ein fremdartiges Druckbild und eine fremdartige Sprache bewußt gestört wird. Moderne Dichtung hat ihre eigene innere Wahrheit oft mit dem „Preis des Esoterischen" (Adorno) bezahlen müssen.[7] Diesem Dilemma möchte sich mancher Dichter gern entziehen. Brecht hat Gedichte geschrieben, die nicht ans Buch oder die Anthologie gebunden sein sollten, sondern als Songs in seinen Stücken fungieren. Er griff dabei ganz bewußt auf die längst überholte Praxis einer Trivialpoesie, den Bänkelsang, zurück. Heute wird man kaum zögern, jene Produktionen von Dichtern, die sich als Liedermacher vorstellen, ebenfalls als Poesie zu bezeichnen: Dichter wie Wolf Biermann haben in diesem Medium noch einmal die Herausforderung angenommen, das entfremdete Subjekt selber zu spielen; auch die konkrete Poesie hat ihre Autoren, selbst dann noch, wenn sie sich als Maschinisten der Sprache verstehen und eben damit zur Erfahrung, ja vielleicht gar zur Erschütterung darüber anleiten, wie unwirtlich unsere Sprache ist. Solche Lyrik kann man nicht nach den Regeln verstehen, die man an traditioneller Lyrik eingeübt hat und die sich auf eine ästhetische Konvention berufen, welche bestimmte Formen ganz naiv mit einem bestimmten Sinn koppelt. Solche ästhetische Konvention gehört übrigens weder dem Dichter noch dem Leser, sondern ganz und gar der Gesellschaft. Die neue Poesie verlangt dagegen, daß der Leser oder Hörer sich auf eine neue ästhetische Erfahrung einläßt und auch das Risiko des Scheiterns seines Versuchs auf sich nimmt. Natürlich wird für die geforderte Anstrengung eine Art Belohnung in Aussicht gestellt, eben der auf andere Art nicht zu vermittelnde neue Sinn. Der Begriff einer neuen ästhetischen Erfahrung erlaubt nun aber auch, eine Brücke zu historisch fremder Poesie zu schlagen, ohne sie auf die Ideologie der Zeitlosigkeit zu reduzieren und ohne sie als nur-historisch zum Bildungsgut zu degradieren.

Damit kommen wir jenem Gedanken Enzensbergers vom Alter der Poesie wieder näher: als Niederschlag der Erfahrung eines Ich über sein Verhältnis zur Sprache, zur Welt und zu sich selber ist das Gedicht nicht überholbar und nicht wiederholbar. Es soll als Medium einer solchen Erfahrung in einen ästhetischen Kommunikationsprozeß eintreten, in dem es eben wegen seiner spezifischen Sprach-, Welt- und Icherfahrung seine

Fremdheit behält; bei einem zeitgenössischen Gedicht empfindet man sie spontan, gerade wenn das Verständnis sich einstellt; bei einem historisch fernen ist eine doppelte Arbeit des Verstehens nötig, weil die inzwischen veränderte Sprache und Welt den spontanen Zugang blockiert oder doch dem Mißverständnis Tür und Tor öffnet. Läßt man sich einmal auf die neue ästhetische Erfahrung und die Arbeit des Verstehens ein, so ermöglicht sie nicht nur die Erkenntnis jener ursprünglich im Gedicht niedergelegten unüberholbaren und unwiederholbaren Sprach-, Welt- und Icherfahrung, sondern auch noch die Beobachtung der förderlichen oder hinderlichen Bedingungen, unter denen die poetische Kommunikation stattfindet und die dem spontanen Verständnis meistens unbewußt bleiben. Wenn wir davon ausgehen, daß Gedichte unserer eigenen Zeit – wie weit diese sich auch in die Vergangenheit erstrecken mag – uns selber direkt angehen, so müssen wir wohl voraussetzen, daß dies für Gedichte fremder Zeiten nicht oder nicht im selben Maße gilt. Was daran anheimelnd oder spontan einleuchtend scheint, fordert also eine besonders mißtrauische Prüfung, wenn wir uns nicht den Zugang zur neuen ästhetischen Erfahrung an alter Poesie durch ein Surrogat von vornherein verbauen wollen.

Nur scheinbar habe ich mich jetzt weit von meiner ursprünglichen Absicht entfernt, einen Zugang zum deutschen Minnesang zu eröffnen: ein gewisser Abstand ist nötig, um nicht den Wald vor lauter Bäumen aus den Augen zu verlieren. Jetzt ist es leichter, die Begriffe Gedicht, Sprache und Welt auf den Minnesang zu beziehen, nicht um so etwas wie sein Wesen in eine abstrakte Formel zu fassen, sondern um Wegweiser für die Erkundung dieser Poesie zu setzen.

Freilich entsprechen die Texte, die man in dieser Anthologie findet, dem, was man sich gemeinhin unter einem Gedicht vorstellt. Auch die Tatsache, daß diese Texte hier ein Buch, eine Anthologie bilden, verstärkt den Eindruck, daß es sich um Gedichte handelt. Nicht anders hat man sie gelesen, seit sie in epochemachenden Ausgaben vorliegen.

So gut wie alle lyrischen Werke des 12. und des beginnenden 13. Jahrhunderts findet man seit über einem Jahrhundert und jetzt auf dem neuesten Stand der Forschung in *Des Minnesangs Frühling*, zuerst herausgegeben von Karl Lachmann und Moriz Haupt. *Die Gedichte Walthers von der Vogelweide* hatte ebenfalls Karl Lachmann gesondert herausgegeben. Beide Ausgaben sind nicht nur Gedichtsammlungen: sie sind gleichzeitig eine Dokumentation der textkritischen Forschung von über einem Jahrhundert. Verschiedene Zählungen, Lesartenapparate und Änderungsvorschläge begleiten den Text und hinterlassen beim nicht eingeweihten Leser leicht den Eindruck, daß die philologische Textherstellung der eigentliche Zweck einer Beschäftigung mit dieser Poesie sei.[8]

Auch die mittelalterlichen Quellen, aus denen die Texte stammen, waren schon Bücher bzw. Anthologien: Es sind vor allem die drei berühmten Sammlungen mittelhochdeutscher Lyrik, die man mit den Sigeln A, B, C zu bezeichnen pflegt.

Die *Kleine Heidelberger Liederhandschrift* (A), Klein-Oktav, wird in der Universitätsbibliothek Heidelberg als *Codex palatinus germanicus* 357 aufbewahrt. Sie dürfte noch vor dem Ende des 13. Jahrhunderts im Elsaß, vielleicht für einen Auftraggeber wie den Bischof Konrad von Lichtenberg in Straßburg, vielleicht aber auch für einen Liebhaber des Minnesangs unter dem landsässigen Adel oder den Ministerialen des Oberrheins angefertigt worden sein.

Die *Weingartner (Stuttgarter) Liederhandschrift* (B) befindet sich als *Codex HB XII*, 1 in der Württembergischen Landesbibliothek. Sie ist mit mehr Sorgfalt und Aufwand angelegt worden und enthält ganzseitige Miniaturen. Ihr Format ist noch kleiner als das von A. Wahrscheinlich stammt sie aus der Bodenseegegend, vielleicht aus Konstanz, wo Bischof Heinrich von Klingenberg sie um die Wende des 13. zum 14. Jahrhundert in Auftrag gegeben haben könnte.

Die *Große Heidelberger Liederhandschrift* (C) ist die prächtigste Handschrift der Minnesang-Überlieferung mit ihrem Folio-Format und ihren ganzseitigen Bildern. Sie ist auch die umfangreichste und dürfte zu Beginn des 14. Jahrhunderts in Zürich entstanden sein, wobei die Patrizierfamilie Manesse als Sammler eine entscheidende Rolle gespielt hat; dies bezeugt jedenfalls der Zürcher Bürger Hadloub in einem Lied, das in der Handschrift selber enthalten ist. Die Handschrift ist deshalb auch als Manessische Liederhandschrift bekannt. Sie befindet sich als *Codex palatinus germanicus* 848 in der Universitätsbibliothek Heidelberg.

Keine der drei Handschriften enthält eine Melodieaufzeichnung, und Hadloub rühmt gerade die Tatsache, daß der Patrizier Manesse Liederbücher gesammelt habe. Der Gesang hat in Zürich also „Stamm und Wurzel" in aufgeschriebenen Texten, die nur noch der Lektüre dienen können, während das prächtige Sammelwerk mit seinen kunstvollen Bildern das ehrenvolle Mäzenatentum seines Auftraggebers dokumentiert, sei es nun der Patrizier Manesse oder ein anderer, adliger oder gar königlicher Liebhaber jener ritterlichen Poesie, deren Melodien verklungen sind.

Aber alle diese Gedichte sind natürlich nicht fürs Buch geschaffen worden und sollten nicht gelesen werden. Sie konnten ursprünglich nicht anders als durch das Medium des solistischen Vortrags aufgenommen werden – schon weil die weitaus meisten Vertreter der Ritterklasse stolze Analphabeten waren. Welche von den vorgegebenen Vorstellungen, die wir mit einem Gedicht verbinden, müssen wir nun außer Kraft setzen, wenn wir ein Minnelied lesen? Das ist schon deshalb schwer zu sagen, weil solche Selbstverständlichkeiten uns gewöhnlich unbewußt bleiben. Jedenfalls gehen wir auch fehl, wenn wir als naiven ästhetischen Bezugspunkt nun nicht das gedruckte Gedicht, sondern das romantische Kunstlied oder das protestantische Kirchenlied oder einen anderen uns näherstehenden Liedtyp wählen. Das Minnelied wurde ja weder im Chor gesungen, noch war es ein vertonter Text. Wie diese Minnelieder sich dem Ohr darboten, kann man leider konkret so gut wie gar nicht rekonstruieren, aber die Tatsache der musikalischen Erscheinungsform der mittelalterlichen Lyrik darf man nicht vergessen, wenn man einen vorschnellen und gar zu sehr assimilierenden Zugriff bei der Lektüre vermeiden will. Gewiß ist jedenfalls, daß diese Poesie eine ästhetische Erfahrung anzubieten hat, die völlig außerhalb jenes Rahmens liegt, den das gedruckte Gedicht seinem Leser setzt.

Die Sprache der deutschen Minnelyrik ist mittelhochdeutsch; man muß sie in ihren Grundzügen kennen, wenn man den Minnesang kennenlernen will. Dieses eher technische Problem soll hier durch einen recht ausführlichen grammatischen und lexikalischen Kommentar und durch eine möglichst konstruktionstreue Übersetzung wenn nicht gelöst, so doch gemildert werden.[9] Hinter dem technischen Problem versteckt sich aber ein grundsätzliches, denn die Sprache des Minnesangs ist nicht einfach mittelhochdeutsch, sie ist ein poetisches System, in dem Wörter und ganze Wendungen nur im poetischen Zusammenhang einen Sinn haben. Dabei ist das Minnelied selber fast ganz auf solche sprachlichen Sonderelemente angewiesen, die sich im strengen Sinn nicht übersetzen lassen, nicht ins Neuhochdeutsche – weil der kulturelle Rahmen ein anderer ist –, aber auch nicht einmal in mittelhochdeutsche Prosa. Das zentrale Wort des Minnesangs, Minne, ist aus diesem Grunde sozusagen als Fremdwort aus dem Mittelhochdeutschen ins Neuhochdeutsche zu entlehnen, wo es eben das bezeichnen soll, was es im Minnesang bezeichnete, was das nun auch immer sein mag. Das Netz von Themen und Motiven, von sprachlichen Figuren und Reim-Ornamenten läßt sich verstehend analysieren, Strukturen lassen sich aufdecken oder postulieren, Konventionen nachzeichnen, Eigenheiten eines Liedes oder eines Dichters hervorheben – aber das, wovon gesprochen wird, spricht uns sowenig direkt an, wie die aufgehobene musikalische Erscheinungsform des Minnesangs. Auch seine Sprache im weitesten Sinne des Wortes muß als etwas Fremdes in eine für uns erst herzustellende ästhetische Erfahrung eingehen.

Sowohl in der musikalischen Erscheinungsform als auch in der Sprache des Minnesangs ist etwas von der Welt enthalten, der er entspringt und die er nicht unwesentlich selber mit gebildet hat. Chronologisch gesehen erstreckt sich der Minnesang, wenn man großzügig rechnet, über ein Jahrhundert: von der Mitte des 12. bis zur Mitte des 13. Jahrhunderts. Dieses Jahrhundert ist im großen und ganzen identisch mit dem staufischen Zeitalter, von Friedrich Barbarossa (1152–1190) über Heinrich VI. (1191–1197), Philipp von Schwaben (1198–1208), Otto IV. (1209–1218) zu Friedrich II. (1220–1250), der dem alternden Walther von der Vogelweide ein Lehen gibt. Das Zeitalter steht im Zeichen mehrerer großer Konflikte, die nach Friedrich II. das übernationale geistlich-weltliche Imperium noch stärker in Frage stellen werden, als es der Investiturstreit während des voraufgehenden Zeitalters der Salier im 11. Jahrhundert vermocht hatte. Das Imperium steht als politische Idee in Konkurrenz zur Territorialmacht seiner eigenen Fürsten (Friedrich Barbarossa führt Prozeß und Krieg gegen den Herzog von Sachsen und Bayern, Heinrich den Löwen!). Da der König und Kaiser in den Fürsten eher eine um ihre eigenen Rechte besorgte Konkurrenz sehen muß, kann er sich auf sie allein nicht stützen, ebensowenig wie auf die Bischöfe, die ja auch dem Papst unterstehen. So betraut er immer mehr Ministerialen mit Verwaltungs- und Verteidigungsaufgaben, wodurch diese langsam in adelsgleiche Stellungen aufsteigen. Demgegenüber nimmt der alte Adel an Bedeutung ab, wo seine Vertreter nicht Herrscher über ein ansehnliches Territorium werden können. Die Kreuzzüge (der zweite 1147–1149, der dritte 1189–1192, der vierte 1202–1204 nach Konstantinopel, der fünfte 1228–1229) und andere bewaffnete Wallfahrten ins Heilige Land sind eine wichtige Erfahrung für das christliche Abendland und haben erhebliche Konsequenzen für dessen Gesellschaftsbewußtsein: alle Teilnehmer, hoch oder niedrig, frei oder unfrei, erwerben das Verdienst ihres religiösen Engagements. Die Ritterorden (Johanniter, Templer, Deutscher Orden) verbinden Rittertum und Mönchswesen, aber auch sonst gibt es in der Kirche immer wieder bedeutende Ansätze zur Reform: im 12. Jahrhundert drängt der Zisterzienserorden auf eine strengere Beachtung christlicher Normen, im 13. Jahrhundert werden Dominikaner und Franziskaner gerade in den Städten neue Rollen der Seelsorge und Sozialhilfe praktizieren. Die Städte werden mit ihrer handwerklichen Produktion und ihrem Handel wirtschaftlich führend gegenüber dem agrarischen landsässigen Adel. Da sie bedeutende Einnahmequellen darstellen, wetteifern Fürsten, Bischöfe und der König bei der Gründung und dem Ausbau von Städten sowie bei der Privilegierung ihrer Einwohner, der Bürger. Das Aufkommen, die Blüte und die Erstarrung der Minnelyrik ist an das Rittertum gekoppelt, ein gesellschaftlich integrierendes Modell, das im 12. Jahrhundert sowohl die feudale Hierarchie als ganze stützt als auch dem Aufstiegswunsch der ständisch unfreien Ministerialen entspricht. Aber spätestens zu Beginn des 13. Jahrhunderts wird das bisher nach unten offene Rittertum seinerseits exklusiv, die Kreuzzüge verlieren ihre integrierende Funktion, und die wirtschaftliche Entwicklung geht am Rittertum vorbei.

Das sind einige Elemente der Welt, zu der der Minnesang gehört. Was im Minnelied wirklich hervortritt, ist allerdings nur ein singendes Ich, wenig Gesellschaft und noch weniger konkrete Gegebenheiten. Sicher ist im Minnesang überall so etwas wie Erotik im Spiel, aber was sie bedeutet, in wessen Dienst sie steht und was sie zu bewirken hat, ist nicht leicht zu sagen. Im konventionell gewordenen Minnesang spiegeln sich gewiß auch gesellschaftliche Zustände, aber welche, das haben selbst eingehende Untersuchungen nicht ganz zweifelsfrei geklärt. Zwar haben die wenigen Anspielungen auf reale Verhältnisse (insbesondere wirkliche oder vermeintliche Anspielungen auf die Kreuzzüge) die Forschung stark beschäftigt; interessanter ist aber ohne Zweifel für das Verständnis des ganzen Phänomens die Seltenheit solcher Anhaltspunkte. Der Minnesang ist so einerseits als mündliche und gesungene Dichtung völlig in die ihn pflegende Gesellschaft integriert, andererseits scheint er die Realität dieser Gesellschaft bis auf geringfügige Ausnahmen aus seiner Thematik auszuklammern. Dieses Verhältnis des Minnesangs zu seiner Welt ist so fremd für die ästhetische Erfahrung des modernen Lesers wie seine Sprache und seine musikalische Erscheinungsform.

Mit der Auswahl von Texten, die ich hier vorlege, möchte ich den deutschen Minnesang so vorstellen, daß er eine ästhetische Erfahrung vermittelt, welche keine andere Poesie anbieten kann, weil diese Erfahrung identisch ist mit der Erkenntnis der Geschichtlichkeit des Minnesangs. Was den modernen Dichter mit seinen Vorgängern samt dem mittelalterlichen Minnesänger verbindet, ist die Unausweichlichkeit seiner eigenen Gegenwart, d.h. seiner Sprache und Gesellschaft, der er sich dichtend stellen muß. In diesem Sinne ist die Geschichtlichkeit der Dichtung selber dasjenige, was nicht überholbar und nicht überwindbar ist, das, was jeden Leser modellhaft angeht und ihm erlaubt, Maßstäbe für Wertungen zu setzen, die zuerst ihn selber engagieren.

Viele Aspekte, unter denen der Minnesang bzw. einzelne Dichter oder Lieder behandelt worden sind, stelle ich in Exkursen aus der germanistischen Forschung exemplarisch vor, wobei Form, Sprache, gesellschaftliche Funktion und moderne Rezeption gleichermaßen berührt werden. Oft handelt es sich um Kontroversen, von denen einige überholt, andere auch heute noch virulent sind. Hier sollen sie dazu ermutigen, die Texte mit eigenen Augen zu lesen oder mit eigenen Ohren zu hören und nach den Bedingungen der kontroversen Positionen zu fragen.

Zur Arbeit mit diesem Buch braucht man kein anderes Hilfsmittel, aber es ist so angelegt, daß der Leser am Schluß den Wunsch haben sollte, an jeder einzelnen Stelle mit weiteren Texten und gründlicherer Kenntnis von Spezialuntersuchungen aus der Forschungsliteratur weiterzuarbeiten. Die bibliographischen Hinweise für eine solche Arbeit sind äußerst knapp gehalten und betreffen nur Bücher, die für den nächsten Schritt zu empfehlen sind. Sie enthalten durchweg so reiche bibliographische Angaben, daß es nicht schwer sein dürfte, sich im Labyrinth der Sekundärliteratur zurechtzufinden, vorausgesetzt, daß man Zugang zu einer wohlausgestatteten Bibliothek hat.

Hinweise zur Aussprache des Mittelhochdeutschen

Es ist nicht möglich, einen vollständigen Regelkatalog für die „richtige" Aussprache des Mittelhochdeutschen zu erstellen. So muß man wohl oder übel von vornherein darauf verzichten, alles richtig machen zu wollen und sich damit begnügen, manches nicht falsch zu machen.

Das Mhd. unterscheidet deutlich zwischen langen und kurzen Vokalen:

â	*ge-tân* (Part. von tuon unrv.): wie nhd. getan
ê	*êre* (stf.): wie nhd. Ehre
î	*rîten* (stv. ‚reiten'): wie nhd. mieten
ô	*vrô* (adj.): wie nhd. froh
û	*trûric* (adj. ‚traurig'): wie nhd. Uhr
ae	*waere* (1. Sg. Prät. Konj. von sîn/wesen): wie nhd. wäre
oe	*hoeren* (Inf.): wie nhd. hören
iu	*liute* (Plur. ‚Leute'): wie nhd. Hüte
a	*machen, schade* (swm.): wie nhd. machen
e	*herze* (swn.), *hemede* (stn.): wie nhd. Herz, Hemd
i	*vil* (adv.), *mir* (Pers. pron.): wie nhd. mild, wirr
o	*sorge* (stf.): wie nhd. Sorge
u	*wunne* (stf.), *tugent* (stf.): wie nhd. Stunde, Zucker
ü	*Kürenberc, lügenaere* (stm.): wie nhd. stürmen, Lücke
ö	*vrömede* (adj. ‚fremd'): wie nhd. können

Diphthonge sind wirklich als Doppellaute zu sprechen:

ei	*leit* (stn.): wie engl. late, aber auch schon wie nhd. Leid
ie	*liep* (adj.): e ist kein Dehnungszeichen!
öi, eu	*vröide* (stf.)
ou	*vrouwe* (swf.)
uo	*muot* (stm.)
üe	*müezen* (prpr.)

Konsonanten wird man wie im Nhd. aussprechen, aber folgende Besonderheiten beachten:

z	*zît* (stf.), *herze* (swn.): im Anlaut und nach Konsonant wie nhd. Zeit, Herz *daz* (Art.), *müezen* (prpr.): im Auslaut nach Vokal und zwischen Vokalen wie nhd. ß
ch, h	vor Konsonant und im Auslaut: immer als Reibelaut wie nhd. ach
v	wie f

Verzeichnis der Abkürzungen

Bibliographische Abkürzungen

A	Sigel für die Kleine Heidelberger Liederhandschrift (S. 13)
B	Sigel für die Weingartner Liederhandschrift (S. 13)
BLI	Bligger von Steinach (S. 96)
C	Sigel für die Große Heidelberger Liederhandschrift (S. 13)
DIE	Dietmar von Eist (S. 32)
FEN	Rudolf von Fenis-Neuenburg (S. 82)
HAR	Hartmann von Aue (S. 108)
HAU	Friedrich von Hausen (S. 42)
HEI	Kaiser Heinrich (S. 80)
HOR	Bernger von Horheim (S. 94)
JOH	Albrecht von Johannsdorf (S. 97)
KÜR	Der von Kürenberg (S. 23)
L.	Lachmann (Anm. 8 zu WAL, S. 209 zu WOL)
MF, MFA, MFU	Des Minnesangs Frühling (Anm. 8)
MOR	Heinrich von Morungen (S. 119)
NEI	Neidhart von Reuental (S. 213)
p	Sigel einer Handschrift (S. 128 f. zu MOR)
P.-C.	Pillet-Carstens (vgl. Anm. 22)
R.	Raynaud-Spanke (vgl. Anm. 22)
REI	Reinmar (S. 143) bEeim: Sigel von Handschriften zu Reinmar, vgl. MF.
RIE	Der Burggraf von Rietenburg (S. 28)
RUG	Heinrich von Rugge (S. 91)
SEV	Meinloh von Sevelingen (S. 29)
VEL	Heinrich von Veldeke (S. 78)
VL	Verfasserlexikon (Anm. 10)
WAL	Walther von der Vogelweide (S. 171). aDGLMNnOsuxy: Sigel von Handschriften zu WAL, vgl. die kritische Ausgabe.
WOL	Wolfram von Eschenbach (S. 209 f.)

Grammatische Abkürzungen

adj.	Adjektiv
adv.	Adverb
ahd.	althochdeutsch
Akk.	Akkusativ
Art.	Artikel
best.	bestimmt
unbest.	unbestimmt
Dat.	Dativ
f.	Femininum
frz.	französisch
Gen.	Genitiv
Imp.	Imperativ
Ind.	Indikativ
Inf.	Infinitiv
Instrum.	Instrumental
Interj.	Interjektion
Interr.	Interrogativ-
intrans.	intransitiv
Komp.	Komparativ
Konj.	Konjunktion
lat.	lateinisch
m.	Maskulinum
mhd.	mittelhochdeutsch
mv	Melodievers
n.	Neutrum
Neg.	Negation
nhd.	neuhochdeutsch
Nom.	Nominativ
Opt.	Optativ (Konjunktiv)
Part.	Partizip
Pers.	Person, Personal-
Pl., Plur.	Plural
Poss.	Possessivum
Präp.	Präposition
Präs.	Präsens
Prät.	Präteritum
Pron.	Pronomen
prpr.	Präterito-Präsens (Verben mit Präsensbedeutung, aber Präteritum-Form)
	weiz, wizzen (I)
	touc, tugen (II)
	gan, gunnen (III)
	kan, kunnen (III)
	darf, durfen (III)
	tar, turren (III)
	sol, suln (IV)
	mac, mugen (V)
	muoz, müezen (VI)
Rel.	Relativ-
Sg.	Singular
st.	stark
stf.	starkes Femininum
stm.	starkes Maskulinum
stn.	starkes Neutrum
stv.	starkes Verbum
	rîten, zîhen (I)
	liegen, bieten (II)
	singen, werben (III)
	nemen (IV)
	geben (V)
	tragen (VI)
	heizen, loufen (VII)
Subst.	Substantiv
Superl.	Superlativ
sw.	schwach
swf.	schwaches Femininum
swm.	schwaches Maskulinum
swn.	schwaches Neutrum
swv.	schwaches Verbum
trans.	transitiv
unpers.	unpersönlich
unr.	unregelmäßig
unrv.	unregelmäßiges Verbum
v	Vers
Zahlw.	Zahlwort
I–VII	Klassen der starken Verben
1., 2., 3.	Personen (Pers.pron. und Verben)

I. Donauländische Ritterlyrik

Die Zeugnisse des frühesten deutschen Minnesangs stammen aus dem Südosten des deutschen Sprachgebiets. Es ist wahrscheinlich, daß der Hof des Herzogs von Österreich, Heinrichs II. („Jasomirgott"), Dichter und Hörer dieser einstimmig gesungenen und solistisch vorgetragenen Lyrik versammelt hat. Die drei großen Minnesanghandschriften überliefern uns mit den Texten folgende Dichternamen: Der von Kürenberg, Meinloh von Sevelingen, Der Burggraf von Regensburg, Der Burggraf von Rietenburg, Dietmar von Eist.

Heinrich II. war Markgraf von Österreich von 1141–1156, gleichzeitig Herzog von Bayern (1143–1156); er wurde im Zuge der Aussöhnung zwischen Friedrich I. Barbarossa und Heinrich dem Löwen 1156 Herzog des neu eingerichteten Herzogtums Österreich, zur Entschädigung für das Herzogtum Bayern, das an Heinrich den Löwen kam. Herzog Heinrich II. starb 1177.

Ein Dietmar von Eist ist als Freiherr in der Umgebung des Herzogs urkundlich mehrfach bezeugt; er starb vor 1171. Die Familie der Grafen von Riedenburg hatte im 12. Jahrhundert das Amt des Burggrafen von Regensburg inne. Die Dichternamen „Burggraf von Regensburg", „Burggraf von Rietenburg" könnten sich auf Heinrich III. (seit 1143 bezeugt, gestorben 1174/77) oder seine Söhne Friedrich und Heinrich IV. aus seiner Ehe mit Bertha, einer Schwester des Herzogs von Österreich, beziehen. Meinloh von Sevelingen ist nicht urkundlich bezeugt; vielleicht gehörte er einer durch spätere Zeugnisse bekannten Familie an, die in Söfflingen bei Ulm beheimatet war; die Söfflinger waren im 13. Jahrhundert Ministerialen der Grafen von Dillingen. Für die Identifizierung Kürenbergs gibt es zwar viele Hinweise, doch keine verläßlichen Kriterien; immerhin ist es sehr wahrscheinlich, daß er ebenfalls österreichischer Herkunft war. Er erscheint uns als der bedeutendste Dichter dieser kleinen Gruppe.[10]

Die germanistische Forschung wollte den frühen sogenannten donauländischen Minnesang aus stilgeschichtlichen Gründen nicht vor 1170 datieren. Aber historische Gründe lassen es sinnvoll erscheinen, ihn mit dem zweiten Kreuzzug (1147) in Verbindung zu bringen. Das französische Kreuzheer unter der Führung Ludwigs VII. (seine Gemahlin Eleonore von Aquitanien, Enkelin des „ersten Troubadours" Herzog Wilhelms IX., begleitete ihn) zog ja von Metz aus über den Rhein und dann donauabwärts: in Regensburg könnten im Sommer 1147 der Burggraf und andere dichtende Herren, sofern sie nicht bereits seit dem Monat Mai selber mit Kaiser Konrad III. unterwegs waren, mit eigenen Ohren provenzalischen Minnesang gehört haben, alte Lieder Wilhelms IX. und neuere von Marcabru, Jaufré Rudel und Cercamon. „Provenzalisch-französische und erste deutsche Ritterkultur 1147 in Regensburg repräsentiert zu denken, ist so reizvoll wie wahrscheinlich", schreibt Karl Bertau.[11] In Südfrankreich gehörte der Minnesang in altprovenzalischer bzw. okzitanischer Sprache seit der Wende des 11. zum 12. Jahrhundert zur höfischen Ritterkultur. Auch aus Deutschland wird (im Epos von Ruodlieb) in der Mitte des 11. Jahrhunderts von ritterlichem Gesang berichtet, aber aufgeschrieben wurde davon nichts. Jene modischen ritterlichen Lebensformen, die sich zuerst in Frankreich ausgebildet hatten, sind zur Zeit des zweiten Kreuzzugs auch in Deutschland verbreitet: das erste bezeugte deutsche Turnier fand 1125 statt, und Bernhard von Clairvaux wird in seiner Schrift „Lob der neuen Ritterschaft" (d. h. des Templer-Ordens) auch an die Ritter jenseits der romanischen Sprachgrenzen gedacht haben. Alles, was jene weltlichen Ritter treiben, weisen die Templer weit von sich; „Schach und Würfelspiel verachten sie; sie verabscheuen die Jagd, nicht einmal die Kurzweil der Falkenjagd bereitet ihnen Ergötzen. Schauspieler, Künstler und Rezitatoren mit ihren albernen Liedern und Aufführungen, deren ungesunde Nichtigkeit sie erkennen, sind Gegenstand ihrer Verachtung". Ein deutscher geistlicher Moralist und Kritiker der profanen Ritterkultur ist unter dem Namen Heinrich (von Melk) bekannt. Er dürfte an Lieder wie die des Kürenberg gedacht haben, als er schrieb: „Wenn sich irgendwo Ritter versammeln, dann reden sie hin und her, wie dieser und jener mit so mancher geschlafen habe. Sie können den Mund nicht halten über ihre Laster, und Ruhm ist für sie nur Weiberruhm. Wer diese Mode nicht mitmacht, der muß sich als Schwächling vorkommen neben seinesgleichen." Gerade unter dem Einfluß der provenzalischen Poesie werden die deutschen Dichter eine andere Rolle zu spielen beginnen: nicht mehr die des protzenden Weiberhelden, sondern die des nicht erhörten und trotzdem treu dienenden Verehrers.

Man darf also annehmen, daß die Praxis der ritterlich-höfischen Lieddichtung gegen die Mitte des 12. Jahrhunderts schon eine gewisse Zeit lang geübt worden war, ohne aufgeschrieben zu werden. Der zweite Kreuzzug und die Erfahrung der glänzenden ritterlichen Kultur Frankreichs mögen dann den Anstoß für höhere Wertschätzung, formale und inhaltliche Veränderungen und für die schriftliche Überlieferung gegeben haben.

Datierung und namentliche Zuschreibung der einzelnen Strophen und Lieder bleiben allerdings sehr problematisch: Kürenberg ist so gut wie gar nicht historisch identifizierbar, Meinloh läßt sich mit einiger Wahrscheinlichkeit lokalisieren, aber nicht datieren, in der Burggrafenfamilie hat man mindestens die Wahl zwischen Angehörigen zweier Generationen, die Identität des am besten bezeugten Dietmar mit unserem Dichter läßt sich nicht streng beweisen, zumal eine Seitenlinie des freiherrlichen Geschlechts von Eist existiert hat und auch Dienstleute (Ministerialen) dieses Geschlechts den Herkunftsnamen ‚von Eist' getragen haben können. Nur selten wird man auch nachweisen können, daß die Lieder in unseren Handschriften dem wirklichen Verfasser zugeschrieben worden sind, und oft läßt sich der Verdacht erheben, daß möglicherweise jüngere Texte älteren Autoren untergeschoben worden sind. Was man trotz aller Unsicherheiten nicht bezweifeln wird, ist die relative Einheitlichkeit des frühen Minnesangs sowie seine Lokalisierung im Donauraum. Aus anderen deutschsprachigen Gegenden ist zur selben Zeit nichts Vergleichbares überliefert – was aber natürlich nicht beweist, daß man nicht auch anderswo bereits mündliche Lyrik gepflegt hätte.

Der von Kürenberg

1

„Leit machet sorge, vil liebe wünne.
Eines hübschen ritters gewan ich künde.
Daz mir den benomen hânt die merker und ir nît,
des mohte mir mîn herze nie vrô werden sît."

2

„Swenne ich stân aleine in mînem hemede,
unde ich gedenke an dich, ritter edele,
sô erblüet sich mîn varwe, als der rôse an dem dorne tuot,
und gewinnet daz herze vil manigen trûrigen muot."

KÜR 1: MF 7.19–26 (3 C). 2 *hübsch* = *hövesch* adj. ‚zum Hof gehörig', ‚nach Sitte des Hofes lebend'. *künde* stf. ‚Kenntnis'; *künde gewinnen* ‚kennen (und lieben) lernen'. 3 *benomen* (Part.) *be-nemen* stv. IV ‚wegnehmen'. *die merker* (Plur. Nom.) stm. ‚Aufpasser'; im Minnesang sind sie die Verkörperung des äußeren Widerstands gegen die Liebe, Neider und Verräter (franz. losengier). 4 *des* (n. Sg. Gen.) Demonstrativpron. ‚darüber', ‚deswegen'. *mohte* (3. Sg. Prät. Ind.) *mugen* prpr. ‚können'. *sît* adv. ‚seitdem'.

KÜR 2: MF 8.17–24 (6 C). 1 *swenne* Konj. ‚immer wenn'. *ich stân* (1. Sg. Präs. Ind.) *stân* unrv. ‚stehen'. 2 *gedenke* (1. Sg. Präs. Ind.) *ge-denken* unrv. ‚denken'. 3 *erblüet* (3. Sg. Präs. Ind.) *sich er-blüejen* swv. ‚erblühen'. *mîn varwe* stf. ‚(Haut)farbe', ‚Teint'; das Possessivpron. ist im Sing. Nom. aller drei Genera endungslos. *der rôse* swm. (!) *dorne* (Sg. Dat.) *dorn* stm. ‚Dornenzweig'. 4 *muot* stm. ‚Seelen-, Gemütszustand'.

3

„Ez hât mir an dem herzen vil dicke wê getân,
daz mich des geluste, des ich niht mohte hân
noch niemer mac gewinnen. Daz ist schedelîch.
Jône mein ich golt noch silber: ez ist den liuten gelîch.“

4

„Ez gât mir vonme herzen, daz ich geweine.
Ich und mîn geselle müezen uns scheiden.
Daz machent lügenaere. Got der gebe in leit!
Der uns zwei versuonde, vil wol, des waere ich gemeit.“

5

Wîp vil schoene, nû var dû sam mir.
Lieb unde leide daz teile ich sant dir.
Die wîle unz ich daz leben hân, sô bist du mir vil liep,
wan minnestu einen boesen, des engan ich dir niet.

6

1 „Ich stuont mir nehtint spâte an einer zinne,
dô hôrt ich einen rîter vil wol singen

KÜR 3: MF 8.25–32 (7 C). 1 *vil* adv. ‚viel‘, ‚sehr‘. *dicke* adv. ‚oft‘. 2 *des* (n. Sg. Gen.) Demonstrativpron; der Gen. ist abhängig vom Verb *gelüsten. geluste* (3. Sg. Prät. Ind./Opt.) *ge-lüsten* swv. + Gen. ‚gelüsten nach‘. *niht* Pronominalsubst. ‚nichts‘ + Gen. *(des),* also eigentlich: ‚wovon ich nichts bekommen konnte‘. 3 *mac* (1. Sg. Präs. Ind.) *mugen* prpr. ‚können‘. 4 *jône* Interjektion *jô* (bekräftigend, ‚ja‘) + *ne* (Negationspartikel). *mein(e)* (1. Sg. Präs. Ind.) *meinen* swv. *den liuten gelîch:* verrätselnder Ausdruck für den Geliebten.

KÜR 4: MF 9.13–20 (10 C). 1 *vonme* = *von deme. ge-weine* (1. Sg. Präs. Ind./Opt.) *weinen* swv.; das Präfix *ge-* hat perfektive oder verstärkende Funktion. 2 *müezen* (1. Plur. Präs. Ind.) *müezen* prpr. 3 *lügenaere* (Plur. Nom.) stm. (vgl. KÜR 1, 3). *in* (Plur. Dat.) Personalpronomen ‚ihnen‘. 4 *versuonde* (3. Sg. Prät. Opt.) *ver-süenen* swv. ‚versöhnen‘, ‚verbinden‘. *der uns . . .* Anakoluth! ‚wenn uns einer . . .‘. *vil wol* Interjektion ‚o ja‘.

KÜR 5: MF 9.21–28 (11 C). 1 *schoene* adj.: nachgestellt. *var* (2. Sg. Imp.) *varn* stv. VI. *sam* Präposition ‚zusammen mit‘. 2 *lieb(e) unde leide* adv. ‚lieb und leid‘, keine Subst.! *sant* = *sam.* 3 *die wîle unz* ‚so lange wie‘ (*wîle* Sg. Akk. stf., *unz* Konj.). 4 *wan* Konj. ‚außer‘. *minnestu* = *minnest dû* ‚wenn du liebst‘ (Wortstellung der Hypothese). *einen boesen* (Sg. Akk.) substantiviertes Adj., schwach dekliniert ‚gering‘, ‚unwürdig‘. *des* (n. Sg. Gen.) Demonstrativpron., abhängig von *gunnen. engan: en-* (Negationspartikel), *gan* (1. Sg. Präs. Ind.). *gunnen* prpr. (+ Gen.) ‚gönnen‘, ‚zugestehen‘. *niet* = *niht.*

KÜR 6: MF 8.1–8; 9.29–36 (4, 12 C). 1.1 *mir* Pronomen, eine Art ethischer Dativ: ‚für mich ganz allein‘. *stuont* (1. Sg. Prät. Ind.) *stân* unrv. *nehtint* adv. ‚gestern

in Kürenberges wîse al ûz der menigîn.
Er muoz mir diu lant rûmen, alder ich geniete mich sîn.“

2 Nu brinc mir her vil balde mîn ros, mîn îsengewant,
wan ich muoz einer vrouwen rûmen diu lant,
diu wil mich des betwingen, daz ich ir holt sî.
Si muoz der mîner minne iemer darbende sîn.

7

Aller wîbe wunne diu gêt noch megetîn.
Als ich an sî gesende den lieben boten mîn,
jô wurbe ich'z gerne selbe, waer ez ir schade niet.
I'n weiz, wie'z ir gevalle: mir wart nie wîp als liep.

8

1 „Ich zôch mir einen valken mêre danne ein jâr.
Dô ich in gezamete, als ich in wolte hân,
und ich im sîn gevidere mit golde wol bewant,
er huop sich ûf vil hôhe und vlouc in anderiu lant.

---

abend‘. 1.2 *dô* adv. ‚da‘ (meist temporal). *hôrt(e)* (1. Sg. Prät. Ind.) *hoeren* swv. *rîter* stm. = *ritter*, vgl. KÜR 1,2 und 2,2 (*ritter* ist die modernere Form, häufiger ab etwa 1175). 1.3 *wîse* stf. ‚Melodie‘. *menigîn* (Sg. Dat.) *menigî* stf. ‚Menge‘. 1.4 *diu lant* (Plur. Akk.) stn. *alder* Konj. ‚oder‘. *ge-nieten* swv. refl. + Gen. ‚sich erfreuen, haben‘. *sîn* (m. Sg. Gen.) Personalpron. 2.2 *wan* Konj. (kausal) ‚denn‘. *vrouwen* (Sg. Dat.) *vrouwe* swf. ‚adelige Dame‘, ‚Herrin‘ (Standesbezeichnung; *wîp* – vgl. KÜR 5,1; 7,1; 9,1 – ist Geschlechtsbezeichnung, meistens ‚verheiratete Frau‘, doch vgl. KÜR 7). 2.3 *diu* (f. Sg. Nom.) Demonstrativpron. ‚die(se)‘. *sî* (1. Sg. Präs. Opt.) *sîn (wesen)* unrv.; Optativ im finalen Nebensatz. 2.4 *der mîner minne* (Sg. Gen., Objekt zu *darben*); der best. Art. steht auch vor dem Poss. *darbende* (Part. Präsens *darben* swv.) + *sîn* (Infin.).
KÜR 7: MF 10.9–16 (14 C). 1 *wunne* stf. ‚Wonne‘ (Metapher für die Geliebte). *aller wîbe* (Plur. Gen.) *wîp* stn.; erklärender Genitiv, etwa ‚Glück, welches die Weiblichkeit bieten kann‘. *megetîn* stn. ‚Mädchen‘: prädikativ (‚lebt noch als ...‘). 2 *als* Konj. (konzessiv) ‚wenn ... auch‘. *ge-sende* ‚senden muß‘, vgl. KÜR 4,1. 3 *wurbe* (1. Sg. Prät. Opt.) *werben* stv. III ‚ausrichten‘, ‚werben‘. 4 *I'n* = *ich* + *en* (Negationspartikel). *weiz* (1. Sg. Präs. Ind.) *wizzen* prpr. *als* = *alsô* adv. ‚ebenso‘.
KÜR 8: MF 8.33–36; 9.1–12 (8, 9 C). 1 MF 8.33–36; 9.1–4. 1.1 *zôch* (1. Sg. Prät. Ind.) *ziehen* stv. II ‚aufziehen‘. 1.2 *in* (m. Sg. Akk.) Personalpronomen 3. Person ‚ihn‘. *ge-zamete* (1. Sg. Prät. Ind.) *zemen* swv.; Präfix *ge-* mit perfektiver Bedeutung (= Plusquamperfekt). *als* Konj. = *alsô* ‚wie‘. *wolte* (1. Sg. Prät. Ind.) *wellen* unrv. ‚wollen‘. 1.3 *im* (m. Sg. Dat.) Personalpronomen der 3. Person ‚ihm‘. *bewant* (1. Sg. Prät. Ind.) *be-winden* stv. III; Präteritum wie in 1.2. 1.4 *er huop sich ûf* ...: Wortstellung (unterbrochenes Satzgefüge, Anakoluth). *huop* (3. Sg. Prät. Ind.) *heben, heven* stv. VI ‚erheben‘. *vlouc* (3. Sg. Prät. Ind.) *vliegen* stv. II ‚fliegen‘. 2 MF 9.5–12. 2.1 *sît* adv.

2 Sît sach ich den valken schône vliegen.
Er vuorte an sînem vuoze sîdîne riemen,
und was im sîn gevidere alrôt guldîn.
Got sende sî zesamene, die gelieb wellen gerne sîn!"

9

Wîp unde vederspil diu werdent lîhte zam.
Swer sî ze rehte lucket, sô suochent sî den man.
Als warp ein schoene ritter umbe eine vrouwen guot.
Als ich dar an gedenke, sô stêt wol hôhe mîn muot.

1

„Leid macht Sorge, viel Liebe (macht) Wonne.
Einen höfischen Ritter lernte ich kennen.
Daß mir den entzogen haben die Aufpasser und ihre Mißgunst,
darüber konnte mir mein Herz seither nie mehr froh werden."

2

„Wenn ich allein dastehe in meinem Hemd,
und ich an dich denke, edler Ritter,
dann erblüht die Farbe (meiner Wangen), wie die Rose am Dorn tut,
und mein Herz bekommt manch traurigen Gedanken."

3

„Es hat mir im Herzen sehr oft weh getan,
daß mich nach dem verlangte, was ich nicht haben konnte
und auch niemals gewinnen kann. Das ist ein Unglück.
Ich denke ja nicht an Gold oder Silber: es ist den Menschen ähnlich."

‚seitdem', ‚nachher' (vgl. KÜR 1,4). *sach* (1. Sg. Prät. Ind.) *sehen* stv. V. *schône* adv. ‚schön'. 2.2 *vuorte* (3. Sg. Prät. Ind.) *vüeren* swv. ‚führen'. *riemen* (Pl. Akk.) *rieme* swm.: ein Wort der Falknersprache (‚Geschüh'). 2.3 *was* (3. Sg. Prät. Ind.) *sîn (wesen)* unrv. ‚sein'. 2.4 *sende* (3. Sg. Präs. Opt.) *senden* swv.; Optativ: Modus des Wunsches. *gelieb(e)* adj. (Plur. Nom.) ‚einander lieb'. *wellen* (3. Plur. Präs. Opt./Ind.) *wellen* unrv. ‚wollen'; die Form *wellen* ohne *-t* tritt bei diesem Verb auch als Ind. auf.
KÜR 9: MF 10.17–24 (15 C). 1 *vederspil* stn. ‚Beizvogel'; *wîp, vederspil* können als stn. auch Pluralformen sein. 2 *Swer* . . ., *sô* . . . Anakoluth: der Satzanfang ist ein Subjektsatz, die Fortsetzung behandelt ihn als Konditionalsatz; die Übersetzung mit ‚wenn' ist also korrigierend. *lucken, lücken* swv. ‚locken', ‚ködern'. 3 *als* = *alsô* adv. ‚so'. *schoene* (m. Sg. Nom.) adj. (trotz unbestimmtem Artikel hier schwach dekliniert). *guot* adj. (undekliniert, nachgestellt, vgl. KÜR 7,2 *mîn*). 4 *als* Konj. ‚wenn'.

4

„Mein Herz geht mir über, daß ich weinen muß.
Ich und mein Freund sollen uns trennen.
Das machen Lügner. Gott gebe ihnen Leid!
Wer uns zwei wieder vereinte – gewiß, darüber wäre ich sehr froh!“

5

Schönste Frau, nun geh zusammen mit mir auf die Fahrt.
Lieb und leid, das teile ich mit dir.
So lange ich das Leben habe, so lange bist du mir lieb,
außer du liebst einen Unwürdigen, das erlaube ich dir nicht.

6

1 „Ich stand so für mich gestern abend spät an einer Zinne.
Da hörte ich einen Ritter sehr schön singen
in Kürenbergs Melodie, mitten aus der Menge.
Er muß mir das Land verlassen, oder ich nehme ihn mir für mich.“

2 Nun bring mir schnell mein Roß und meine Rüstung her,
denn ich muß vor einer Dame das Land verlassen,
die will mich dazu zwingen, ihr geneigt zu sein.
Sie soll nach meiner Liebe ewig darben!

7

Die wundervollste aller Frauen ist noch ein Mädchen.
Wenn ich ihr auch meinen lieben Boten schicken muß,
würde ich es ja gern selber ausrichten, wäre es nicht gefährlich für sie.
Ich weiß nicht, wie es ihr gefällt: mir war keine Frau je so lieb.

8

1 „Ich erzog mir einen Falken länger als ein Jahr.
Als ich ihn gezähmt hatte, so wie ich ihn haben wollte,
und ich ihm sein Gefieder mit Gold umwunden hatte,
hob er sich hoch hinauf und flog in andere Länder.

2 Danach sah ich den Falken herrlich fliegen,
er führte an seinem Fuße seidene Riemen
und sein Gefieder war ihm ganz rotgolden.
Gott möge sie zusammenführen, die einander gerne lieben wollen!“

9

Weiber und Beizvögel, die werden leicht zahm.
Wenn man sie richtig ködert, dann suchen sie den Mann.
So warb ein prächtiger Ritter um eine schöne Dame.
Wenn ich daran denke, so steht mein Mut in Hochstimmung.

Der Burggraf von Rietenburg

1 „Nu endarf mir nieman wîzen,
ob ich in iemer gerne saehe.
Des wil ich mich vlîzen.
Waz dar umbe, ob ich des von zorne jaehe,
daz mir sî iemen alse liep?
Ich lâze in durch ir nîden niet.
Si verliesent alle ir arebeit,
er kan mir niemer werden leit.“

2 Mir gestuont mîn gemüete
nie so hôhe von schulde,
sît ich in rehter güete
hân alsô wol gedienet ir hulde.
Ich vürhte niht ir aller drô,
sît si wil, daz ich sî vrô.
Wan diu guote ist vröiden rîch,
des wil ich iemer vröwen mich.

RIE: MF 18.1–16 1 MF 18.1–8 (1 BC). 1.1 *endarf* (Negationspartikel + 1. Sg. Präs. Ind.) *durfen* prpr. ‚Grund haben‘, ‚Ursache haben‘. *wîzen* stv. I ‚vorwerfen‘, ‚verweisen‘. 1.2 *ob* Konj. ‚daß‘, ‚wenn‘. *saehe* (1. Sg. Prät. Opt.) *sehen* stv. V. 1.3 *des* (n. Sg. Gen.) Demonstrativpron., abhängig von *vlîzen,* bezieht sich auf den Inhalt des vorhergehenden Satzes. *sich vlîzen* stv. I ‚sich befleißigen‘, ‚eifrig tun‘. 1.4 *des* (n. Sg. Gen.) Demonstrativpron., abhängig von *jaehe,* weist voraus auf den ganzen Vers 5. *jaehe* (1. Sg. Prät. Opt.) *jehen* stv. V ‚sagen‘, ‚behaupten‘. 1.5 *sî* (3. Sg. Präs. Opt.) *sîn (wesen)* unrv. ‚sein‘. *alse* adv. ‚ebenso‘. 1.6 *lâze* (1. Sg. Präs. Ind.) *lâzen (lân)* stv. VII ‚lassen‘, ‚verlassen‘, ‚fallen lassen‘. *durch (dur)* Präposition ‚um ... willen‘, ‚wegen‘. *nîden* stv. I substantivierter Infinitiv. *niet = niht.* 1.7 *verliesent* (3. Plur. Präs. Ind.) *ver-liesen* stv. II ‚verlieren‘. *alle* (f. Sg. Akk.) adj., bezieht sich auf *arebeit. arebeit* stf. ‚Mühe‘; – ‚es ist verlorene Mühe‘. 1.8 *leit* adj. ‚unangenehm‘, ‚beschwerlich‘.

2 MF 18.9–16 (2 C). 2.1 *gestuont* (3. Sg. Prät. Ind.) *ge-stân (stên)* unrv. ‚sich befinden‘, ‚beschaffen sein‘. *gemüete* stn. ‚seelische Lage‘, ‚Stimmung‘. 2.2 *hôhe* adv. ‚hoch‘. *von schulde* (stf., idiomatisch) ‚mit Grund‘. 2.3 *güete* stf. ‚das gesellschaftlich angemessene Verhalten‘. 2.4 *gedienet* (Part.) *dienen* swv. ‚verdienen‘. 2.5 *vürhte* (1. Sg. Präs. Ind.) *vürhten* swv. *ir* (Plur. Gen.) Personalpronomen 3. Person ‚ihrer (aller Drohung)‘. *drô* stf. ‚Drohung‘; Sg., auch Plur. 2.6 *sît* Konj. (kausal) ‚da‘. *sî* (3. Sg.

1 *„Nun kann mir niemand vorwerfen,*
daß ich ihn immer gern sehen würde.
Dafür werde ich eifrig sorgen.
Was ist schon dabei, wenn ich aus Zorn gesagt habe,
daß mir irgendeiner genau so lieb wäre?
Ich gebe ihn wegen ihrer Mißgunst nicht auf.
Ihre ganze Mühe ist verloren,
er kann mir nie leid werden."

2 *Mir war mein Gemüt*
noch nie mit Grund so hochgestimmt,
seit ich durch rechtes Wohlverhalten
ihre Huld so wohl verdient habe.
Ich fürchte nicht die Drohungen aller anderen,
da sie möchte, daß ich froh sei.
Denn die Gute ist reich an Freuden,
darüber will ich mich allzeit freuen.

Meinloh von Sevelingen

I

Dô ich dich loben hôrte, dô het ich dich gerne erkant.
Durch dîne tugende manige vuor ich ie wallende, unz ich dich vant.
Daz ich dich nû gesehen hân, daz enwirret dir niet.
Er ist vil wol getiuret, den dû wilt, vrouwe, haben liep.
Du bist der besten eine, des muoz man dir von schulden je-
Sô wol den dînen ougen! hen.
Diu kunnen, swen si wellen, an vil güetlîchen sehen.

Präs. Opt.) *sîn (wesen)* unrv. 2.7 *wan* Konj. (kausal) ‚denn'. *diu guote* (f. Sg. Nom.) adj., schwach dekliniert. *vröiden* (Plur. Gen.) *vröide* stf. (Attribut zu *rîch*). 2.8 *des* (n. Sg. Gen.) Demonstrativpronomen ‚darüber'.

SEV I: MF 11.1–13 (I BC). 1 *dô* Konj. ‚als', ‚da' (temporal). *hôrte* (1. Sg. Prät. Ind.) *hoeren* swv. ‚hören'. *het(e)* (1. Sg. Prät. Opt.) *haben (hân)* swv. *erkant* (Part.) *er-kennen* swv. 2 *durch* Präp. ‚um ... willen'. *vuor* (1. Sg. Prät. Ind.) *varn* stv. VI ‚sich bewegen', allgemein: ‚leben'. *ie* adv. ‚immer'. *wallende* (Part. Präsens) *wallen* swv. ‚wandern', ‚wallfahrten'. *unz* Konj. ‚bis'. 3 *enwirret* (3. Sg. Präs. Ind.) *wirren* swv. ‚verwirren', ‚stören' (*en-* = Negationspartikel). 4 *getiuret* (Part.) *tiuren* swv. ‚teuer, wertvoll machen'. *wilt* (2. Sg. Präs. Ind.) *wellen* unrv. ‚wollen'. 5 *von schulden* (Pl. Dat., stf.) ‚mit

2

„Sô wê den merkaeren! Die habent mîn übele gedâht;
si habent mich âne schulde in eine grôze rede brâht.
Si waenent mir in leiden, sô sî sô rûnent under in.
Nu wizzen alle gelîche, daz ich sîn vriundinne bin
âne nâhe bî gelegen, des hân ich weiz got niht getân.
Staechen si ûz ir ougen!
Mir râtent mîne sinne an deheinen andern man."

3

Ich sach boten des sumeres, daz wâren bluomen alsô rôt.
Weistu, schoene vrouwe, waz dir ein ritter enbôt?
Verholne sînen dienest; im wart liebers nie niet.
Im trûret sîn herze, sît er nu jungest von dir schiet.
Nu hoehe im sîn gemüete gegen dirre sumerzît.
Vrô wirt er niemer,
ê er an dînem arme sô rehte güetlîche gelît.

Grund'. *des* (n. Sg. Gen.) Demonstrativpron. (bezieht sich auf den Inhalt des vorhergehenden Satzes). *jehen* stv. V + Gen. der Sache, Dat. der Person ‚j-m etwas zuschreiben'. 6 *den dînen ougen* (*ouge* swn.): der best. Art. steht auch vor dem Poss. 7 *diu* (n. Plur. Nom.) Demonstrativpron., bezieht sich auf *ougen*. Satzbau: *diu kunnen vil güetlîchen ansehen, swen si wellen. kunnen, wellen* (3. Plur. Präs. Ind.).

SEV 2: MF 13.14–26 (10 BC). 1 *wê* adv. (idiomatisch-elliptisch, + Dat. der Person). *übele* adv. ‚mit Schlechtigkeit'. *gedâht* (Part.) *ge-denken* unrv. ‚denken an'. 2 *âne schulde* (Sg. oder Pl. Akk., stf.) ‚ohne Grund', ‚ohne Anlaß'. *brâht* (Part.) *bringen* unrv. 3 *waenent* (3. Plur. Präs. Ind.) *waenen* swv. *leiden* swv. ‚verleiden'. *sô* Konj. ‚wenn'. *si* (Plur. Nom.) Personalpronomen. *sô* (adv.). *under in* (Plur. Dat.) Personalpron. der 3. Person ‚ihnen' (nhd. durch das Reflexivum ‚sich' wiedergegeben). 4 *wizzen* (3. Plur. Präs. Ind./Opt.) *wizzen* prpr. 5 *ge-legen* (Part.) *ligen* stv. V ‚liegen'. *weiz got* (Interjektion). 6 *staechen si* (3. Plur. Prät. Opt.) *stechen* stv. IV; wenn der Wortlaut hier korrekt überliefert ist, wird vielleicht auf eine Strafe für Spione angespielt. *ir* Possessivum (flexionslos als Plur. Gen. des Personalpronomens der 3. Person). 7 *deheinen* = *dekeinen* (Sg. Akk.) negierter unbest. Art. ‚kein'.

SEV 3: MF 14.1–13 (12 C). 1 *sach* (1. Sg. Prät. Ind.) *sehen* stv. V. *boten* (Plur. Akk.) *bote* swm. *rôt* adj. (nachgestellt, unflektiert). 2 *weistu* = *weist dû; wizzen* prpr. *enbôt* (3. Sg. Prät. Ind.) *enbieten* stv. II ‚anbieten'. 3 *verholne* adv. (*ver-heln* stv. IV) ‚heimlich'. *liebers* (n. Sg. Gen., Komparativ) adj. *liep;* Gen. abhängig von *niet* = *niht* ‚nichts'. 4 *schiet* (3. Sg. Prät. Ind.) *scheiden* stv. VII. 5 *gegen* Präp. + Dat. *dirre* (f. Sg. Dat.) Demonstrativpronomen. 7 *gelît* = *ge-liget* (3. Sg. Präs. Ind.) *ligen* stv. V; Präfix *ge-* mit perfektiver Funktion, also ‚gelegen hat'.

1

Als ich dich loben hörte, da hätte ich dich gern kennengelernt.
Wegen deiner vielen Tugenden wallfahrtete ich so lange, bis ich dich fand.
Daß ich dich nun gesehen habe, das beunruhigt dich nicht.
Jener wird hoch erhoben, den du, Herrin, lieben wirst.
Du bist eine von den besten, das muß man dir rechtens zugestehen.
Gepriesen seien deine Augen,
die können, wen immer sie wollen, sehr freundlich ansehen.

2

„Weh über die Aufpasser! Die haben mich übel behandelt.
Sie haben mich ohne Grund in großes Gerede gebracht.
Sie glauben, daß sie ihn mir verleiden, wenn sie so untereinander raunen.
Nun sollen es alle gleicherweise wissen, daß ich seine Freundin bin,
ohne bei ihm gelegen zu haben, das habe ich, weiß Gott, nicht getan.
Stäche man ihnen doch die Augen aus!
Mir raten meine Sinne zu keinem anderen Mann."

3

Ich sah Boten des Sommers: es waren ganz rote Blumen.
Weißt du, schöne Dame, was ein Ritter dir angeboten hat?
Heimlich seinen Dienst. Ihm war nichts je lieber.
Ihm trauert sein Herz, seit er nun jüngst von dir schied.
Nun gib du seinem Gemüt die hohe Stimmung für den kommenden Sommer.
Froh wird er nie wieder,
bis er so recht mit Lust in deinen Armen gelegen hat.

Dietmar von Eist

I

Ez stuont ein vrouwe alleine
und warte über heide
und warte ir liebes.
Sô gesach si valken vliegen.
„Sô wol dir, valke, daz du bist!
Du vliugest, swar dir liep ist;
du erkiusest dir in dem walde
einen boum, der dir gevalle.
Alsô hân ouch ich getân:
ich erkôs mir selbe einen man,
den erwelten mîniu ougen.
Daz nîdent schoene vrouwen.
Owê, wan lânt si mir mîn liep?
Joch engerte ich ir dekeines trûtes niet!"

1

Es stand eine Frau alleine
und spähte über die Heide
und spähte aus nach ihrem Geliebten.
Da sah sie einen Falken fliegen.
„Wohl dir, Falke, daß du so bist!
Du fliegst, wohin dir lieb ist,
du suchst dir im Wald
einen Baum, der dir gefällt.
So habe auch ich es getan:
ich suchte mir selbst einen Mann,
den erwählten meine Augen.
Das neiden mir schöne Damen.
Ach, warum lassen sie mir meinen Geliebten nicht?
Ich habe ja doch auch keinen ihrer Freunde begehrt!"

DIE I: MF 37.4–17 (12 C). 1 *stuont* (3. Sg. Prät. Ind.) *stân (stên)* unrv. ‚stehen'. 2–3 *warte* (3. Sg. Prät. Ind.) *warten* swv. ‚Ausschau halten'. *ir* Possessivum (als Personalpronomen f. Sg. Gen. undekliniert). *liebes* (Sg. Gen.) *liep* stn. ‚das Liebe', ‚der Geliebte'. 4 *valken* (Sg. Akk.) *valke* swm.; die Form kann auch Plur. Akk. sein, was aber wegen Vers 5 nicht wahrscheinlich ist; man vermißt den unbestimmten Artikel. 6 *vliugest* (2. Sg. Präs. Ind.) *vliegen* stv. II. *swar* Konj. ‚wohin auch immer'. 7 *erkiusest* (2. Sg. Präs. Ind.) *er-kiesen* stv. II ‚wählen'. 8 *gevalle* (3. Sg. Präs. Opt.) *gevallen* stv. VII (Optativ im Relativsatz mit finalem Sinn). 10 *erkôs* (1. Sg. Prät. Ind.)

2

„Sô wol dir, sumerwunne!
Daz vogelsanc ist geswunden,
alse ist der linden ir loup.
Jârlanc trüebent mir ouch
mîniu wol stênden ougen.
Mîn trût, du solt dich gelouben
anderre wîbe.
Wan, helt, die solt du mîden.
Dô du mich êrst saehe,
dô dûhte ich dich ze wâre
so rehte minneclîch getân.
Des man ich dich, lieber man!“

2

„Gepriesen seist du, Sommerwonne!
Der Gesang der Vögel ist verschwunden,
ebenso das Laub der Linde.
Für den Rest des Jahres werden auch mir
meine strahlenden Augen trübe bleiben.
Mein Geliebter, du mußt verzichten
auf andere Frauen.
Ja, Held, die sollst du meiden.
Als du mich das erstemal sahst,
da schien ich dir doch wahrhaftig
so recht für die Liebe geschaffen.
Daran erinnere ich dich, lieber Mann!“

---

erkiesen stv. II. *selbe* adv. zu *selp* adj. 11 *erwelten* (3. Sg. Prät. Ind.) *er-weln* swv. ‚wählen‘. 13 *wan* = *wande ne* ‚warum nicht‘. 14 *joch* adv. ‚ja auch‘. *engerte* (Negationspartikel *en-*, 1. Sg. Prät. Ind.) *gern* swv. ‚begehren‘; mit Gen. *(dekeines trûtes)*. *ir* (f. 3. Plur. Gen.) Personalpronomen ‚ihrer‘, ‚von ihnen‘. *trûtes* (Sg. Gen.) *trût* stm. ‚Geliebter‘.

DIE 2: MF 37.18–29 (13 C). 3 *alse* adv. ‚ebenso‘. *der linden* (Sg. Dat.) *linde* swf. 4 *jârlanc* adv. ‚von jetzt an das Jahr hindurch‘. *trüebent* (3. Plur. Präs. Ind.) *trüeben* swv. ‚trübe werden‘. 5 *wol stênden* (Part. Präs.), Plur. Nom. schwach flektiert: das Gegenteil von ‚trübe‘, also ‚klar‘, ‚hell‘. 6 *solt* (2. Sg. Präs. Ind.) *suln* prpr. *sich gelouben* swv. + Gen. ‚verzichten auf‘. 7 *anderre* (Plur. Gen.) < *ander-er*. 8 *wan* Konj. ‚denn‘. *die* (f.! Plur. Akk. – also nicht das grammatische Genus von *wîp*). 9 *êrst* adv. ‚zuerst‘, ‚das erste Mal‘. *saehe* (2. Sg. Prät. Ind.) *sehen* stv. V. 10 *dûhte* (1. Sg. Prät. Ind.) *dunken* unrv. ‚dünken‘. 12 *des* (n. Sg. Gen.) Demonstrativpronomen (abhängig vom Verb *manen*) ‚daran‘. *man(e)* (1. Sg. Präs. Ind.) *manen* swv. ‚mahnen‘, ‚erinnern‘.

3

1 Nu ist ez an ein ende komen, dar nâch ie mîn herze ranc,
daz mich ein edeliu vrouwe hât genomen in ir getwanc.
Der bin ich worden undertân,
als daz schif dem stiurman,
swanne der wâc sîn ünde alsô gar gelâzen hât.
Sô hôh ôwî!
Si benimet mir mange wilde tât.

2 „Jâ hoere ich vil der tugende sagen von eime ritter guot;
der ist mir âne mâze komen in mînen staeten muot,
daz ich sîn ze keiner zît
mac vergezzen", redte ein wîp,
„nu muoz ich al der welte haben dur sînen willen rât.
Sô hôh ôwî!
Wie schône er daz gedienet hât!"

3 Wie möhte mir mîn herze werden iemer rehte vruot,
daz mir ein edeliu vrouwe alsô vil ze leide tuot!
Der ich vil gedienet hân,
als ir wille was getân.
Nû wil sî gedenken niht der mangen sorgen mîn.
Sô hôh ôwî!
Sol ich ir lange vrömde sîn?

DIE 3: MF 38.32–39.17. 1 MF 38.32–39.3 (29 C). 1.1 *komen* (Part.). *ranc* (3. Sg. Prät. Ind.) *ringen* stv. III. 1.2 *ir* Possessivum (unflektiert). *getwanc* stm. ‚Gewalt'. 1.3 *der* (f. Sg. Dat.) Demonstrativpronomen. 1.5 *swanne* Konj. ‚wenn'. *wâc* stm. ‚Woge', ‚Meer'. *ünde* stf. ‚Welle', ‚Flut'. *gelâzen* (Part.) *lâzen (lân)* stv. VII ‚lassen', ‚loslassen'. 1.6 bei den Interjektionen des Refrains lag für den mhd. Hörer vielleicht doch eine semantische Interpretation nahe: ‚so hoch' und ‚o weh', was sich in der ersten Strophe auf *ünde,* in der zweiten auf den Wert des Ritters, in der dritten auf die Sorgen oder die Dame beziehen ließe. 1.7 *wilt* adj. ‚ungezähmt', ‚unbeherrscht'.
2 MF 39.4–10 (30 C). 2.1 *der tugende* (Plur. Gen.) *tugent* stf. *eime = einem(e).* 2.2 *mâze* stf. ‚Maß', ‚Angemessenheit'. *komen* (Part., vgl. 1.1). *staete* adj. 2.3 *sîn* (m. Sg. Gen.) Personalpronomen der 3. Person, abhängig von *vergezzen.* 2.4 *mac* (1. Sg. Präs. Ind.) *mugen* prpr. ‚können'. *redte* (3. Sg. Prät. Ind.) *reden* swv. 2.5 *al der welte* (Sg. Gen.) *welt* stf. (abhängig von *rât haben* ‚verzichten') ‚die ganze Welt', ‚Umgang mit Menschen', ‚Gesellschaft'. 2.7 *gedienet* (Part.) *dienen* swv. ‚verdienen', ‚durch Dienst erwerben'.
3 MF 39.11–17 (31 C). 3.1 *möhte* (3. Sg. Prät. Opt.) *mugen* prpr. ‚können'. *vruot* adj. ‚verständig', ‚froh'. 3.2 *daz* Konj.: nimmt den Inhalt von Vers 1 ziemlich frei wieder auf, etwa: Wie sollte mir mein Herz je richtig froh werden, wo mir doch eine edle Dame so viel Kummer bereitet. 3.4 *als* Konj. ‚wie'. 3.7 *vrömde* adj. ‚fern' (im Raum oder im Geist).

3

1 *Nun ist es dahin gekommen, wonach mein Herz schon immer strebte,*
daß mich eine edle Dame in ihre Herrschaft genommen hat.
Ihr bin ich untertan geworden
wie das Schiff dem Steuermann,
wenn das Meer seine Wellen so ganz in Ruhe läßt.
So ho owi!
Sie hält mich von mancher unbesonnenen Tat ab.

2 *„Ich höre ja viel Gutes von einem edlen Ritter berichten;*
der ist mir übermächtig in meinen treuen Sinn gekommen,
daß ich ihn zu keiner Zeit
vergessen kann“, sprach eine Frau,
„nun muß ich auf die ganze Welt um seinetwillen verzichten.
So ho owi!
Wie herrlich er das verdient hat!“

3 *Wie könnte mir mein Herz jemals wirklich vernünftig werden,*
solange mir eine edle Dame so viel Leid antut!
Ihr habe ich lange gedient,
wie es ihr Wille war.
Nun will sie an meine vielen Sorgen nicht denken.
So ho owi!
Soll ich ihr noch lange gleichgültig sein?

Zur Poetik des frühen Minnesangs

Der Reiz einer Strophe des Kürenbergers liegt sicher in der Kürze, in der Momentaufnahme einer Situation, die persönlich, ja intim erscheint und die doch immer ein einziges typisches Muster repräsentiert: den unverhüllten erotischen Wunsch einer Frau oder den Stolz und die erotische Siegesgewißheit eines Ritters. Die Trennung der beiden fiktiven Partner ist eine Voraussetzung dieser Poesie; ihr Ziel ist nicht mehr und nicht weniger als die immer wieder evozierte Situation, welche keine Entwicklung von Gefühlen oder gar Handlungen kennt. Das Ich, welches hier spricht, repräsentiert ausschließlich eine eng umrissene Rolle: Rolle des Ritters, Rolle der Frau. Doch gerade die erotische Bereitschaft der Frau wird ihr vom ritterlichen Dichter zudiktiert – „jeder Befehlende ist einsam“, schreibt Karl Bertau, „aus der Isoliertheit des Sprechens erwächst auch die isolierte Künstlichkeit, in welcher sich die Metaphern unbekümmert um logischen Zusammenhang selbständig entfalten. Ebenso ist jede Strophe eine Art lyrisches Einzelgehöft, von romanischer Urbanität weit entfernt."[12] Erotik ist hier nicht Ausdruck der Kommunikation und des Austauschs, sie ist ein Medium von Herrschaft und steht im Dienste der Selbstdarstellung der aristokratischen Gesellschaft. Insofern ist dieser Minnesang alles andere als volkstümlich.

Die Einzelstrophe als prägnanter Ausdruck der gesellschaftlichen Situation dieser Poesie ist auch da noch ganz selbständig, wo sie mit einer zweiten zu einem „Wechsel" verbunden wird. Der Wechsel ist sozusagen die Ausführung des Musters, das auch jeder einzelnen Strophe zugrunde liegt, weil die beiden Geschlechterrollen einander bedingen. Bei der Lektüre wird man bemerken, wie diese aristokratische und herrscherhafte Struktur gelegentlich durchbrochen oder doch geöffnet wird: in der Strophe *Aller wîbe wunne* (7) des Kürenbergers und öfter bei Meinloh zeigt sich ein gefühlvoller und eher unterwürfiger Liebhaber; bei Meinloh findet man sogar, daß der Ritter sich in die Abhängigkeit seiner Dame begibt, und Dietmar fügt an den Wechsel eine in das alte Rollenspiel nicht integrierbare dritte Strophe an: das ist keine Entwicklung, sondern ein Bruch in den künstlerischen und gesellschaftlichen Voraussetzungen der Poesie. Man kann ihn auf zwei Ursachen zurückführen, die sich nicht widersprechen müssen: die gesellschaftliche Situation der Träger des Minnesangs könnte einer Veränderung unterliegen, und westliche Vorbilder könnten direkten Einfluß auf die Dichter und ihre Poesie genommen haben.

Die vielen wissenschaftlichen Kontroversen, die der frühe Minnesang als Ganzes sowie einzelne der überlieferten Lieder genährt haben, zeigen uns sehr augenfällig, wie schwer es ist, diese Poesie in ihrer Form und Funktion zu verstehen. Einige Streitpunkte hat die Zeit – nicht die Forschung! – überholt. So herrscht heute nicht mehr der Eindruck, der frühe Minnesang sei Volkspoesie oder doch ein Sproß der Volkspoesie, man glaubt nicht mehr an den Erlebnisgehalt der Minnesangstrophen, insbesondere nicht bei den ‚Frauenstrophen'. Aber der Appellcharakter dieser Dichtung, die Reduktion auf Rolle und Bild wird in dem Augenblick hermetisch, wo irgendein Element dem Grundmuster nicht oder scheinbar nicht entspricht. Seit eh und je wird das ‚Falkenlied' des Kürenberg für das bedeutendste Denkmal des frühen Minnesangs gehalten, aber auch in neuester Zeit hat sich keine fraglose Einigung über seine Interpretation erzielen lassen.

Die Kontroversen über das ‚Falkenlied' betreffen zwei sehr elementare Fragen: wer spricht? und was bedeutet der Falke? Die erste Frage läßt sich auf das Muster des frühen Minnesangs zurückführen und lautet dann: Spricht eine Dame, ein Ritter, oder sprechen beide im ‚Wechsel'? Alle diese Positionen sind aus verschiedenen Blickwinkeln heraus mit Grund verteidigt worden. Die zweite Frage hat zu mindestens drei Antworten geführt: 1) der Falke ist ein Falke – ein verloren gegangenes Lieblingstier seines Besitzers, 2) der Falke ist der Geliebte, 3) der Falke ist ein Mädchen bzw. eine Braut.

Peter Wapnewski hat in einem Aufsatz sowohl detailliert als auch in größeren Zusammenhängen über das Falkenlied gehandelt.[13] Dieser Aufsatz ist im Tone einer gewissen Endgültigkeit geschrieben, welcher der meisterhaften Interpretation gewiß angemessen ist. Um so interessanter ist der Versuch Rudolf K. Jansens, eine ganz andere Deutung vorzulegen. Daß er selber sie für gewagt hält, deutet der Untertitel „eine Arbeitshypothese“ an, doch nimmt diese wissenschaftliche Bescheidenheit den vorgebrachten Argumenten nichts von ihrem Gewicht. Die folgenden Auszüge aus beiden Arbeiten zeigen den Gedankengang, die Ergebnisse und einige literaturgeschichtliche Konsequenzen; die Beweisführung im einzelnen wurde entweder gerafft oder ganz übersprungen.

Wapnewski unternimmt eine Exkursion in die Falknersprache und findet, daß „in andere Lande fliegen“ dort ein Fachausdruck ist:

> Wir wissen nunmehr, daß die Formulierung in unserem Falkenlied ein *Ent*fliegen, einen Ausbruch gegen den Willen des Hegenden meint, der böslich verlassen zurückbleibt. [. . .] Der Falke ist seiner Herrin entflogen. Was ist es damit, daß sie ihn, schön und unerreichbar, wiedersieht? Was meint der Schmuck, den sie an ihm erkennt?

Die seidenen Riemen und der Goldschmuck deuten nicht darauf, daß der Falke nun einer anderen gehört:

> [. . .] das Geschüh hat nämlich auch die Funktion, das Erkennungs- und Besitzzeichen zu tragen. [. . .] Wie der juristische Besitzstand durch das Wappen am Geschüh ausgedrückt wird, so hier der seelische durch den Seidenschmuck am Geschüh (und den Schmuck des Gefieders). So wollen diese Verse der 2. Strophe kein (außerhalb der Atmosphäre des Liedes liegendes) Dramolet andeuten, sondern erklären, daß die Frau den Entflohenen erkennt, und ihn als ihr (verlorenes) Eigentum erkennt. Diesem Akt des Erkennens und des Anspruchs steht auf der Seite des Falken der des Ausbruchs in die Freiheit gegenüber.
>
> [. . .] Das Lied vom entflogenen Falken ist das Lied von der verlassenen Geliebten. Sie ist es, die in beiden Strophen spricht. Gold und Seide zeigen ihr, daß ihr gehörte, was nun sich der Freiheit freut. Da ist kein Psychologe am Werk, der eine siegreiche Nebenbuhlerin eingeführt hätte. [. . .] Wir fragen nach der Schlußzeile, die merkwürdig abgelöst im Raum zu schweben scheint. Läßt die Erkenntnis vom Verlust noch den Wunsch nach einem Wiederfinden zu? [. . .] Ich glaube nicht, daß eine solche Wendung dem Erlebnis der beiden Elementarkräfte gemäß wäre, die dieses Lied tragen: des Gesetzes, das den Mann in die Freiheit zwingt und die Frau in das Leid. [. . .] Was dieses Gedicht in den Raum der Kunstdichtung verpflanzt, ist die Intensität und Weite der geistigen Kraft, mit der die Seele sich erlebt und überwindet, in Bewußtheit, Beherrschung und Verzicht, in einer Selbstentäußerung, die zu einem Selbstfinden wird. Ein Akt bewußten Entsagens, d. h. ein Akt der Kultur; einer Kultur, wie sie zur Zeit der Entstehung unseres Liedes entdeckt und konstituiert wurde.

Rolf Grimminger stimmt in seiner *Poetik des frühen Minnesangs*[14] Wapnewski darin zu, daß das Falkenlied ein Frauenlied und kein Wechsel sei, daß der Falke den entflohenen Geliebten meine, daß kein Eifersuchtsdrama gespielt werde. Seine Interpretation geht aber stärker auf das literarische Problem des Liedes ein, das sich dem geschilderten System des frühen Minnesangs teilweise entwindet:

> Die ambivalente Gliederung des ‚Falkenlieds' wird also dadurch bestimmt, daß gleiche Motive zwei Strophen eng verbinden, deren Selbständigkeit gleichwohl nicht völlig gebrochen werden kann. Dies ist schon deswegen unmöglich, weil die erste Strophe anders strukturiert ist als die zweite. Jene nämlich wird von den typischen Handlungen des Falkenstoffs gesteuert, diese durch die Kernmotivation der Minne. [...] Das Ergebnis ist endlich eine doppelstrophige Frauenrolle inmitten einer Liedkunst, die sich im allgemeinen darauf festlegte, in der fest umgrenzten und mit starren Regeln untergliederten Einzelstrophe die Rollen der Minne zu Wort kommen zu lassen. [...] Das Lied [ist] das einzige Beispiel ausgeprägten literarischen Eigenwillens im frühen Minnesang und gerade deswegen von besonderem Reiz.

Rudolf K. Jansen[15] beginnt seinen Aufsatz mit dem Nachweis, daß der Falke (trotz des grammatischen Maskulinums) häufig nicht Sinnbild eines Ritters, sondern eines Mädchens ist:

> Zudem waren die meisten Jagdfalken – es ist wichtig, daß man gerade diese Tatsache nicht übersieht – Weibchen (noch heute bezeichnet man in Fachkreisen nur das Weibchen als Falke, das Männchen wird Terzel genannt). Dies mag ganz besonders dazu beigetragen haben, das Bild des Falken in der Vorstellung des Ritters zu verniedlichen. Die [...] Abhandlungen zur Falknerei empfehlen übereinstimmend zur besseren Zähmung des Falken Zärtlichkeiten wie das Kraulen an Hals und Kopf; was läge also näher, als an zwischenmenschliche Zärtlichkeiten zu denken und das Falkenweibchen – den Falken – mit der menschlichen Partnerin zu identifizieren? Kürenberg selber tut das ja: *wîp unde vederspil diu werdent lîhte zam* (KÜR 9). Typologisch den beiden besprochenen Gedichten Kürenbergs eng verwandt ist das Lied *Ez stuont ein vrouwe aleine* (DIE 1). Auch bei diesem Gedicht ist es völlig unmöglich, den freifliegenden Falken als einen nach Liebesabenteuer suchenden Ritter zu deuten, oder ihn zu einem Vergleichsmedium hochfliegender fraulicher Sehnsucht umzubilden. Denn allzu deutlich sagt der Dichter: so, wie sich der Falke einen Baum, so habe ich (die einsame Frau) mir einen Mann erwählt. Der Falke, darüber sollte doch bei dieser Klarheit der Aussage kein Zweifel bestehen, ist doch das Mädchen selbst, der Baum muß zwangsläufig und auch vom rein Psychologischen her der Ritter sein.

Jansen nennt mehrere Belege, in denen der Falke ein junges Mädchen oder eine Braut bezeichnet. Die letzte Zeile des Falkenliedes bringt er mit dem Segen der Brautliturgie zusammen und gelangt so zu dieser Interpretation des Falkenliedes:

Die Form des Gedichtes erlaubt den Schluß, daß die erste Strophe (männliche Reime) wahrscheinlich von einem Ritter gesprochen wird, der sich ein Mädchen *mêre danne ein jâr* so erzogen hat, wie er es wünschte. Diese Zeitangabe braucht nicht wörtlich genommen zu werden, sie wird lediglich besagen wollen, daß es eine lange Zeit war, die er der Erziehung des Mädchens widmete. [...] In der zweiten Strophe, wenn wir wieder von der Form ausgehen (weibliche Reime), haben wir als Sprecherin eine Frau vor uns. Sie drückt ihre Freude darüber aus, daß das junge Ding, von dem hier die Rede sein mag, in dem andern Land durchaus glücklich ist. *schône fliegen* ist doch eine positive, freudige Beobachtung. [...] In Seide gekleidet, goldgeschmückt, sieht die Beobachterin das *megedîn* einhergehen, aufgeputzt wie eine Braut, und erbittet schließlich den Segen Gottes für sie in einer Formel, die dem Dichter aus der Brautmesse geläufig war. [...] Betrachtet man das Falkenlied als ein *‚brûtliet'*, so bleibt eine solche Auslegung ohne die rätselhaften Lücken und Widersprüche, die bisherigen Interpretationen eigen waren. [...] Der Dichter, die Identität der Sprechenden annehmend, dramatisiert die feierliche Übergabe der Braut, er spricht *in loco parentis* wie alle Autoren klassischer Brautgesänge [...].

Was bedeuten die beiden Interpretationen für unsere Vorstellung vom Kürenberger und seiner Rolle in der deutschen Literaturgeschichte? Mit Wapnewski und Grimminger ist er ein Vertreter sowohl einer gesellschaftlich fixierten und poetisch determinierten Tradition als auch deren erster Überwinder, dessen elegisches Programm der Entsagung eine Kultur eröffnen hilft, die sich eigentümlich genug bis in die bürgerliche Neuzeit, ja in unsere Gegenwart zu erstrecken scheint. Mit Jansen dagegen ist er ein bemerkenswerter und vielleicht origineller Gelegenheitsdichter, jedenfalls in seinem Falkenlied. Die Widerspruchslosigkeit dieser letzteren Interpretation würde auch bedeuten, daß dieses Gedicht voll und ganz in seiner Tradition aufgeht. Ein solches Ergebnis ist zwar wissenschaftlich befriedigender, weil es historische Klarheit schafft – aber es ist auch um so gleichgültiger, weil ein Kulturprophet uns allemal mehr interessieren darf als ein Feiertagspoet. Es ist aber nicht leicht, abzuschätzen, ob wir bei einer Vorliebe für Wapnewskis Deutung von den Argumenten oder von einer ganz modernen Sympathie für eine Illusion geleitet werden. Das historische Deuten ist darum auch nicht wertfrei: In unserem Urteil über ein Werk begegnen und überlagern sich erstens dessen hypothetische Existenz in der Geschichte und zweitens unser Vorstellungsvermögen samt seiner gesellschaftlich vermittelten Werteskala. So viel kann die Aporie der Interpretation des Falkenliedes uns jedenfalls lehren, gerade wenn es uns schwer fällt, Partei zu ergreifen.[16]

II. Neubeginn nach westlichem Vorbild

Der deutsche Minnesang aus der Zeit der Mitte des 12. Jahrhunderts bietet mit seinem beschränkten Korpus erhaltener Lieder, seiner formalen und inhaltlichen Beschränkung auf Einzelstrophe und Wechsel, seiner geographischen Konzentration auf den donauländischen Raum bzw. den Wiener Hof der Babenberger eine Einheit und Abgeschlossenheit, der gegenüber die lyrische Dichtung im letzten Viertel des Jahrhunderts als etwas ganz Neues erscheint. Das Dichten ist nun eine gesellschaftlich anerkannte und verbreitete Mode mit höherem Anspruch, und die Überlieferung fließt reichlicher; im Mittelpunkt der Lieder steht der vergeblich werbende Sänger; seine immerwährende Klage und Bitte entfaltet sich gewöhnlich in mehreren aufeinander bezogenen Strophen gleicher Form; geographisch gesehen ist nun der Rhein die Achse, um die sich die Dichter gruppieren lassen, und der zentrale Hof, der ihnen Raum gibt, ist der staufische Königs- und Kaiserhof Friedrich Barbarossas und Heinrichs VI., der in jugendlichem Alter selber gedichtet hat.

Nach seinem glänzendsten Vertreter, Friedrich von Hausen, hat man die Gruppe von Dichtern um den staufischen Hof auch Hausenschule genannt. Mit ein wenig Übertreibung weist dieser Ausdruck auf die persönliche Bekanntschaft der Dichter untereinander, auf stilistische und inhaltliche Gemeinsamkeiten und auf ihre Anlehnung an provenzalische und französische Vorbilder hin.

Der rheinische Minnesang hat seine Blütezeit in dem Jahrzehnt von 1180 bis 1190. Das ist die letzte Zeit der Regierung des Kaisers Friedrich Barbarossa, der 1152 gewählt worden war und die Reichsgewalt nach einem anhaltenden Niedergang sowohl in Deutschland als auch in Italien wieder gestärkt hatte, wenn auch ohne dauernden Erfolg. Der Kreuzzug, auf dem er am 10. 6. 1190 im Flusse Saleph (Göksu nehir) beim Schwimmen ertrank, bedeutete so etwas wie einen Höhepunkt seiner Bemühungen um die Wiederherstellung des alten Imperiums als eines übernationalen christlichen Zentralstaates. Barbarossa ist als Symbolfigur des ritterlichen Mittelalters in die Geschichte eingegangen, und in der Tat vollzieht sich unter seiner Regierung die Integration der Ministerialität und des Adels (die als Stände weiter streng getrennt bleiben) in eine Ritterklasse, Träger der ritterlich-höfischen Kultur, die gerade im Minnesang ihr innerstes Wesen auszusprechen versucht.[17]

Die Schwertleite oder Ritterweihe der Söhne Friedrich Barbarossas zu Pfingsten des Jahres 1184 wurde unter diesen Voraussetzungen zu einem

Fest der Ritterschaft, bei dem sich zeigte, daß das neue Ideal der Ritterlichkeit auch in die Vorstellung vom Imperium eingegangen war. Die Söhne Barbarossas waren Friedrich, Herzog von Schwaben, der 1191 bei Akkon starb, und Heinrich, der schon seit seinem vierten Lebensjahr (1169) deutscher König war und später Kaiser wurde. Die Schwertleite war zunächst, d.h. vor der Zeit des 12. Jahrhunderts, die uns hier interessiert, ein Brauch, durch den junge Adlige etwa im Alter von 15 Jahren in die Gesellschaft der erwachsenen, wehrfähigen Männer aufgenommen wurden. Sie war keine religiöse Feier, und man nannte den jungen Krieger auch nicht etwa Ritter (miles), denn dieser Ausdruck bedeutete gerade nur Kämpfer zu Pferde und bezog sich meistens auf einen Unfreien. Nicht auf den Kampf zu Pferde, sondern auf ihren angeborenen Adel gründete die mittelalterliche Aristokratie ihren gesellschaftlichen Anspruch. Dieser Zustand änderte sich aber im 12. Jahrhundert: Seit dem ersten Kreuzzug bekommt der christliche Kämpfer, ob frei oder unfrei, die Aura des Gottesstreiters; es entsteht eine neue Art von Ethik, deren Ideale auch dem Adel erstrebenswert erscheinen können, während sie den Ministerialen in gewissem Sinne als eine Art von Ersatz angeborenen Adels, als Tugendadel gelten konnten. Tapferkeit und Gewandtheit gegenüber dem Feind, Treue gegen den Lehnsherrn, Demut vor Gott und der Kirche, Selbstbeherrschung im gesellschaftlichen Umgang und respektvolle Verehrung der Damen: dies alles begann man mit dem Begriff Ritter zu verbinden, ein Prozeß, bei dem gerade die Literatur eine wichtige Rolle gespielt hat, z.B. Hartmanns von Aue erster höfischer Roman Erec[18], der in der Zeit von 1180/85 entstanden sein mag. Auch ein junger Adliger mußte sich durch diese Bezeichnung nicht mißachtet fühlen. Die Schwertleite erweiterte sich zu einem religiös gestützten Initiationsakt, der Ritterweihe, die nun auch mehr und mehr Rittern nichtadeliger Herkunft zuteil wurde, ohne daß dies an ihrem Geburtsstand etwas änderte.

Das Mainzer Pfingstfest ist von den Zeitgenossen als große Demonstration ritterlichen Geistes und ritterlicher Gesellschaft empfunden worden. Neben Chroniken berichten davon auch Dichter: Der Epiker und Minnesänger Heinrich von Veldeke fügt in seinen Roman Eneit (nach dem Vorbild des französischen Enéas-Romans, welcher wiederum auf Vergils Äneis zurückgegriffen hatte) eine kurze Beschreibung des Festes ein, als er die Hochzeit seiner Helden Äneas und Lavinia erzählt (hier nach Karl Bertaus Übersetzung):

Ich habe von keinem Fest gehört, in allen Geschichten habe ich nicht von einem Fest gehört, das je so großartig gewesen wäre wie die Hochzeit des Aeneas – mit der einen Ausnahme des Mainzer Festes, von welchem wir aus eigener Anschauung zu berichten wissen. Ganz ohne Frage war es das bei weitem größte Fest, als der Kaiser Friedrich zweien seiner Söhne das Schwert gab. Dort sind für viele Tausende von Mark Speisen und Geschenke gereicht worden. Ich glaube, keiner meiner Zeitgenossen hat je ein größeres Fest gesehen. [...] Von keiner anderen Schwertleite hörte ich glaubwürdig berichten, bei der so viele Fürsten und so verschiedenartige Menschen zusammen waren. Es leben noch heute viele, die das selbst wissen. Dem Kaiser Friedrich geschah nie solche Ehre wie an jenem Hoftag, wovon man wahrhaftig Wunderdinge sagen kann. Noch nach mehr als hundert Jahren wird davon gesprochen und geschrieben werden![19]

Damit hat Heinrich von Veldeke recht behalten, sind es doch gut 800 Jahre im Augenblick, wo wir uns an dieses Ereignis erinnern. Vielleicht meint er aber auch, daß man über hundert Jahre darüber schreiben könnte, ohne vollständig zu sein (Unsagbarkeitstopos). Auch der französische Trouvère Guiot de Provins war da, was für uns von besonderem Interesse ist, weil Friedrich von Hausen eines seiner Lieder formal und wohl auch musikalisch nachgeahmt hat. Guiot berichtet von dem Fest in einem späteren Werk. Da die Reichsgrenzen französischsprachiges, frankoprovenzalisches und provenzalisches Gebiet umfaßten, waren für deutsche Dichter genug Gelegenheiten gegeben, Kontakt mit der französischen Ritterkultur zu pflegen. Friedrich Barbarossa war ja seit 1156 mit der Erbin der Freigrafschaft Burgund (Franche-Comté), Beatrix, verheiratet (sie starb im November 1184), die ebenfalls solche Kontakte förderte. Das Mainzer Pfingstfest ist für uns ein historisch greifbarer Anlaß solchen Austauschs: Der junge König Heinrich selber, Friedrich von Hausen, Heinrich von Veldeke und Guiot de Provins sind dort bezeugt, aber es kann kein Zweifel bestehen, daß die meisten anderen Dichter im Gefolge ihrer jeweiligen Herren ebenfalls an dieser Demonstration des ritterlichen Imperiums teilgenommen haben. Gerade für den deutschen Minnesang dürfte dieses Fest eine intensive Anregung gewesen sein. Andererseits hat aber auch die Dichtung hier wie kaum sonst den Rahmen für ihren Zweck als solidarisierendes Medium der ritterlichen Gesellschaft gefunden.

Friedrich von Hausen

Friedrich von Hausen ist von 1171 bis zu seinem Tod am 6. Mai 1190 bei Philomelium (Akschehir, Anatolien) urkundlich bezeugt. Sein Vater Walther von Hausen war ein Freiherr, Friedrich selber ein bedeutender Ministeriale, Diplomat im Dienste des Stauferhofes.[20] Im Jahre 1175 (mit Erzbischof Christian von Mainz) und 1187 (mit König Heinrich VI., dem Minnesänger) war er in Italien; 1184 nahm er an der Schwertleite der Söhne Barbarossas in Mainz teil; 1187 war er bei der Begegnung von Friedrich I. Barbarossa und Philipp II. August, König von Frankreich, bei Mouzon an der Maas zugegen; 1188 führte er eine Gesandtschaft des Kaisers zum Grafen Balduin von Hennegau und geleitete denselben zur Belehnung mit der Grafschaft Namur nach Worms. Sein Rittertod wird in mehreren Chroniken beklagt. Er scheint ein untadeliger Repräsentant des neuen Ritterideals gewesen zu sein. Sein Stammsitz war die nicht erhaltene Burg Rheinhausen bei Mannheim. 17 Lieder des Dichters sind erhalten, drei davon sind sehr wahrscheinlich Kontrafakta, d.h. Nachahmungen in Versform und Melodie, nach provenzalischen und französischen Vorbildern.

I

1 Ich denke underwîlen,
ob ich ir nâher waere,
waz ich ir wolte sagen.
Daz kürzet mir die mîlen,
swenne ich ir mîne swaere
sô mit gedanken klage.
Mich sehent manige tage
die liute in der gebaerde,
als ich niht sorgen habe,
wan ich si alsô vertrage.

2 Hete ich sô hôher minne
mich nie underwunden,
mîn möhte werden rât.
Ich tet ez âne sinne;
des lîde ich ze allen stunden
nôt, diu mir nâhe gât.
Mîn staete mir nu hât
daz herze alsô gebunden,
daz sî ez niht scheiden lât
von ir, als ez nu stât.

HAU 1: MF 51.33–52.36 (45–48 B; 47–50 C).

1 MF 51.33–52.6 (45 B; 47 C). 1.1 *underwîlen(t)* adv. 1.2 *ob* Konj. ‚wenn', ‚falls'. 1.5 *swenne* Konj. ‚wann immer', ‚wenn'. 1.9 *als* Konj. ‚als ob'. 1.10 *vertrage* (1. Sg. Präs. Ind.) *ver-tragen* stv. VI ‚tragen ohne zu zeigen', ‚verbergen'.

2 MF 52.7–16 (46 B; 48 C). 2.2 *underwunden* (Part.) *under-winden* stv. III (+Gen.) ‚sich befassen mit', ‚etwas anfangen'. 2.3 *mîn* (Gen.) Personalpronomen 1. Person (abhängig von *rât werden*) 2.5 *des* (n. Sg. Gen.) Demonstrativpronomen, bezieht sich auf den Inhalt des vorhergehenden Satzes. 2.7 *mîn staete* (Sg. Nom.) stf.; *mîn* ist unflektiert. 2.10 *als* Konj. ‚so wie'.

3 Ez ist ein grôze wunder:
die ich alre sêrste minne,
diu was mir ie gevê.
nu müeze solhen kumber
niemer man bevinden,
der alsô nâhe gê.
Erkennen wânde ich in ê,
nu hân ich in baz bevunden.
Mir was dâ heime wê
und hie wol drîstunt mê.

4 Swie kleine ez mich vervâhe,
sô vröwe ich mich doch sêre,
daz mir nieman kan
erwern, i'n gedenke ir nâhe,
swar ich landes kêre.
Den trôst sol sî mir lân.
Wil sî'z vür guot enpfân,
des vröwe ich mich ie mêre,
wan ich vür alle man
ir ie was undertân.

---

3 MF 52.17–26 (47 B; 49 C). 3.1 *grôze* (n. Sg. Nom.) adj., schwach (sonst steht nach dem unbest. Art. die starke Flexion). 3.2 *sêr* adj. und *sêre* adv. können gesteigert werden. 3.4 *müeze* (3. Sg. Präs. Opt.) *müezen* prpr., zum Ausdruck des Wunsches, vielleicht auch: ‚solchen Kummer sollte niemand erfahren müssen'. 3.7 *wânde* (1. Sg. Prät. Ind.) *waenen* swv. ‚glauben'; Prät. zum Ausdruck des Plusquamperfekts. 3.8 *baz* adv. Komparativ zu *wol* ‚besser'.

4 MF 52.27–36 (48 B; 50 C). 4.1 *kleine* adv. ‚gering', ‚wenig'. *vervâhe* (3. Sg. Präs. Opt.) *ver-vâhen* stv. VII unpersönlich mit Akk. der Person ‚verfangen', ‚nützen'. 4.4 *i'n = ich en-* (Negationspartikel). *gedenke* (1. Sg. Präs. Opt.) *ge-denken* unrv.; konjunktionsloser Anschluß mit dem Opt. 4.5 *landes* (Sg. Gen.) *lant* stn. Adverbialbestimmung des Ortes ‚im Lande', ‚auf der Erde'. 4.9 *wan* Konj. (kausal). *vür* Präposition ‚vor'. *alle man* (Plur. Akk.) ‚alle Männer'; *vür alle man* (idiomatisch) ‚allen Männern voraus'.

Versbau: am Beispiel dieses Liedes wird unten die Metrik und die Melodik der mittelhochdeutschen Lyrik erläutert, vgl. S. 58 ff.

1 Ich denke bisweilen nach –
wenn ich ihr näher wäre –
was ich ihr sagen würde.
Das kürzt mir die Meilen,
wenn ich ihr meine Beschwernis
so in Gedanken klage.
An manchen Tagen sehen mich
die Leute in einer solchen Verfassung,
als hätte ich keine Sorgen,
eben weil ich sie unauffällig trage.

2 Hätte ich mich auf so hohe Minne
nie eingelassen,
so könnte mir Hilfe werden.
Ich tat es ohne Verstand.
Dafür leide ich nun dauernd
Not, die mir nahe geht.
Meine Beständigkeit hat mir nun
das Herz so gebunden,
daß sie es nicht frei läßt
von ihr – so wie es jetzt steht.

3 Es ist doch etwas sehr Ungewöhnliches:
diejenige, welche ich am heftigsten liebe,
die war mir von jeher feind.
Möchte doch solchen Kummer
nie mehr ein Mann erfahren,
der so nahe geht.
Zu kennen glaubte ich ihn zwar schon früher;
nun habe ich ihn besser kennengelernt.
Mir war daheim weh,
aber hier wohl dreimal mehr.

4 Wie wenig es mir auch nützt,
so freue ich mich doch mächtig,
daß mich niemand daran
hindern kann, mich ihr nahe zu denken,
wohin auch immer ich auf Erden reise.
Diesen Trost muß sie mir lassen.
Wenn sie's freundlich aufnehmen will,
so freue ich mich umso mehr,
denn ich war – mehr als alle Männer –
ihr immer untertan.

2

1 Sî darf mich des zîhen niet,
ich enhête sî von herzen liep.
Des möhte sî die wârheit an mir sehen,
und wil si ẹs jehen.
Ich kom sîn dickẹ in solhe nôt
daz ich den liuten guoten morgen bôt
engegen der naht.
Ich was sô verrẹ an sî verdâht,
daz ich mich underwîlent niht versan,
und swer mich gruozte, deich sîn niht vernan.

2 Mîn herzẹ unsanfte sînen strît
lât, den ez nu mange zît
hât wider daz alre beste wîp,
der ie mîn lîp
muoz dienen, swar ich iemer var.
Ich bin ir holt; swennẹ ich vor gote getar,
sô gedenkẹ ich ir.
Daz geruoch ouch er vergeben mir:
ob ich des grôze sünde süle hân,
zwiu geschuof er sî sô rehte wol getân?

HAU 2: MF 45.37–47.8 (6, 7, 8, 9, 28 B; 20–24 C).
1 MF 45.37–46.8 (6 B; 20 C). 1.1 *niet* = *niht*. *zîhen* stv. I ‚zeihen', ‚vorwerfen', ‚beschuldigen' (nhd. ist das Verb archaisch, aber gebräuchlich in ‚ver-zeihen'). 1.2 *ich enhête:* konjunktionsloser Anschluß, abhängig von zîhen. *herzen:* Sg. 1.3 *möhte* (1. Sg. Prät. Opt.) *mugen* prpr. ‚können'. 1.4 *und* Konj.: leitet fakultativ einen Konditionalsatz ein ‚wenn'. 1.5 *kom* = *quam* (1. Sg. Prät. Ind.) *komen* stv. IV. *sîn* Pers. pron. Gen. Sg. n.(= *es* Gen., zu *ez* Nom; die Form *sîn* verdrängt *es*) ‚davon', ‚deswegen'. *dicke* adv. ‚oft'. 1.8 *verre* adv. ‚weit', ‚weitgehend', ‚sehr'. *verdâht* Part. *verdenken* swv. ‚in Gedanken verloren'. 1.9 *versan* (1. Sg. Prät. Ind.) *sich versinnen* stv. III ‚merken', ‚wahrnehmen', ‚bei Besinnung sein'. 1.10 *gruozte* (1. Sg. Prät. Ind.) *grüezen* swv. *vernan* = *vernam* (1. Sg. Prät. Ind.) *ver-nemen* stv. IV ‚vernehmen', ‚verstehen'. *sîn* Pers. pron. (vgl. 1.5!). Hier könnte auch m. Gen. Sg. gemeint sein (Beziehungswort *swer*). *deich* = *daz ich.*
2 MF 46.9 (7 B; 21 C). 2.1 *strît* stm. ‚Kampf', ‚Streit', auch mit Worten (vor Gericht), auch 'Wettstreit', i. w. S. ‚Eifer', ‚Begehren'. 2.5 *muoz* (3. Sg. Präs. Ind.) *müezen* prpr. hier ‚können'. *swar* Konj. ‚wohin auch immer'. 2.6 *ge-tar* (1. Sg. Präs. Ind.) *turren* prpr. ‚wagen'. 2.8 *geruoch(e)* (3. Sg. Präs. Opt.) *ge-ruochen* swv. ‚bedacht sein auf', ‚wollen', ‚geruhen'. 2.9 *süle* (1. Sg. Präs. Opt.) *suln* prpr. ‚falls ich damit eine große Sünde begehen sollte'. 2.10 *zwiu* = *ze wiu* ‚wozu' (seltener Instrumentalkasus des Pron. *waz*).

3 Mit grôzen sorgen hât mîn lîp
gerungen alle sîne zît.
Ich hête liep, daz mir vil nâhe gie,
daz verlie mich nie.
Von wîsheit kêrtẹ ich mînen muot;
daz was diu minne, diu noch manigem tuot
die selben klage.
Nu wil ich mich an got gehaben,
der kan den liuten helfen ûz der nôt.
Nieman weiz, wie nâhẹ im ist der tôt.

4 Einer vrowen was ich undertân,
diu âne lôn mîn dienest nan.
Von der sprich ich niht wan allez guot,
wan daz ir muot
wider mich ze unmiltẹ ist gewesen.
Vor aller nôt dô wândẹ ich sîn genesen,
dô sich verlie
mîn herze ûf genâdẹ an sie,
der ich dâ leider vunden niene hân.
Nu wil ich dienen dem, der lônen kan.

5 Ich kom von minnẹ in kumber grôz,
des ich doch selten ie genôz.
Swaz schaden ich dâ von gewunnen hân,

---

3 MF 46.19 (8 B; 22 C). 3.1 *mîn lîp:* idiomatische Umschreibung für ‚ich'. 3.3 *hête = hâte* (1. Sg. Prät. Ind.) *hân. liep* stn. ‚das Liebe', Gegenteil von *leit* stn. *gie* (3. Sg. Prät. Ind.) *gên, gân* stv. VII. 3.4 *verlie* (3. Sg. Prät. Ind.) *verlân, verlâzen* stv. VII. 3.7 *die selben klage* (f. Sg. Akk.) *selb-* schwach flektiert ‚dasselbe Leid'. 3.8 *gehaben* swv. ‚halten'.

4 MF 46.29 (9 B; 23 C). 4.2 *nan = nam* (vgl. 1.10). *mîn dienest:* hier stn. Sg. Akk. 4.3 *wan* adv. ‚nur', ‚außer'. 4.5 *un-milte* adj. Gegenteil von *milte* ‚großzügig', ‚freigebig' (wichtige Herrentugend). 4.6 *dô* adv. demonstr. ‚da', ‚damals', ‚nun'. *wânde* (1. Sg. Prät. Ind.) *waenen* swv. ‚hoffen', ‚glauben'. *sîn* (Infinitiv). 4.7–8 *sich verlie . . . an sie* ‚sich in ihre Gewalt gab'. *ûf genâde* ‚in der Hoffnung auf Gnade' (vgl. die Redewendung ‚auf Gedeih und Verderb'). 4.9 *der* (f. Sg. Gen.) Rel. pron., bezogen auf *genâde.*

5 MF 46.39–47.8 (28 B; 24 C). 5.1 *kom = quam* (vgl. 1.5). 5.2 *des* Relativpron. (n. Sg. Gen.) bezieht sich auf Vers 1. *genôz* (1. Sg. Prät. Ind.) *geniezen* stv. II. 5.3 *schaden* (Sg. Gen.) *schade* swm. Der Gen. ist abhängig von *swaz* ‚was an Schaden'.

so veriesch nie man,
daz ich ir spraeche iht wan guot,
noch mîn munt von vrowen niemer getuot.
Doch klagẹ ich daz,
daz ich sô lange gotes vergaz.
Den wil ich iemer vor in allen haben
und in dâ nâch ein holdez herze tragen.

1 *Sie darf mir das nicht vorwerfen,*
daß ich sie nicht von Herzen lieb hätte.
Dafür könnte sie den Beweis an mir sehen,
wenn sie es zugeben will.
Ich kam dadurch oftmals in so große Bedrängnis,
daß ich den Leuten ‚guten Morgen' sagte
gegen Abend.
Ich war so in Gedanken an sie vertieft,
daß ich unterdessen mich selbst vergaß
und, wenn mich einer grüßte, es nicht vernahm.

2 *Mein Herz gibt nur ungern jenen Kampf auf,*
den es nun schon lange
führt gegen die beste Frau,
der ich jemals
dienen kann, wohin ich auch reise.
Ich bin ihr zugetan; wenn ich es vor Gott wage,
dann denke ich an sie.
Das möge er mir denn auch vergeben:
Wenn ich das als große Sünde büßen soll,
wozu hat er sie dann so wunderschön geschaffen?

3 *Mit großen Sorgen habe ich*
gerungen mein Leben lang.
Ich hatte eine Liebe, die mir sehr nahe ging,
die ließ mich niemals los.
Von der Weisheit wandte ich mein Herz ab.

5.4 *ver-iesch* (3. Sg. Prät. Ind.) *ver-eischen* stv. VII ‚erfahren', ‚vernehmen', ‚kennenlernen'. 5.9 *vor in allen haben: in* (f. Pl. Dat.) Pers. pron. ‚ihnen' (den Damen) = ‚er (Gott) soll mir lieber als sie alle sein'.
Versbau: Wenn man den unregelmäßig erscheinenden Auftakt und einige Unregelmäßigkeiten im Innern der Verse unberücksichtigt läßt, ergibt sich folgendes Strophenschema: 4 a 4 a 5 b 2 b 4 c 5 c 2 d 4 d 5 e 5 e. Diese eigentümliche Form geht auf das provenzalische Vorbild zurück.

Es war die Minne, die noch so manchem
die selbe Klage auferlegt.
Jetzt will ich mich an Gott halten,
der kann den Menschen aus der Not helfen.
Keiner weiß, wie nahe ihm der Tod ist.

4 *Einer Dame war ich untertan,*
die ohne Lohn meinen Dienst angenommen hat.
Von der sage ich nichts als Gutes,
außer daß ihr Herz
mir gegenüber zu sparsam gewesen ist.
Gegen alles Unglück glaubte ich gefeit zu sein,
als sich mein Herz ihr anvertraute
in der Hoffnung auf Gnade,
wovon ich dort leider nie etwas gefunden habe.
Jetzt werde ich dem dienen, der zu lohnen versteht.

5 *Ich kam aus Minne in großen Kummer,*
der mir aber nie zustatten gekommen ist.
Was ich auch an Schaden davon erlitten habe,
so hat doch nie jemand erfahren,
daß ich etwas anderes als Gutes über sie gesagt hätte,
wie es mein Mund über Damen sowieso nie tun wird.
Doch beklage ich,
daß ich so lange Gott vergessen habe.
Den will ich nun immer vor ihnen allen verehren
und ihnen an zweiter Stelle ein geneigtes Herz bewahren.

3

1 Mir ist daz herze wunt
und siech gewesen nû vil lange,
– daz ist reht, wan ez ist tump –
sît ẹz eine vrowen êrst bekande.
Der keiser ist in allen landen,
kustẹ er sî zẹ einer stunt
an ir vil rôten munt,
er jaehẹ, ez waerẹ im wol ergangen.

HAU 3: MF 49.13–49.36 (32–34 B; 34–36 C).

1 MF 49.13 (32 B; 34 C). 1.3 *daz ist reht* ‚es geschieht ihm recht', ‚das ist normal'. 1.4 *êrst* adv. ‚zum ersten Mal'. *sît* Konj. temporal oder kausal. 1.5 *der* Demonstrativ- und Relativpronomen ‚der welcher'. 1.6 *kuste* (3. Sg. Prät. Opt.) *küssen* swv. 1.8 *jaehe* (3. Sg. Prät. Opt.) *jehen* stv. V ‚sagen', ‚sprechen'.

2 Sît ich daz herze hân
verlâzen an der besten eine,
des sol ich lôn enpfân
von der selben, die ịch dâ meine.
Swie selten ich ez ir bescheine,
sô bin ich ẹz doch der man,
der ir baz heiles gan,
dannẹ in der welte lebe deheine.

3 Wer mohte mir den muot
getroesten wan ein schoene vrouwe,
diu mînem herzen tuot
leit, diu nieman kan beschouwen.
Dur nôt sô lîde ich den rouwen,
wan ẹz sich ze hôhe huop.
Wirt mir diu minnẹ unguot,
sô sol ir niemer man vollẹ trouwen.

---

2 MF 49.21 (33 B; 35 C). 2.1 *sît* Konj. kausal. 2.2 *an der besten eine: der besten* Genitivattribut (Plur.) zu *eine* ‚an eine der besten'. 2.3 *des* (n. Sg. Gen.) Demonstrativpron. ‚dafür'. 2.4 *meinen* swv. ‚schätzen', ‚lieben'. 2.5 *swie* Konj. ‚wie . . . auch immer'. *bescheinen* swv. ‚zeigen'. 2.7 *baz* adv. (Komparativ zu *wol*) ‚besser', ‚mehr'. *gan* (1. Sg. Präs. Ind.) *gunnen* prpr. ‚gönnen'. 2.7–8 Anakoluth: ‚welcher ihr mehr Gutes gönnt . . . als keine(r) andere(n) (die) in der Welt lebt.'
3 MF 49.29 (34 B; 36 C). 3.1 *mohte* = *möhte* (3. Sg. Prät. Opt.) *mugen* prpr. ‚können'. 3.4 *leit* stn. (Akk. Plur., vgl. das folgende Relativpronomen *diu*). *beschouwen* swv. ‚wahrnehmen', ‚nachempfinden'. 3.5 *dur nôt* ‚durch Notwendigkeit', ‚notwendig'. *rouwe, riuwe* swm. (sonst meist stf.) ‚Schmerz'. 3.6 *huop* (3. Sg. Prät. Ind.) *heben, heven* stv. VI (Partizip *erhaben*) ‚sich erheben', ‚überheben'. 3.8 *trouwen, trûwen* swv. ‚vertrauen'. *volle* adv. ‚voll und ganz' (metrische Lesung: *vol trouwen*).
Versbau: Schema: .3 a .4 b' .3 a .4 b' .4 b' .3 a .3 a .4 b'
Einige Unregelmäßigkeiten sind entweder Überlieferungsfehler oder sollen im Vortrag ausgeglichen werden:
- der Auftakt fehlt in 2.4 und 3.4;
- der Auftakt ist zweisilbig oder soll verschliffen werden in 1.3 *(daz ist – deist)*, 1.4 *(sît ez – sît'z)*, 3.6 *(wan ez – wan'z)*;
- das -e vor Vokal wird unterdrückt in 1.6 *(kustę er, zę einer)*, 1.8 *(jaehę ez, waerę im)*, 2.8 *(dannę in)*, 3.7 *(minnę unguot)*, außer an einer Stelle: 3.5 *(lîde ich)*;
- innerhalb des Verses sollen verschliffen werden 2.4 *(die ich – diech)*, 2.6 *(ich ez – ich'z)*;
- eine Hebungsspaltung (bei kurzer Stammsilbe): 2.8 *(lebe deheine,* | ◡́ ◡ × | ×́ × |).

1 *Mir ist das Herz nun wund*
und krank gewesen sehr lange Zeit.
Das ist recht so, denn es ist ganz unverständig,
seitdem es zum ersten Mal eine Dame kennenlernte.
Der welcher Kaiser ist über alle Länder,
küßte er sie einmal
auf ihren roten Mund,
er würde gestehen, es sei ihm wohl ergangen.

2 *Da ich das Herz*
hingegeben habe an eine der Besten,
muß ich Lohn dafür bekommen
von ebender, an die ich denke.
Wenn ich es ihr auch nie zeigen kann,
so bin ich doch der Mann,
der ihr mehr Gutes gönnt
als irgendeiner, die in der Welt lebt.

3 *Wer könnte mir das Herz*
trösten, wenn nicht jene schöne Dame,
die meinem Herzen
solches Leid antut, das keiner nachempfinden kann.
Notwendig muß ich diesen Schmerz erleiden,
denn es überhob sich zu hoch.
Wird die Minne mir ungut,
dann kann ihr nie mehr einer voll vertrauen.

4

1 Ich sihe wol, daz got wunder kan
von schoene würken ûzer wîbe.
Daz ist an ir wol schîn getân,
wan er vergaz niht an ir lîbe.
Den kumber, den ich des irlîde,
den wil ich iemer gerne hân,
ze diu daz ich mit ir belîbe,
und al mîn wille sül ergân.

HAU 4: MF 49.37–50.18 (35, 36 B; 37, 38 C).
1 MF 49.37–50.8 (35 B; 37 C). 1.2 *von schoene* (Sg. Dat. *schoene* stf. ‚Schönheit') Attribut zu *wunder* (1.1). *ûzer* (Präp. + Dat.) ‚aus'. 1.3 *schîn getân* (Part.): *schîn* (adj.) *tuon* ‚klar machen', ‚zeigen'. 1.4 *niht* (Pronominalsubst.) ‚nichts'. 1.7 *ze diu* (De-

Mîn vrowe sehe, waz sî des tuo!
Dâ stât dehein scheiden zuo.

2 Si gedenke niht, das ịch sî der man,
der sî ze kurzen wîlen minne.
Ich hân von kindẹ an sî verlân
daz herze mîn und al die sinne.
Ich wart an ir nie valsches inne,
sît ich von êrst si liep gewan.
Mîn herze ist ir ingesinde
und wil ouch staetẹ an ir bestân.
Mîn vrowe sehe, waz sî des tuo!
Dâ stât dehein scheiden zuo.

1 *Ich sehe wohl, daß Gott Wunder*
an Schönheit bei der Frau vollbringen kann.
Das ist an ihr sichtbar geworden,
denn an ihrem Körper hat er nichts vergessen.
Den Kummer, den ich deswegen erleiden muß,
den will ich immer gern tragen,
darum daß ich bei ihr bleibe
und mein Wunsch Erfüllung findet.
Meine Herrin mag nur zusehen, wie sie sich dazu stellt!
Trennung ist jedenfalls ausgeschlossen.

2 *Sie soll nicht glauben, ich sei ein solcher,*
der sie aus Kurzweil liebt.
Ich habe seit meiner Jugend
Herz und Geist ihr überlassen.

---

monstrativpron. n. Sg. Instrumental) ‚dazu'. 1.9 *des* (Demonstrativpron. n. Sg. Gen.) ‚hierin', ‚in dieser Sache'. 1.10 *dâ stât ... zuo* „steht dazu", „gehört dazu" (idiomatische Wendung).

2 MF 50.9–18 (36 B; 38 C). 2.1 *sî* (1. Sg. Präs. Opt.) *sîn* unrv. 2.2 *ze kurzen wîlen* (Plur.) ‚zur Kurzweil', ‚aus Spaß'. 2.5 *wart ... inne* (1. Sg. Prät. Ind.) *inne werden* (+Gen.) ‚bemerken'. *valsch* stm. ‚Falschheit'. 2.7 *ingesinde* stn. ‚Dienerschaft', ‚Diener eines Herrn'. 2.8 *be-stân* stv. ‚festhalten', ‚bestehen auf'.

Versbau: Die regelmäßigen vierhebigen Verse mit Auftakt sind hier kritisch bearbeitet (nach C. von Kraus); in den Handschriften sind sie nicht ganz so regelmäßig. Dieses früheste deutsche Kehrreimlied steht der Tanzlyrik nahe – auch das ist ein Grund, einen gefälligen alternierenden Rhythmus anzunehmen. Die beschwerte Hebung im Refrain war vielleicht auch melodisch begründet *(... dehéin schéiden).*

Ich habe an ihr nie einen Makel bemerkt,
seit ich sie zuerst lieb gewann.
Mein Herz ist ihr Diener
und wird auch treu an ihr festhalten.
Meine Herrin mag nur zusehen, wie sie sich dazu stellt!
Trennung ist jedenfalls ausgeschlossen.

5

1 Wấfenâ, wíe hât mich Mínne gelâzen!
díu mich betwánc, daz ich líe mîn gemǘete
án solhen wấn der mich wól mac verwấzen,
ez ensî́ daz ich mǘeze geníezen ir gǘete,
vón der ich bín alsô dícke âne sín.
Mich dû́htẹ ein gewín, und wólte diu gúote
wízzen die nốt diu mir wónt in mî́nem múote.

2 Wấfen, waz hábẹ ich getấn sô zẹ unếren,
dáz mir diu gúote niht grúozes engúnde?
sús kan sî mír wol daz hérze versếren.
Daz ích in der wérlt bezzer wî́p iender vúnde,
séht dêst mîn wấn. Dâ vür số wil ichs' hấn,
und díenen noch dán mit tríuwen der gúoten,
díu mich dâ blíuwet vil sếre ấne rúoten.

3 Wáz mac daz sî́n, daz diu wérlt heizet mínne,
úndẹ ez mir túot alsô wế z'aller stúnde
úndẹ ez mir nímt alsô víl mîner sínne?
Ích'n wânde níht daz ez íemen ervúnde.
Getórstẹ ich es jến, daz ích'z hếte gesến,
des mír ist geschến alsô víl herzesếre,
sô wóltẹ ich dar án gelóuben íemer mếre.

HAU 5: MF 52.37–53.30 (15, 16, 45, 46 C; 43, 44 B).

1 MF 52.37–53.6 (15 C). 1.1 *Wâfenâ* (Interjektion): abgeleitet von *wâfen* stn. ‚Waffe', ein Hilfe- oder Drohruf. 1.2 *lie = liez.* 1.3 *verwâzen* stv. VII ‚verdammen', ‚verderben'. 1.6 *und* (Konj.): fakultative Einleitung eines Bedingungssatzes. *dûhte* (3. Sg. Prät. Opt.) *dünken* swv. unpers. + Akk.

2 MF 53.7–14 (16 C). 2.2 *niht engunde* (3. Sg. Prät. Opt.) *gunnen* prpr. ‚gönnen'. *sus* adv. ‚so'. 2.4 *iender* adv. ‚irgendwo' – hier ist ‚nirgendwo' gemeint. 2.5 *wân* stm. ‚Hoffnung', ‚Überzeugung'. 2.7 *bliuwet* (3. Sg. Präs. Ind.) *bliuwen* stv. II ‚schlagen', ‚bläuen'. *âne ruoten:* Sg. oder Pl. *ruote* swf.

3 MF 53.15–22 (43 B; 45 C). 3.1 *heizen* stv. VII ‚nennen'. 3.4 *ervunde* (3. Sg. Prät. Opt.) *er-vinden* stv. III ‚herausfinden'. 3.5 *getorste* (1. Sg. Prät. Opt.) *turren* prpr. ‚wagen', hier eher ‚dürfen'.

4 Mínne, got mǘeze mich án dir geréchen!
wie víl du mînẹm hérzen der vrö́iden erwéndest!
3 Und mö́htẹ ich dir dî́n krumbez óugẹ ûz gestéchen,
dés het ich réht, wan du víl lützel éndest
an mír solhe nốt, sô mir dî́n lîp gebốt.
6 Und wáerest du tốt, sô dû́htẹ ich mich rî́che.
Sus múoz ich von dír lében betwúngenlî́che.

1 *Hilfe, wie hat mich Minne sitzen lassen!*
Sie hat mich überwunden, so daß ich mein Gemüt
3 *einer Hoffnung hingab, die mich wahrlich vernichten kann,*
es sei denn, daß ich in den Genuß ihrer Güte komme,
deretwegen ich so oft ohne Besinnung bin.
6 *Für mich würde es schon einen Gewinn bedeuten, wenn die Edle*
nur die Bedrängnis zur Kenntnis nehmen würde, die in meinem Herzen wohnt.

---

4 MF 53.23–30 (44 B; 46 C). 4.3 *krumbez ouge* ‚mißgünstiges Auge'. 4.4 *vil lützel* adv. ‚sehr wenig' = ‚keineswegs'. 4.5 *dîn lîp:* idiomatische Umschreibung für ‚du'. 4.7 *betwungenlîche* adv. ‚wie ein Überwundener, Gefangener, Sklave'.
Versbau: Dieses Lied ist in einem daktylischen Metrum gedichtet, welches Friedrich von Hausen und seine Zeitgenossen experimentierend in die deutsche Dichtung eingeführt haben. Gesungen wurden diese neuen Takte vielleicht wie lauter beschwerte Hebungen:

| –́ x̀ x | –́ x̀ x | –́ x̀ x | –́ x̀ ∧ |
Wâ- fe- nâ, wie hât mich Min- ne ge- lâ- zen

Im letzten Vers ist die zweite Hälfte, vielleicht mit Absicht, alternierend gebaut. Die handschriftlich überlieferte Fassung ist metrisch weniger regelmäßig, aber auch im vorliegenden geglätteten Text gibt es einige Härten und unnatürliche Betonungen. Die eingetragenen Akzente sind als Lesehilfe gedacht; gelegentlich könnte man sie auch anders setzen.

In den Versen 5 und 6 gibt es einen Binnenreim mit Binnenkadenz: Meistens läuft der daktylische Rhythmus einfach weiter, aber in 1.6, 2.6 und 4.6 scheint eine Pause zu stehen:

∪ | –́ x̀ x | –́ ∧ x | –́ x̀ x | –́ x̀ ∧ |
mich dûhtẹ ein ge- win und wol- te diu guo- te

Den daktylischen Rhythmus benutzen die deutschen Dichter, um den französischen Zehnsilbler nachzuahmen. Er hat weder historisch noch rhythmisch etwas mit dem antiken Daktylus zu tun, ähnelt aber etwas den deutschen Übertragungen antiker daktylischer Verse. Durchgehende Dreisilbentakte wie hier repräsentieren aber schon eine zweite Stufe des Anpassungsprozesses an französische Rhythmen; zunächst experimentierte man mit sogenannten gemischten Daktylen (vgl. den Exkurs über Versbau und Melodie zum Lied von Rudolf von Fenis S. 85 ff.).

2 *Hilfe, was habe ich denn so Unehrenhaftes getan,*
daß mir die Edle ihren Gruß nicht gegönnt hat?
Damit kann sie mir allerdings das Herz verletzen.
Daß ich in der Welt nirgends eine bessere Frau finden könnte,
seht, das ist mein Glaube. Dafür will ich sie halten
und auch fernerhin dienen in Treue jener Edlen,
die mich da grausam züchtigt ohne Ruten.

3 *Was mag das sein, das die Welt Minne nennt*
und mir doch immer nur so weh tut
und mir so sehr die Besinnung nimmt?
Ich möchte nicht glauben, daß es jemand herausgefunden hat.
Wagte ich es zu sagen, daß ich es gesehen habe,
das wovon mir so viel Herzeleid erwachsen ist,
dann würde ich auch immer weiter daran glauben.

4 *Minne, daß Gott mich doch an dir rächen möchte!*
Wie viele Freuden du meinem Herzen stiehlst!
Und könnte ich dir dein scheeles Auge ausstechen,
dazu hätte ich ein Recht, denn du machst jenem Schmerz
überhaupt kein Ende, den deine Person mir auferlegt hat.
Wärest du tot, würde ich mich mächtig dünken –
so aber muß ich deinetwegen in Unfreiheit leben.

6

1 Mîn herze und mîn lîp, diu wellent scheiden,
diu mit ein ander varnt nu manige zît.
Der lîp wil gerne vehten an die heiden,
sô hât iedoch daz herzẹ erwelt ein wîp
vor al der welt. Daz müet mich iemer sît,
daz siu ein ander nu niht volgent beide.
Mir habent diu ougen vil getân ze leide.
Got eine müese scheiden noch den strît.

HAU 6: MF 47.9–48.2 (10, 11, 24, 25 B; 25–28 C).
1 MF 47.9 (10 B; 25 C). 1.1 *diu* Demonstrativpron. (n. Plur. Nom.). *herze* swn. und *lîp* stm. werden gemeinsam im n. Plur. wieder aufgenommen; dasselbe begegnet beim Personalpron. in 1.6 *siu* (n. Plur. Nom.). 1.3 *vehten* (stv. IV) *an* ‚kämpfen gegen'. 1.4 *erwelt* (Part.) *er-weln* swv. ‚erwählen'. 1.8 *eine* adv. ‚allein'. *müese* (3. Sg. Prät. Opt.) *müezen* prpr.

2 Sît ich dich, herze, niht wol mac erwenden,
dune wellest mich vil trûreclîchen lân,
sô bitẹ ich got, daz er dich ruoche senden
an eine stat, dâ man dich wellẹ enpfân.
Owê! Wie sol ez armen dir ergân?
Wie getorstest einẹ an solhe nôt ernenden?
Wer sol dir dîne sorge helfen enden
mit solhen triuwen, als ich hân getân?

3 Ich wânde ledic sîn von solicher swaere,
dô ich daz kriuzẹ in gotes êre nan.
Ez waere ouch reht, daz ez alsô waere,
wan daz mîn staetekeit mir sîn verban.
Ich solte sîn ze rehtẹ ein lebendic man,
ob ez den tumben willen sîn verbaere.
Nu sihẹ ich wol, daz im ist gar unmaere,
wie ez mir an dem ende sülẹ ergân.

4 Niemen darf mir wenden daz z'unstaete,
ob ich die hazze, die ịch dâ minnet ê.
Swie vil ich sî gevlêhet oder gebaete,
sô tuot si rehte, als si's niht verstê.
Mich dunket, wie ir wort gelîche gê,
rehtẹ als ez der sumer von Triere taete.
Ich waer ein gouch, ob ich ir tumpheit haete
vür guot. Ez engeschiht mir niemer mê.

---

2 MF 47.25 (11 B; 26 C). 2.1 *er-wenden* swv. ‚abbringen'. 2.2 *dune wellest* ... (*-ne* Negationspartikel): konjunktionsloser Anschluß. 2.3 *ruochen* swv. ‚an etwas denken', ‚geruhen etwas zu tun'. 2.4 *welle* (3. Sg. Präs. Opt.) *wellen,* unrv. ‚wollen'. 2.5 *armen dir = dir armen* (substantiviertes Adj., schwach dekliniert). 2.6 *ge-torstest* (2. Sg. Prät. Ind.) *turren* prpr. ‚wagen'. *er-nenden an* swv. (intransitiv) ‚Mut fassen'. 2.8 *als* Konj. ‚wie'.

3 MF 47.17 (24 B; 27 C). 3.1–4 Besonders 3–4 sind syntaktisch kompliziert, vielleicht auch nicht ganz richtig überliefert. Die Bedeutung der Verse ist aber einsichtig: Seine Treue mißgönnt ihm, als Kreuzfahrer frei von Kummer zu sein, weil sie ihn zwingt, an jener Frau aus Strophe 1 festzuhalten. *wan daz* Konj. ‚außer daß'. 3.6 *ob* Konj. (konditional) ‚wenn'. *verbaere* (3. Sg. Prät. Opt.) *ver-bern* stv. IV ‚verzichten auf', ‚aufgeben'. 3.8 *süle* (3. Sg. Präs. Opt.) *suln* prpr. Der Opt. ist abhängig von *unmaere* ‚gleichgültig'; die Bedeutung ist eher ‚werden' (Umschreibung des Futurs) als ‚sollen'.

4 MF 47.33–48.2 (25 B; 28 C). 4.1 *wenden ze* ‚verdrehen zu', ‚erklären als'. 4.2 *ob* Konj. (konditional) ‚wenn'. *minnet = minnete* (1. Sg. Prät. Ind.) 4.3 *gevlêhet = gevlêhete* (1. Sg. Prät. Opt., wie das folgende *gebaete*). 4.4 *als* Konj. ‚als ob'. 4.5 *gelîche* adv. ‚ähnlich', ‚gleich'. *gê* (3. Sg. Präs. Opt.) *gên, gân* stv. VII (Subjekt: *wort*).

1 *Mein Herz und mein Leib, die wollen sich trennen,*
die doch nun schon so lange Zeit zusammenleben.
Der Leib ist begierig, gegen die Heiden zu kämpfen,
dagegen hat das Herz eine Frau erwählt
vor aller Welt. Das belastet mich seither dauernd,
daß sie beide einander nun nicht mehr folgen wollen.
Mir haben die Augen viel Leid zugefügt.
Gott allein könnte diesen Streit noch schlichten.

2 *Da ich dich, Herz, nicht wohl davon abbringen kann,*
mich ganz traurig zurückzulassen,
so bitte ich Gott, daß er geruhen möge,
dich dahin zu senden, wo man dich aufnimmt.
O weh! Wie soll es dir Armem ergehen?
Wie konntest du allein eine solche Belastung auf dich nehmen?
Wer soll dir deine Sorge vertreiben helfen
so treu, wie ich es getan habe?

3 *Ich glaubte, von solcher Bedrängnis frei zu sein,*
als ich das Kreuz zu Gottes Ehre nahm.
Es wäre auch rechtens, wenn es sich so verhielte –
nur daß meine Beständigkeit mir das mißgönnt.
Ich sollte eigentlich ein lebendiger Mann sein,
wenn es seinen törichten Willen aufgeben könnte.
Jetzt sehe ich aber genau, daß es ihm ganz gleichgültig ist,
wie es mir am Ende gehen wird.

4 *Niemand kann mir das als Unbeständigkeit auslegen,*
wenn ich die hasse, die ich ehedem liebte.
Wieviel ich sie auch immer angefleht oder gebeten habe,
tut sie gerade so, als ob sie nichts davon verstünde.
Mich dünkt, ihr Wort geht gerade so dahin
wie der Sommer von Trier!
Ich wäre ein Narr, wenn ich ihre Unart
im Guten aufnähme. Das geschieht mir nie wieder!

4.6 *der sumer von Triere:* Eine fast unüberschaubare Menge von Erklärungsversuchen und Verbesserungsvorschlägen ist für den ‚Sommer von Trier' gegeben worden. Jedenfalls handelt es sich um einen nicht schmeichelhaften Vergleich für das ‚Wort' der Dame. 4.7 *gouch* stm. ‚Kuckuck', ‚Gauch', ‚Narr'. *ob* Konj. (konditional) ‚wenn'. *vür guot hân* ‚freundlich aufnehmen'.

Versbau: Durchgehend fünfhebige Verse mit Auftakt (außer in 4.1 und 4.6). Interpretiert man die Kadenzen als klingend bzw. stumpf, so haben alle Verse 6 Takte bei alternierendem Rhythmus: .5 a' .5 b .5 a' .5 b .5 b .5 a' .5 a' .5 b

Metrik und Melodik

Die mittelhochdeutsche Lyrik, ja sogar auch die strophische Epik wie das Nibelungenlied, wurde ursprünglich weder still gelesen noch gesprochen, sondern als Sologesang vorgetragen. Die Strophenmelodie wurde in der Regel zu jeder Strophe wiederholt. Die Strophe mußte also metrisch zur Melodie passen, und man kann die Textmetrik in gewissem Sinn als Spur oder Niederschlag der ursprünglichen melodischen Form verstehen. Der metrische Vers (v) und der Melodievers (mv) laufen gewöhnlich parallel; jeder metrischen Silbe entspricht eine *Melodiesilbe;* der Versschluß, die *Kadenz,* wird von einer melodischen Kadenz begleitet. Das auffälligste Schmuck- und Strukturelement der gebundenen Rede, der *Reim,* hat allerdings keine Entsprechung in der Melodie. Leider sind zu den mittelhochdeutschen Liedern so gut wie keine Noten überliefert, so daß man die metrische Struktur wohl oder übel erst einmal unabhängig von musikalischen Kriterien analysieren muß. Einige deutsche Lieder sind ziemlich sicher romanischen, d. h. provenzalischen oder französischen Vorbildern nachgeformt. Auch das Lied HAU 1 *Ich denke underwîlen* von Friedrich von Hausen gehört dazu; es ist ein Kontrafakt zu dem Lied *Ma joie premerainne (Meine erste Freude)* von Guiot de Provins. Wenn es stimmt, daß Friedrich von Hausen seinen Text zur Melodie dieses Liedes gedichtet hat, dann läßt sich also auch die deutsche Melodie nach der französischen Überlieferung rekonstruieren. Das soll im zweiten Teil dieses Exkurses geschehen, wenn einige elementare metrische Sachverhalte am Beispiel von Hausens Text geklärt worden sind.[21]

Metrische Analyse eines Minneliedes: HAU 1 *Ich denke underwîlen*

Der Reim ist das auffälligste Strukturelement der mittelhochdeutschen Lyrik. In modernen gedruckten Texten sind die Verse nach Reimen abgesetzt, und auch die mittelalterlichen Handschriften bezeichnen die Versgrenze meistens durch einen sogenannten Reimpunkt. Um ein *Reimschema* aufzustellen, schreibt man am besten die *Reimwörter* aller Strophen übersichtlich nebeneinander:

1	2	3	4		*Schema:*
-wîlen	*minne*	*wunder*	*-vâhe*		a
waere	*-wunden*	*minne*	*sêre*		b
sagen	*rât*	*-vê*	*kan*	3	c
mîlen	*sinne*	*kumber*	*nâhe*		a
swaere	*stunden*	*-vinden*	*kêre*		b
klage	*gât*	*gê*	*lân*	6	c
tage	*hât*	*ê*	*-fân*		c
-baerde	*-bunden*	*-vunden*	*mêre*		b (a)
habe	*lât*	*wê*	*man*	9	c
-trage	*stât*	*mê*	*-tân*		c

Bezeichnet man innerhalb einer Strophe gleiche Reimklänge durch gleiche Buchstaben, so ergibt sich (mit etwas Großzügigkeit) das Schema, das der obigen Übersicht beigegeben ist. Lediglich in Strophe 3 ist der Reim *b* in Vers 8 durch *a* ersetzt worden. Das ist eine Unregelmäßigkeit, die vielleicht vom Dichter stammt, vielleicht aber auch erst durch einen mündlichen oder schriftlichen Überlieferungsfehler in den Text gekommen ist. Diese Frage verfolgen wir jetzt nicht weiter.

Der Reim ist auch nicht überall *rein:* Der Dichter begnügte sich oft mit einer *Assonanz* (in einer Assonanz ist der letzte betonte Vokal zwar gleich, aber nicht auch die folgenden Konsonanten und Vokale, wie das für einen Reim erforderlich ist), z.B.: *habe*:*-trage* (1.9:10), *wunder*: *kumber*:*-vunden* (3.1:4:8). In der vierten Strophe reimen auch Silben mit verschiedenen Vokalquantitäten: *kan* : *lân* : *-fân* : *man* : *-tân* (4.3 : 6 : 7 : 9 : 10).

Die Reime *a* und *b* sind *zweisilbig: -wî – len, wae – re.* Man nennt sie auch *weiblich,* weil im Französischen die meisten Feminina auf ein unbetontes bzw. gar stummes *-e* ausgehen *(la da – me, la joi – e).* Der Reim *c* ist dagegen *einsilbig* oder *männlich* in den Strophen 2–4. In der ersten Strophe ist er nur scheinbar zweisilbig; denn metrisch gesehen handelt es sich hier um *gespaltene* Reimsilben, die den Wert einer einzigen Silbe haben. Solche gespaltenen Reimsilben müssen eine *kurze Stammsilbe* haben, d.h. einen kurzen Stammvokal ohne silbenschließenden Konsonanten. Gespaltene männliche Reime gibt es im Neuhochdeutschen nicht mehr, weil alle mittelhochdeutschen kurzen Vokale in offenen Silben lang geworden sind: mhd. *sa – gen* > nhd. *sā – gen.* Im Reimschema kennzeichnet man gewöhnlich das Reimgeschlecht der weiblichen Reime durch Schrägdruck oder ein Zusatzzeichen wie den Apostroph:

a' b' c a' b' c c b' c c.

Im Deutschen und in anderen germanischen Sprachen wird zur Strukturierung des Verses die *natürliche Wortbetonung* verwendet. Im Lateinischen suchte man dagegen eine regelmäßige Abfolge der natürlichen *kur-*

zen und langen Silben, im Französischen wird der Vers durch eine *feste Silbenzahl* sowie feste oder freie *Zäsuren* organisiert. Im Deutschen sollten die Wörter also so im Vers auftreten, daß die betonten Silben eine metrische Regelmäßigkeit ergeben. Die Reimsilbe als letzte ist natürlich immer betont. Hier im Lied Friedrichs von Hausen gibt es in jedem Vers noch zwei weitere betonte Silben: *Ich dénke únderwîlen* [...] Die betonten Silben heißen *Hebung*, die unbetonten *Senkung*.

Wenn man den Text so lesen will, treten allerdings einige Schwierigkeiten auf, die darauf beruhen, daß verschiedene Silben beim Sprechen und Singen mehr oder weniger stark artikuliert werden bzw. ganz unterdrückt werden können.

– In einigen Fällen wird ein unbetontes auslautendes *-e* vor einem Vokal unterdrückt oder verschliffen, jedenfalls nicht als Silbe gezählt:
  hetẹ ich (2.1), *lîdẹ ich* (2.5), *herzẹ alsô* (2.8) usw.
  Aber ein wirkliches Gesetz scheint das nicht zu sein; der Dichter kann auch den Zusammenstoß zweier Vokale (einen *Hiat*) dulden: *denkẹ underwîlen* (1.1).
– Schwach betonte Pronomen, Präpositionen und Partikeln werden öfter verschliffen oder kontrahiert:
  ich sị alsô (1.10), *zẹ allen* (2.5), *sî ẹz* (2.9), *die ịch* (3.2), *ich ịn* (3.7; 3.8), *ich ẹn-gedenke = i'n gedenke* (4.4).
– An wenigen Stellen gibt es eine *Silbenspaltung* (wie bei den gespaltenmännlichen Reimsilben): *máni-ge* (1.7) hat eine gespaltene akzentuierte Silbe *(Hebungsspaltung);* bei *i'n ge-dénke* betrifft die Spaltung eine unbetonte Silbe *(Senkungsspaltung).*
– In einigen Versen ist die erste Silbe betont und nicht, wie sonst immer, die zweite (2.2; 3,5; 4,3; 4,5). Das ist aber so selten, daß man sich fragen kann, ob der Dichter nicht alle Verse mit unbetonter Silbe beginnen wollte und die vier Ausnahmen auf Überlieferungsfehlern beruhen. Man nennt die unbetonte Silbe am Anfang des Verses den *Auftakt* (hierüber mehr im folgenden Abschnitt).

Bezeichnet man die Zahl der betonten Silben im Vers mit der entsprechenden Ziffer, den Auftakt mit einem Punkt sowie Reim und Reimgeschlecht, so läßt sich ein genaues, rein beschreibendes Schema unserer Strophe aufstellen, das so aussehen würde (wenn man von den auftaktlosen Versen und der Reimvertauschung in Strophe 3 absieht):

.3 a' .3 b' .3 c .3 a' .3 b' .3 c .3 c .3 b' .3 c .3 c

Man kann auch die Ebenen des Reims und des Verses trennen, damit die Verslänge und das Reimschema leichter überschaut werden können:

·3 ·3 ·3 ·3 ·3 ·3 ·3 ·3 ·3 ·3
a' b' c a' b' c c b' c c

Ein solches Schema gibt nicht an, wie die Verse (im Gesang) rhythmisch verwirklicht werden. Besonders der Schluß der Verse läßt sich rhythmisch genauer bestimmen, d.h. also die Kadenz, deren Reim immer entweder weiblich oder männlich ist.

1. *Männliche Kadenzen:* Sie können im gesungenen Vortrag eine weitere *pausierte Hebung* verlangen oder nicht.

a) Kadenzen mit pausierter zusätzlicher Hebung hat man *stumpf,* die entsprechenden Verse *unterfüllt* genannt, z.B. hier:

b) Männliche Kadenzen ohne eine solche pausierte Hebung werden dagegen so realisiert:

2. *Weibliche Kadenzen:* Sie können zwei Hebungen besetzen, indem die Reimsilbe so lang gezogen wird, daß die folgende sprachlich unbetonte Silbe auch noch einen Akzent bekommt, oder auch nur eine Hebung mit einer Senkung umfassen.

a) Weibliche Kadenz mit zwei Hebungen:

Diese weibliche Kadenz mit zwei Hebungen hat man *klingend* genannt. Sie ist nur in gesungenen Versen von Bedeutung, aber dort eben auch besonders häufig.

b) Weibliche Kadenz mit Hebung und Senkung (auch *weiblich-voll* genannt):

Ob nun eine gewöhnliche *männliche* oder eine *stumpfe,* eine gewöhnliche *weibliche* oder eine *klingende* Kadenz gelesen bzw. gesungen werden soll, ist objektiv eigentlich nicht feststellbar, denn unser Symmetriebewußtsein stimmt nicht notwendig mit dem des 12. Jahrhunderts überein. In dem Lied, das wir hier als Beispieltext verwenden, hat Friedrich von Hausen wahrscheinlich klingende und stumpfe Kadenzen gemeint. Je nachdem ob man nun weibliche oder klingende, männliche oder stumpfe Kadenzen ansetzt, ändert sich die Hebungszahl der Verse, bzw. die Zahl der musikalisch realisierten *Takte.* Diese *metrischen Takte* unterscheiden sich vom üblichen modernen musikalischen Takt dadurch, daß sie nicht hierarchisch in Viertel, Achtel, Sechzehntel usw. unterteilt werden können. Der metrische Takt beginnt mit einer Hebung und endet vor der folgenden Hebung. Die Taktzahl eines Verses hängt also u.a. von der Kadenz ab; deswegen eignet sich die Taktzahl nicht für eine vergleichende Analyse von Versen, und man begnügt sich dafür besser mit der Angabe der sprachlich realisierten Hebungen. Die Senkung vor der ersten Hebung ändert zwar nichts an der Hebungs- und Taktzahl, sie kann aber sprachlich realisiert sein oder auch nicht. Deswegen ist es sinnvoll, sie in einem Schema mit zu berücksichtigen. Wie in der Musik nennt man diese Silbe(n) *Auftakt.* Der Auftakt ist im deutschen Vers kein konstitutives Element und deswegen meist fakultativ. Daß er hier bei Friedrich von Hausen fast durchgehend vorkommt, liegt wohl auch daran, daß der Dichter ein französisches Vorbild nachgeahmt hat.

Innerhalb des metrischen Taktes gibt es einige Abweichungen von der gewöhnlichen Abwechslung betonter und unbetonter Silben:

a) Auch im Versinnern können manche Silben einen ganzen Takt ausfüllen, vorausgesetzt, daß es sich um sprachlich lange Silben handelt, die entweder einen langen Vokal oder Diphthong *(naturlange Silben)* oder einen kurzen Vokal mit zwei oder mehr folgenden Konsonanten haben *(positionslange Silben).* Man nennt solche taktfüllenden Silben *beschwerte Hebung,* z.B. im zitierten Kinderlied die Stelle: *Schláf, Kíndchen, schláf* (dieselbe melodische Distinktion wiederholt sich übrigens sofort mit Auftakt und ohne die beschwerte Hebung: *da dráußen stéhn zwei Scháf*).

b) Hebungen können gespalten sein, wenn ihre Stammsilbe kurz ist (wie in der Kadenz). Auch Senkungen und der Auftakt können zweisilbig oder gar dreisilbig sein.

Die Metrik Friedrichs von Hausen ist sehr stark an seinem französischen Vorbild orientiert; darum gibt es fast durchgehend geregelten Auftakt, fast keine Hebungs- und Senkungsspaltungen, keine beschwerten Hebungen, außer in der Kadenz. Im früheren donauländischen Minnesang werden diese eigentlich typisch deutschen Freiheiten des Versbaus viel häufiger angewandt.

Will man einen bestimmten Text genau metrisch analysieren, so kann man sich nicht mit dem angegebenen Schema von Auftakt, Hebungszahl, Reim und Kadenzgeschlecht zufriedengeben. Man gibt darum jeder Silbe ein Zeichen (×), einer Hebung einen zusätzlichen *Akut* (x́); den Beginn des metrischen Taktes bezeichnet man durch einen senkrechten Strich (|), gespaltene Silben durch Häkchen (◡ ◡), mit oder ohne Akzent, beschwerte Hebungen und lange Silben der klingenden Kadenz durch einen langen Strich zwischen seinen Taktstrichen (| –́ |), Pausen mit dem gesenkten *Zirkumflex* (∧). Kommt ein metrischer Akzent auf eine sprachlich nicht betonte Silbe zu stehen (wie öfter bei einer beschwerten Hebung und immer in der klingenden Kadenz), so setzt man auf die nur metrisch und nicht auch sprachlich betonte Silbe einen *Gravis* (x̀) statt des Akut (x́), z. B.: Bácke, bácke Kúchèn = | x́ × | x́ × | –́ | x̀

Um sich mit dieser Technik der Analyse vertraut zu machen, geht man am besten das folgende Schema der Hausenschen Beispielstrophe durch und stellt ein ähnliches für die übrigen Strophen her.

× | x́ × | x́ × | –́ | x̀
× | x́ × | x́ × | –́ | x̀
3 × | x́ × | x́ × | ◡́ ◡ ∧ | ∧́
× | x́ × | x́ × | –́ | x̀
× | x́ × | x́ × | –́ | x̀
6 × | x́ × | x́ × | ◡́ ◡ ∧ | ∧́
× | x́ × | ◡́ ◡ × | ◡́ ◡ ∧ | ∧́
× | x́ × | x́ × | –́ | x̀
9 × | x́ × | x́ × | ◡́ ◡ ∧ | ∧́
× | x́ × | x́ × | ◡́ ◡ ∧ | ∧́ ∧ |

In diesem Schema ist die Senkung des vierten Taktes jeweils für den Auftakt des folgenden Verses frei gelassen. Solch einen geregelten Übergang von einem Vers zum andern nennt man *Synaphie* oder *Fugung*, Element einer entwickelteren Verstechnik.

Mit Hilfe dieser Grundbegriffe wäre es nun interessant, eine Strophe des donauländischen Minnesangs zu analysieren (KÜR 6, 2): *Nû brinc mir her vil balde* [. . .]:

× | ×́ × | ×́ × | –́ | ×̀' × | ×́ × | ×́ ◡ ◡ | ×́ ∧ | ∧́
× | ×́ × | ×́ × | –́ | ×̀' ∧ | –́ | ×̀ × | ×́ ∧ | ∧́
× | ×́ × | ×́ × | –́ | ×̀' × | ×́ × | –́ | ×́ ∧ | ∧́
× | ×́ × | ×́ × | –́ | ×̀' ∧ | ×́ × | –́ | ×̀ × | ×́ ∧

Für das rhythmische Gefühl des Vortragenden und Hörers handelte es sich wohl durchgehend um 4-hebige Halbverse mit klingenden Kadenzen vor der *Zäsur* und stumpfen Kadenzen am Schluß der Verse 1 bis 3, dagegen mit männlicher Kadenz in Vers 4, der so als Abschluß der Strophe besonders hervorgehoben ist. Die Langverse sind *gefugt,* was aber für KÜR nicht typisch ist (vgl. KÜR 1).

Die beschwerte Hebung kommt gewiß oft nur aus metrisch-formalen Gründen vor; sie ist aber doch auch ein interessantes poetisches Mittel, besonders bedeutungsvolle Wörter hervorzuheben oder manche Wörter als besonders bedeutungsvoll erscheinen zu lassen. In der Beispielstrophe sind die beschwerten Hebungen gewiß mit Feingefühl und poetischer Absicht gesetzt worden:

2 *wan ich muoz einer vrouwen ' rû- men diu lant*
| –́ | ×̀ × | ×́ ∧ | ∧́
3 *diu wil mich des betwingen ' daz ich ir holt sî*
× | ×́ × | –́ | ×́ ∧ | ∧́ ∧
4 *si muoz der mîner minne ' ie-mer dar- ben-de sîn*
| ×́ × | –́ | ×̀ × | ×́ ∧

rûmen ist Zitat aus der ersten Strophe und signalisiert den Anschluß, *holt* und *darbende* stehen im Gegensatz und sind aufeinander bezogen.

Oft ist allerdings nicht leicht zu entscheiden, wo beschwerte Hebungen, Spaltungen, Auftakte und bestimmte Kadenztypen anzusetzen sind, weil wir nur unvollkommen wissen, was den mittelhochdeutschen Dichtern für eine Wirkung vorschwebte, weil wir keine originalen Melodien besitzen und weil wir schließlich oft den Verdacht hegen müssen, daß der Text in der langen mündlichen und dann schriftlichen Überlieferung gelitten hat.

Vergleicht man die Metrik des donauländischen Minnesangs mit der von Friedrich von Hausen, so kann man wohl durchgehend von stärkerer Regelung aller formalen Elemente sprechen. Das Reimschema ist komplexer gehandhabt, es gibt eine stärkere Bemühung um reine Reime, die Versfüllung verzichtet weitgehend auf Unregelmäßigkeiten. Dies alles wurde zur Zeit Friedrichs von Hausen als modern empfunden; und auch die Literaturgeschichte pflegt von Fortschritt in der Verstechnik zu sprechen. Friedrichs von Hausen Nachfolger werden auf diesem Wege weitergehen, und in der Spätzeit des Minnesangs im 13. Jahrhundert wird man die perfekte Formbeherrschung allen anderen poetischen Qualitäten vorziehen. Gewiß hätte ein Friedrich von Hausen nicht in der Manier von Kürenberg dichten können, aber von uns, die wir über beide Momente der poetischen Kunst im Nachhinein verfügen, wäre es sehr kurzsichtig, wenn wir die historische Abfolge von Dichtungsweisen auch als eine Werteskala benutzen würden. Ein solcher Fehlschluß kann leicht unterlaufen, weil jeder Mensch die biographische Erfahrung macht, das Erbe seiner Voreltern renovieren oder gar völlig ersetzen zu müssen, um seine eigenen Vorstellungen realisieren zu können. Um bei Friedrich von Hausen zu bleiben: Hätte er in der Manier des Kürenberg gedichtet, wäre er den Forderungen des geschichtlichen Moments und seiner Gesellschaft nicht gerecht geworden; seine neuen (an französischen Vorbildern geschulten) Kunstmittel tragen also durchaus direkt zum Wert seiner Poesie bei – wir dürfen nur nicht naiv meinen, daß Kürenbergs andere Kunstmittel in einer anderen Zeit und Situation den Anforderungen seines geschichtlichen Moments weniger gerecht geworden wären, nur weil die Geschichte sie überwunden und aufgehoben hat. Nur mit historischem Verständnis kann man darum auch Poesie der Vergangenheit wirklich werten, ohne auf zufällige Sympathien und heteronome Reizqualitäten angewiesen zu sein. Allerdings kostet es einige Mühe, die formale Leistung des Minnesangs nicht nur als trockenes Regelsystem zu lernen, sondern auch die Faszination einer bis dahin unerhörten künstlerischen Anstrengung nachzuempfinden, die sich mit den besten kulturellen Kräften des Zeitalters in Übereinstimmung glaubte.

Hypothetische Melodien zu den Liedern Friedrichs von Hausen

Die ‚Gedichte', die hier vorgestellt werden, sollten im Rahmen einer festlichen Gesellschaft mit oder ohne Unisono-Begleitung vorgetragen werden. Aber nur für wenige Lieder Walthers von der Vogelweide sind Noten erhalten, ebenso für eine Reihe von Liedern Neidharts von Reuental sowie für spätere Spruch- und Lieddichtung. Die mittelhochdeutsche Metrik ist aber in vielen ihrer wesentlichen Eigenschaften von der Sangbarkeit geprägt: Der Aufbau in Strophen mit gleicher Verszahl und -länge weist noch darauf hin, daß hier eine Melodie so oft wiederholt wurde, wie Strophen vorzutragen waren; die Kadenzen, besonders die *stumpfe* (mit pausierter Hebung) und die *klingende* (mit zwei Hebungen) sind nur im musikalischen Vortrag sinnvoll.

Seit der Wiederentdeckung der mittelalterlichen Lyrik im 18. Jahrhundert weiß man, daß sie ein gesamteuropäisches Phänomen gewesen ist, wobei die okzitanisch-provenzalische Poesie der nordfranzösischen und der deutschen vorausging. Für die französischen Dichter war es verhältnismäßig leicht, dem Vorbild der Provenzalen zu folgen, weil ihre Sprache und damit auch ihre Metrik verwandt waren. Größere Schwierigkeiten hatten die deutschen Dichter, wenn sie dem höfischen Vorbild aus dem Westen nacheifern wollten. Wie das geschah, versuchen wir nun, am Beispiel des Liedes von Friedrich von Hausen nachzuvollziehen.

Gelegenheiten zum Kontakt zwischen deutschen und französischen oder provenzalischen Ritter-Dichtern hat es in der zweiten Hälfte des 12. Jahrhunderts eigentlich immer gegeben: Die Grenzen des Reichs umschlossen romanisches Sprachgebiet; der Erzbischof von Besançon z.B. war ein Reichsfürst – man denke an den Reichstag zu Besançon 1157. Friedrich Barbarossa ließ sich vom Erzbischof von Arles am 30.7. 1178 zum König von Burgund krönen; an dem Hoftag von Mainz 1184, von dem schon die Rede war, nahmen Ritter mancherlei Herkunft und Sprache teil. Vielleicht hier hat Friedrich von Hausen ein Lied des französischen Trouvères Guiot de Provins kennengelernt und in dessen Melodie sein Lied *Ich denke underwîlen* gedichtet.

Guiot de Provins ist vor allem bekannt wegen seiner *Bible,* einem längeren didaktisch-moralischen Gedicht, aus dem viel über seine Lebensumstände hervorgeht. Er schrieb die *Bible* 1208/09 und war zu jener Zeit bereits seit 12 Jahren Mönch, und zwar in Clairvaux als Zisterzienser und in Cluny als Benediktiner. Vor dieser Zeit war er an allen Höfen des südlichen Frankreich heimisch und nahm am dritten Kreuzzug teil. Möglicherweise hat auch er an der Krönung Friedrichs I. Barbarossa in der Kirche von Saint-Trophime in Arles teilgenommen. Beim Mainzer Fest von 1184 war er zugegen und spricht davon mit Begeisterung.

Den Eindruck, den Friedrich von Hausen spontan durch den Vortrag gewinnen konnte, müssen wir etwas mühsam aus den schriftlichen Dokumenten eruieren, die erhalten geblieben sind. Das Lied des Guiot steht im *Chansonnier de Saint-Germain-des-Prés* (Bibliothèque Nationale in Paris, fr. 20050) mit seiner Melodie in sogenannten *Metzer Neumen,* deren *Tonhöhe* mit Hilfe des c-Schlüssels (auf der obersten Linie des ersten Systems von vier Linien) oder des f-Schlüssels (auf der dritten Linie von oben des zweiten Systems) gelesen werden kann. Die Schlüssel sind nicht an eine bestimmte Linie gebunden (wie in der modernen Notenschrift); das hat den Vorteil, daß man keine ‚Hilfslinien' braucht: Wenn die Melodie in ihrem Umfang über die vier vorgesehenen Linien hinausgeht, versetzt man einfach den Schlüssel. Jedes Häkchen bedeutet einen Ton; wenn mehrere Töne auf eine Silbe gesungen werden sollen, werden sie ‚zusammengeschrieben'. Es handelt sich also um eine Notenschrift, die *Melodiesilben* sichtbar machen möchte, nicht Töne. Wollen wir das nach unseren Gewohnheiten in moderne Notenschrift übertragen, so müssen wir ein Zeichen hinzufügen, z.B. den Bindebogen. Wie man im Foto sehen kann, sind die einzelnen Noten nicht in ihrer Form unterschieden wie moderne Noten, die so ihre *Dauer* bezeichnen. Ganz abgesehen von der Frage, welche regelmäßige oder unregelmäßige Dauer diese Noten im Vortrag gehabt haben mögen, müssen wir für eine moderne Abschrift des Dokuments ebenfalls rhythmusneutrale Zeichen verwenden, also z. B. Punkte ohne Hals, die es in der modernen Notenschrift nicht gibt, die aber trotzdem leicht zu lesen sind. Man gewöhnt sich übrigens schnell an diese zweckmäßige mittelalterliche Notenschrift, die sich auch graphisch bequem dem Text anpaßt und nicht mehr Platz beansprucht als dieser. Am Foto sieht man, daß der Textschreiber bei der ersten Strophe immer gerade den Raum einer Textzeile leer läßt. Die Noten werden hernach eingetragen und nicht umgekehrt, wie in der modernen Notenschrift.

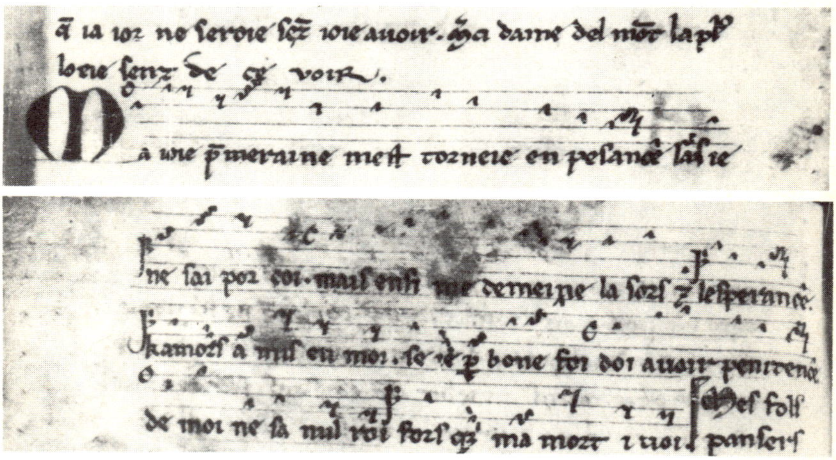

Bibliothèque Nationale, Paris, fr. 20050, fol. 17 recto–17 verso.

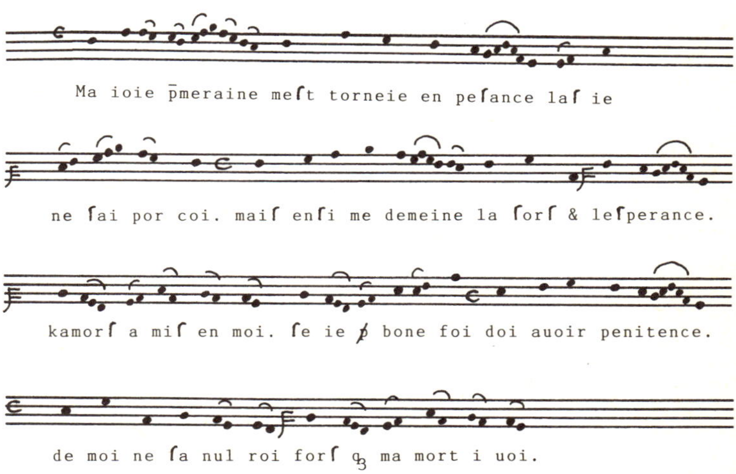

Im Text sind einige besondere Zeichen zu erklären:
ꝑmeraine = premeraine, & = et, ꝑ = par, q3 = que; ſ = s. Was einen modernen Leser am meisten stört, ist das Fehlen des *Apostrophs,* mit dem im Französischen heute Pronomen und Präpositionen, Artikel und Konjunktionen von dem Wort getrennt werden, an das sie sich phonetisch anlehnen: *m'est, l'esperance, k'amors.*

Aber wir sind noch weit von einem poetischen Gehörseindruck entfernt. Der nächste Schritt wäre, den Text und die Melodie (mit gebräuchlichem g-Schlüssel) in metrischer Ordnung aufzuschreiben, wobei die Reime das einfache Gliederungsindiz abgeben können. Die Strophe besteht aus 10 Versen, ihre Reimordnung ist:

a' *premeraine*
b' *pesance*
c *coi*
a' *demeine*
b' *l'esperance*
c *moi*
c *foi*
b' *penitence*
c *roi*
c *uoi*

In der folgenden Übertragung ist der Text unserer Handschrift durch den einer kritischen Ausgabe ersetzt, der einer anderen Handschrift folgt (weil unsere Handschrift nicht alle Strophen enthält).

GUIOT DE PROVINS: *Ma joie premeraine* (R. 142)[22]

I *Mein früheres Glück*
ist mir in Kummer verwandelt;
ach, ich weiß nicht warum.
So werde ich umgetrieben
durch Treue und Hoffnung,
welche Minne in mich gelegt hat.
Wenn ich wegen aufrichtiger Treue
Buße leiden muß,
so weiß ich mir keinen Rat mehr,
außer meinen Tod ins Auge zu fassen.

2 *Mein törichtes Grübeln schafft mir*
törichtes Begehren.
Darüber bin ich in solcher Bestürzung,
daß ich nie eine ungetrübte Freude genossen habe
ohne irgendwelche Beschwernis.
Ein großes Unrecht begeht Minne,
sie, zu der ich mich bekenne
und die mich gelehrt hat in meiner Jugend,
zu tun, was ich nicht soll.
Hört meine Narretei!

3 *Wenn ich ganz fest darauf rechne,*
etwas Freudiges und Schönes zu erleben,
dann könnte ich schwören,
daß schon am nächsten Tage
der Schmerz und das Feuer größer sind,
welche sie mich ertragen läßt.
Aber ich sehe auch, wie so mancher
im Glücksspiel höhere Einsätze wagt,
um seinen Verlust wettzumachen.
Ich muß also Geduld bewahren.

4 *Wenn Minne meine Dame*
in gleichem Maße bedrängen würde,
dann könnte sie mich davon heilen,
worüber sie mich so viel klagen hört.
Aber darum kümmert sie sich nicht
und läßt mich zurückschrecken
vor treuem Lieben.
Denn ich bin in allem aufrichtig.
Lieber würde ich noch meine Fehler gestehen,
als so zu leiden.

5 *Süße Herrin, in kurzer Stunde*
wäre meine Freude vollkommen,
wenn ich jene Gabe bekäme,
die mich allzeit in Erwartung hält.
Aber eure Gewalt
tötet mich ohne Absicht:
Verräter und Treubrecher
schaffen diese Trennung –
mögen sie nie Verzeihung finden
für ihre falschen Lügen.

Guiot, der klagt und weint
über seinen Tod ebenso sehr wie über sein Leben,
schleudert freigebig
über alle seinen Fluch.
So manche Liebe haben sie vernichtet
und reden nichts als Bosheit.
Sie haben ihren Lohn dahin.

Der französische Vers zählt keine *Hebungen,* sondern *Silben,* wobei eine letzte unbetonte *(weibliche)* nicht mitgezählt wird. Der *Versschluß (Reim* und *Kadenz)* trägt immer einen *sprachlichen Akzent.* Außer diesem gibt es keinen festen Akzent im Vers (außer bei langen Versen vor einer *Zäsur* – man kann sagen, daß eine Zäsur wie ein Versschluß behandelt wird). Unser Lied besteht aus weiblichen und männlichen Sechs-Silblern:

6' 6' 6   6' 6' 6   6 6' 6 6
a' b' c   a' b' c   c b' c c

Mit diesen Kenntnissen ausgestattet, kann man das Lied provisorisch singen: Es wird nicht falsch sein, wenn man jeder Silbe ungefähr denselben Wert gibt und die Kadenzen, d.h. die betonten Reimsilben, stärker hervorhebt (und somit auch länger dauern läßt). Hier ist zu bemerken, daß die weiblichen Ausgänge in den Melodieversen 2, 4, 5, 8 mit ihren langen Verzierungen gar nicht anders gesungen werden können als mit einem zusätzlichen sekundären Akzent auf der letzten (unbetonten) Silbe, also als *klingende Kadenz:*

Mv 1 dürfte ebenso vorgetragen worden sein, obwohl dort nur zwei Noten die Melodiesilbe bilden. Solche rhythmischen Elemente des Vortrags hängen zum Teil von der Metrik, zum Teil von der Melodik ab. Auch innerhalb der Verse gibt es solche textbedingten und melodiebedingten rhythmischen Elemente. Was die Notenschrift allerdings nicht ausdrückt, ist ein von Melodik und Metrik emanzipierter *Rhythmus.* Ein solcher Rhythmus hat sich innerhalb von Tanz- und Instrumentalmusik sowie in der Polyphonie herausgebildet. Er hat sich dann (am Ende des 13. Jahrhunderts und im 14. Jahrhundert) wohl auch in der einstimmigen Liedtradition ausgebreitet. Aber zur Zeit der Blüte des Minnesangs in Frankreich und Deutschland, also im 12. und zu Beginn des 13. Jahrhunderts, scheint es (entgegen der Ansicht mancher Forscher) in der Monodie nur den metrisch und melodisch bedingten *deklamatorischen Rhyth-*

mus gegeben zu haben – der ja auch dem Geiste des Solovortrags ausgezeichnet entspricht.

Das Problem der *Tonarten* ist nicht ganz so wichtig für den Minnesang wie das des Rhythmus. Für moderne Ohren klingt die Melodie des Guiot wie Gregorianik. Das ist gewiß ein falscher Eindruck. Die Stabilität der gregorianischen Tonarten (hier etwa *dorisch d-d'*) mit einem *Rezitationston* ist meistens nicht gegeben. Die Melodieerfindung der Trouvères und Minnesänger wurde gewiß auch nicht durch den theoretischen Rahmen von Oktaven gesteuert, sondern eher durch kleinere konventionelle Skalenabschnitte. Die Melodien sind also immer tonal orientiert, aber haben keine durchgehende mittelalterliche (oder gar moderne) Tonart.[23]

Nach diesen Bemerkungen können wir zum Problem der Melodie Hausens zurückkehren. Sein Text entspricht so genau dem französischen Vorbild, daß er ohne Schwierigkeiten unterlegt werden kann. Mit dieser Melodie kann man begründen, daß die weiblichen Kadenzen *klingend* zu singen sind. Die zweisilbigen (gespaltenen) männlichen Kadenzen *sagen* 3, *klage* 6, *tage* 7, *habe* 9, *trage* 10 spalten einen Ton ab, wie man aus anderen etwas späteren deutschen Liedern mit Noten weiß (man respektiert also den Charakter der Melodiesilbe!). Auch die anderen Strophen kann man so unterlegen. Wie der Dichter verfuhr, um gelegentlich den Auftakt ausfallen zu lassen oder scheinbar überzählige Silben zu verschleifen, kann man nur raten.

Zwar besteht kein Anlaß, daran zu zweifeln, daß Hausen die Melodie Guiots übernommen hat – eine überall verbreitete Praxis –, aber streng beweisen läßt es sich nicht. Die Gleichheit der Form bei Friedrich von Hausen und Guiot de Provins nötigt auch zu einer weiteren Hypothese: Diese metrische Struktur erscheint bei Guiot zum ersten Mal im Französischen, so daß man auch für ihn an ein Vorbild denken könnte. Entweder konnte er eine solche Form bei provenzalischen Dichtern finden – oder er hat sie gar von Friedrich von Hausen übernommen! Obwohl dies gewiß ein bemerkenswerter Ausnahmefall wäre und die romanische Poesie im 12. Jahrhundert durchaus die Gebende war, läßt sich das nicht einfach von der Hand weisen. Für unseren Zweck soll es genügen, mit der Melodie von Guiots Lied eine Möglichkeit gefunden zu haben, die es uns erlaubt, uns eine etwas angemessenere Vorstellung von einem Minnelied zu machen, als der gedruckte Text es erlaubt.

HAU I *Ich denke underwîlen* mit der Melodie des Guiot de Provins *Ma joie premerainne*

Betrachten wir nun noch den Ablauf dieser Melodie. Nur eine *Distinktion (Melodiezeile)* wird wirklich wiederholt: mv 10 ist gleich mv 6. Der vorhergehende Melodievers ist zwar an beiden Stellen ganz ähnlich (mv 9 und mv 5), aber doch nicht gleich – schon die Metrik verbietet das, denn mv 5 ist weiblich, mv 9 dagegen männlich; aber beide haben das sehr charakteristische Motiv des Quintfalls *d'–g*. Schauen wir noch einen Vers weiter zurück, so finden wir, daß auch mvv 4 und 8 sehr ähnlich verlaufen (man hat hier korrigierend eingreifen wollen, damit die beiden gleich werden). Auf der Suche nach weiteren Parallelen läßt sich noch die Kadenz von mv 2 und mv 5 erwähnen sowie der Anfang von mv 6 und mv 7. Das alles ist nur schwer formalisierbar: Die Melodie arbeitet mit fortschreitenden Anspielungen, fürs Ohr übrigens sinnvoll organisiert.

Bezeichnet man jede Distinktion mit einem Großbuchstaben, so läßt sich ein Schema herstellen, bei dem man die wiederholten Distinktionen leicht überschauen kann (wo die Gleichheit der Distinktionen nicht perfekt ist, besonders in der Kadenz, empfiehlt es sich, ein Zusatzzeichen ['] zu verwenden). Mit Verslänge, Reimschema und Kadenzen ergibt das für Guiots Melodie und Text folgendes Bild:

A	B	C	D	E	F	G	D'	E'	F
6'	6'	6	6'	6'	6	6	6'	6	6
a'	b'	c	a'	b'	c	c	b'	c	c

Die Gliederung, die sich so ergibt, ist nicht mechanisch, doch verläuft sie einigermaßen parallel zur Metrik: Der Schluß der Strophe (mit dem Schlußton *d*) erscheint schon in mv 6. Das Lied wäre also zweiteilig. Der erste Teil (1–6) zerfällt metrisch und musikalisch in zwei Teile von je 3 Versen, wobei mvv 1–3 eher eine Einleitung für den starken Aufstieg in mv 4, den Quintfall in mv 5 und die Schlußgeste in mv 6 bilden. Da mvv 4–6 sich in mvv 8–10 wiederholen, werden nachträglich auch mvv 1–3 als abgetrennte Einheit bestätigt (wie der Reim es nahelegt) und mv 7 wird zu einer Art Drehpunkt, der einerseits zitierend an das Vorhergehende erinnert, andererseits aber resolut nach oben führt. Die modifizierende Wiederaufnahme der Distinktionen DEF schließt die Strophe deutlich ab. Diese Melodie ist zwar ziemlich originell, sie erinnert aber stark an einen konventionellen Formtyp, die *Kanzone*. Die Kanzone ist zweiteilig. Den ersten Teil nannte Dante (in seiner Schrift *De vulgari eloquentia*, nach 1305) *frons* (Stirn), den zweiten Teil *cauda* (Schwanz). Der erste Teil zerfällt selber in zwei metrisch (und meistens auch melodisch) gleiche Teile, die Dante *pes* (Fuß) nennt. Die deutsche Meistersingertradition bezeichnet die Teile der Kanzone folgendermaßen:

Frons	Aufgesang
1. *pes*	1. Stollen
2. *pes*	2. Stollen
Cauda	Abgesang

Normalerweise wird die Melodie des ersten Stollens zum Text des zweiten wiederholt. Man spricht aber auch von einer metrischen Kanzone, wenn keine Melodie überliefert ist oder die metrische Struktur trotz einer anderen Melodieform (wie in unserem Beispiel) eine Kanzonensymmetrie zeigt. Der Abgesang ist entweder aus neuem musikalischen Material gebaut, oder er nimmt auf die Stollen Bezug. Werden feste Schlußelemente des Stollens auch als Abgesangsschluß verwendet, so spricht man von einer *Rundkanzone.* Zu erwähnen ist noch eine besonders in der provenzalischen Poesie gepflegte Melodieform, bei der sich keine einzige Distinktion wiederholt, die sogenannte *oda continua,* die besonders hohe Ansprüche an die Melodieerfindung stellt. Der Aufgesang des Liedes von Guiot de Provins erinnert an diese Form. Eine Melodie in der Form der *oda continua* kann natürlich einen Text begleiten, dessen Metrik strenge Kanzonen-Symmetrie hat.

Wer sich die Mühe macht, diese Melodie mit dem Text von Guiot oder mit dem von Friedrich von Hausen auswendig zu lernen und alle Strophen nacheinander zu singen, der kann eine Erfahrung machen, über die es sich lohnt, etwas länger nachzudenken: Die Melodie verlangsamt den Textvortrag, sie zwingt auch lockere oder überraschende Formulierungen sowie ironische Bemerkungen in ein gleichbleibendes Medium, das sozusagen eine lange Zeit zwischen Anfang und Ende vorsieht, eine Zeit, die, zumindest für uns, leicht in Langeweile umschlagen kann. Das singende Ich wird verfremdet, sein Singen wird weniger Ausdruck einer Inspiration als Vorführung eines Kunstwerks. Auch dort, wo der Text von ganz intimer Erfahrung spricht, gibt ihm die Melodie eine Art von objektiver und öffentlicher Würde. Die Melodie trägt zwar den poetischen Ausdruck und das Bekenntnis, aber sie vergesellschaftet es im selben Moment. Man hat bis vor wenigen Jahrzehnten Minnelieder wie dieses von Friedrich von Hausen als Bekenntnislyrik gelesen und in einem naheliegenden Mißverständnis nicht wahrgenommen, daß die scheinbar individuellen poetischen Motive in eine Kunstveranstaltung eingehen, die von der Melodie getragen wird. Freilich reiste der Ritter und Diplomat Hausen viel zu Pferde, aber das Motiv des in Gedanken reitenden Sängers wird erst als Kunstmotiv im gesellschaftlichen Vortrag das, was der Dichter intendierte. Man sollte sich also davor hüten, ein Minnelied all dessen zu entkleiden, was es zur Kunst macht, um einer trivialen ästhetischen Gewohnheit zu frönen, die auf einen in jedem Fall banalen Erlebnishintergrund zielt.

Auch zwei weitere Lieder Friedrichs von Hausen sind Kontrafakta: HAU 2 *(Si darf mich des zîhen niet)* hat ein provenzalisches Vorbild: *En chantan m'aven a membrar* von Folquet de Marseille (Pillet-Carstens 155.8). HAU 3 *(Mir ist das herze wunt)* geht auf ein anonymes französisches Vorbild zurück: *Mout m'a demoré* (Raynaud-Spanke 420).

Man kann, wie bereits erwähnt, nicht streng beweisen, daß Friedrich von Hausen die Melodien dieser Lieder wirklich übernommen hat; man kann dies aber für so gut wie sicher halten, wenn außer der metrischen Form auch der Inhalt der Lieder Gemeinsamkeiten zeigt.[24] Für uns ist allerdings auch interessant, daß Friedrich von Hausen durchaus kein ‚Übersetzer' ist. Motivische und stilistische Anleihen bei den Vorbildern sind selten und wenig prägnant, wie man bei einem Vergleich der entsprechenden Texte leicht erkennen wird.

III. Zeitgenossen und Nachfolger Friedrichs von Hausen

Friedrich von Hausen gilt als der bedeutendste Vermittler zwischen der französischen und der deutschen Ritterpoesie; seine gesellschaftliche Rolle am Stauferhofe, seine mit vielen Reisen verbundene diplomatische Tätigkeit und nicht zuletzt sein Talent haben ihn zu dieser Rolle befähigt. Doch wäre es ein Irrtum zu glauben, daß der klassische deutsche Minnesang des Jahrhundertendes eine Schöpfung Hausens wäre. Der Dichter selber pflegte seine Kunst in einer Gesellschaft, die nicht nur Interesse für den Minnesang zeigte, sondern die sich auch aktiv daran beteiligte. Nichts beleuchtet besser das soziale Prestige dieser Kunstübung als die wenigen kostbaren Lieder Kaiser Heinrichs, die er gedichtet hat, ehe er diesen höchsten Titel der damaligen Welt besaß. Heinrich von Rugge, Bernger von Horheim und Bligger von Steinach dürften zahlreiche Gelegenheiten zu persönlicher Bekanntschaft und zu festlicher Ausübung ihrer gemeinsamen Kunst gehabt haben. Sie dichten durchaus nicht berufsmäßig, sondern pflegen in ihrer Dichtung ein Medium der Reflexion über ihre eigene gesellschaftliche Rolle. Die Formen und Inhalte des provenzalisch-französischen Minnesangs sind für diese Dichter anregend, aber sie übernehmen sie nicht, ohne sie neu zu reflektieren; insbesondere ist das entscheidende Ereignis dieser Jahrzehnte, der Kreuzzug von 1189, ein Realitätselement, das sich in die allzu idealisierte Minnefiktion drängt. Trotz immer wiederholter gegenteiliger Behauptungen ist es gar nicht so leicht, ein deutsches Minnelied ausfindig zu machen, das wirklich durchgehend ‚konventionell' ist! Wenn der Stauferhof mit Friedrich von Hausen als bedeutendstem Dichter auch tonangebend gewesen ist, so gibt es doch auch in anderen Gegenden eine ähnliche Bewegung, deren Vertreter nicht unbedingt im Kontakt mit dem Stauferhof gedichtet haben: Der Graf Rudolf von Fenis-Neuenburg in der Westschweiz, Heinrich von Veldeke in der belgischen Provinz Limburg, Albrecht von Johannsdorf in Niederbayern. Trotzdem kann man sagen, daß der Minnesang in Frankreich eine Kunstübung auf breiterer gesellschaftlicher Grundlage war und eben deswegen auch einen höheren Grad von Einheitlichkeit bzw. Konventionalität erreicht hat als in Deutschland, was besonders für den nordfranzösischen Minnesang zutrifft.

Heinrich von Veldeke

Heinrich von Veldeke ist gewiß Friedrich von Hausen anläßlich des Mainzer Pfingstfestes 1184 begegnet (vgl. seine Beschreibung des Festes). Er ist nicht nur als Lyriker, sondern vor allem auch als Epiker bedeutend. Über 30 Lieder (darunter aber viele Einzelstrophen) sind in den drei Haupthandschriften überliefert, in mittelhochdeutscher Sprache, obwohl Heinrich von Veldeke mindestens in seiner limburgischen Heimat (nahe Hasselt in der belgischen Provinz Limburg) in seinem niederländischen Heimatdialekt gedichtet hat. Er stammt aus einem Rittergeschlecht, dessen Angehörige Ministerialen der Grafen von Loon waren. Er dürfte vor der Mitte des 12. Jahrhunderts geboren worden sein. In seiner Jugend dichtete er eine Legende *Servatius,* vielleicht gegen 1170 für die Gräfin Agnes von Loon, die er seine *lieben vrouwen* nennt. Sein Hauptwerk, die *Eneit,* nach dem französischen Äneas-Roman (der seinerseits Vergils Aeneis verarbeitete), war 1174 weitgehend vollendet, als das Manuskript bei der Hochzeit der Gräfin Margarete von Kleve mit dem Landgrafen Ludwig III. von Thüringen entwendet wurde. Neun Jahre später hat der Dichter sein Manuskript vom Pfalz- bzw. Landgrafen Hermann von Thüringen zurückbekommen und das Werk ihm zuliebe beendet. Heinrich von Veldeke mag um 1190 gestorben sein. Auch er benutzt französische Vorbilder für seine Minnelieder.[25]

1. Überlieferte Fassung (Handschrift B):

Tristran muose sunder sînen danc
staete sîn der küneginne,
wan in daz poisûn dar zuo twanc
mêre danne diu kraft der minne.
Des sol mir diu guote sagen danc,
wizzen, daz ich sölhen tranc
nie genam und ich sî doch minne
baz danne er, und mac daz sîn.
Wol getâne,
valsches âne,
lâ mich wesen dîn
unde wis dû mîn.

VEL: MF 58.35–59.10 (1 A, 10 BC).
Heinrich von Veldeke dichtete in der Mundart seiner Heimat. Seine Gedichte sind aber nur in der mittelhochdeutschen Fassung der drei Handschriften überliefert, die sich in Wortlaut und Metrik gelegentlich voneinander unterscheiden. Die Rekon-

2. Rekonstruierte Fassung (Theodor Frings):

Tristrant mûstẹ ânẹ sînen danc
stâde sîn der koninginnen,
want poisûn hemẹ dâr tû dwanc
mêre dan dî cracht der minnen.
Des sal mich dî gûde danc
weten dat ich nînẹ gedranc
sulịc pîment endẹ ich sî minne
bat dan hê, endẹ mach dat sîn.
Walẹ gedâne,
valsches âne,
lât mich wesen dîn
ende wis dû mîn.

Tristan mußte ohne seinen Willen
der Königin treu sein,
denn das Gift zwang ihn dazu
mehr als die Gewalt der Liebe.
Dafür müßte mir die Edle Dank
wissen, daß ich einen solchen Trank
nie zu mir genommen habe und sie trotzdem liebe,
mehr noch als er, wenn es denn möglich ist.
Du Schöne,
ohne Falsch,
laß mich dein sein
und sei du mein.

---

struktion des Textes von Theodor Frings kommt der ursprünglichen Intention des Dichters gewiß näher als der überlieferte Text, doch enthält sie ein hohes Maß an Willkür. Zudem muß damit gerechnet werden, daß Veldekes Lieder dem größten Teil ihres Publikums bereits in dieser ‚übersetzten', mittelhochdeutschen Fassung zu Gehör gekommen sind. 3 *poisûn* stn. ‚Trank', ‚Gift' (frz. poison < lat. potionem). 7 *pîment* stn. (?) ‚Würzwein' (lat. pigmentum).

Kaiser Heinrich

Der Dichter dieses Namens ist der (spätere) Kaiser Heinrich VI., Sohn Friedrichs I. Barbarossa und der Beatrix von Burgund; 1165 geboren, 1184 beim Mainzer Hoffest (zusammen mit seinem Bruder Friedrich) zum Ritter geweiht, wird er 1190 Nachfolger Barbarossas. 1191 wird er zum Kaiser gekrönt und stirbt 1197 in Messina an der Malaria. Seine drei überlieferten Lieder dokumentieren die literaturgeschichtlich interessante Lage der 1180er Jahre, da er sich einesteils an den traditionellen donauländischen Minnesang anlehnt, andererseits (wie die Dichter seiner Umgebung, Friedrich von Hausen, Bernger von Horheim, Bligger von Steinach) den neuen poetischen und ethischen Idealen der westlichen Ritterkultur folgt.

Die Autorschaft Kaiser Heinrichs VI. ist mit Gründen bezweifelt worden, die das Wesen des Minnesangs betreffen. Ich weise auf dieses Problem im Exkurs ‚Sprache und Stil des Minnesangs' am Schluß dieses Kapitels besonders hin.[26]

1 Ich grüeze mit gesange die süezen,
die ich vermîden niht wil noch enmac.
Daz ich sie von munde rehte mohte grüezen,
ach leides, des ist manic tac.
Swer nu disiu liet singe vor ir,
der ich sô gar unsenfteclîch enbir,
ez sî wîp oder man, der habe si gegrüezet von mir.

2 Mir sint diu rîche und diu lant undertân,
swenne ich bî der minneclîchen bin;
unde swenne ich gescheide von dan,
sô ist mir al mîn gewalt und mîn rîchtuom dâ hin;
wan senden kumber, den zel ich mir danne ze habe.
Sus kan ich an vröiden stîgen ûf und ouch abe
und bringe den wehsel, als ich waene, durch ir liebe ze grabe.

HEI: MF 5.16–6.4 (1–4 BC).

1 MF 5.16–22 (1 BC). 1.1 *die süezen* (Sg. Akk.) swf. (substantiviertes Adjektiv). 1.3 *von munde:* idiomatisch ‚mit dem Mund'. 1.4 *ach leides* (Sg. Gen.) idiomatisch ‚was für ein Leid!'. *des* (n. Sg. temporaler Gen.) Demonstrativpron. (bezieht sich auf v. 3). 1.5 *disiu liet* (Plur. Akk.) *liet* stn. ‚Strophe', ‚Lied'. 1.6 *der* Relativpronomen (f. Sg. Gen.): bezieht sich auf *ir* (v. 5). *enbir* (1. Sg. Präs. Ind.) en-bern stv. IV ‚entbehren'. 1.7 *habe si gegrüezet:* perfektiver Aspekt – das Lied ist der Gruß.

2 MF 5.23–29 (2 BC). 2.5 *zel* (1. Sg. Präs. Ind.) *zeln* swv. ‚zählen'.

3 Sît daz ich si sô gar herzeclîchen minne
und si âne wenken z'allen zîten trage
beide in herze und ouch in sinne,
underwîlent mit vil maniger klage,
waz gît mir dar umbe diu liebe ze lône?
Dâ biutet si mir'z sô rehte schône;
ê ich mich ir verzige, ich verzige mich ê der krône.

4 Er sündet, swer des niht geloubet,
daz ich möhte geleben manigen lieben tac,
ob joch niemer krône kaeme ûf mîn houbet;
des ich mich ân si niht vermezzen mac.
Verlur ich si, waz het ich danne?
dâ tohte ich ze vreuden weder wîben noch manne,
und waer mîn bester trôst beide ze âhte und ze banne.

1 *Ich grüße mit Gesang die Liebliche,*
die ich meiden weder will noch kann.
Daß ich sie zum Gruß mit eigenem Mund ansprechen konnte,
ach, leider, das ist so manchen Tag her!

---

3 MF 5.30–36 (3 BC). 3.5 *gît* = *gibet* (3. Sg. Präs. Ind.) *geben* stv. V. 3.6 *biutet* (3. Sg. Präs. Ind.) *bieten* stv. II; *ez schône bieten:* idiomatisch ‚Freundlichkeit erweisen'. 3.7 *verzige* (1. Sg. Prät. Opt.) *sich verzîhen* stv. I + Gen. ‚verzichten auf', ‚verschmähen'.

4 MF 5.37–6.4 (4 BC). 4.4 der Sinn dieser schwierigen Formulierung ist gewiß: ohne sie so manchen Tag leben zu können, kann er sich nicht vermessen zu behaupten. *an, ane* in CB ist also als *âne si* ‚ohne sie' zu verstehen. Es wäre auch denkbar, daß *an* Präposition ist, also = *an si* ‚in bezug auf sie': ‚Was ich über die Krone sage, dessen würde ich mich in bezug auf sie nicht vermessen'. 4.5 *verlur* = *verlüre* (1. Sg. Prät. Opt.) *verliesen* stv. II. 4.6 *tohte* = *töhte* (1. Sg. Prät. Opt.) *tugen* prpr. ‚taugen'. *wîben* (Pl. Dat.) *wîp* stn. *manne* (Sg. Dat.) *man* stm. 4.7 *ze âhte und ze banne:* der Trost (die teuerste Hoffnung) ist in Acht und Bann, d.h. der Vernichtung anheimgegeben.

Versbau: Auf Akzente im Text ist verzichtet worden. Man kann davon ausgehen, daß die Verse nicht sprachwidrig zu betonen sind, daß aber ein- oder mehrsilbige Senkungen und Auftakte begegnen. Das Lied ist ein interessantes Beispiel für die sogenannten *gemischten Daktylen.* C. v. Kraus (MFU 105) hat das Lied durchmetrisiert, die Verse 1–6 als Vierheber, den Vers 7 als Fünfheber. Wer nicht mit C. v. Kraus in die metrischen Feinheiten des Liedes eindringen möchte, wird es wie Prosa lesen und dank dem natürlichen Wortakzent nicht sehr erheblich vom intendierten Rhythmus abweichen. Interessant ist, daß auch die Kadenzen von Strophe zu Strophe nicht stabil sind. Leider läßt sich nicht sagen, wie in solch einem Falle die Melodie gehandhabt wurde.

Wer nun diese Verse vor ihr singt,
die ich so schmerzlich entbehre,
es sei Frau oder Mann, der mag ihr damit meinen Gruß überbringen.

2 *Mir sind Reiche und Länder untertan,*
wenn ich bei der Liebenswerten bin.
Und wenn ich dann von dort weggehe,
so ist all meine Gewalt und Herrschaft dahin;
denn Sehnsuchtsschmerz – das ist dann meine einzige Habe.
So kenne ich Auf- und Abstieg der Freude
und werde diesen Wechsel wohl um ihrer Liebe willen noch mit ins Grab nehmen.

3 *Daß ich sie so ganz herzlich liebe*
und sie ohne Wanken jederzeit
in Herz und Sinn trage,
bisweilen unter so manchen Klagen,
was gibt mir dafür die Liebe als Lohn?
Sie ist so recht freundlich gegen mich.
Ehe ich auf sie verzichte, verzichte ich noch eher auf die Krone!

4 *Er versündigt sich, wer immer das nicht glaubt,*
daß ich so manchen Tag leben könnte,
wenn auch nie eine Krone auf mein Haupt käme –
dessen kann ich mich ohne sie nicht vermessen.
Verlöre ich sie, was hätte ich dann?
Da würde ich weder Frauen noch Männern zu fröhlicher Gesellschaft taugen,
und mein bester Trost wäre in Acht und Bann.

Rudolf von Fenis-Neuenburg

Rudolf von Fenis ist identisch mit Rudolf II., Graf von Neuenburg in der Schweiz, von 1158 bis 1192 bezeugt, vor dem 30.8. 1196 gestorben. Sein Stammsitz war Vinelz (= Fenis) auf der Landbrücke zwischen Bieler und Neuenburger See, aber die Grafen residierten damals schon in ihrer Stadt. Seine Mutter, Berthe de Granges-Grammont, sprach gewiß den frankoprovenzalischen Dialekt ihrer Heimat und seine Frau Comtesse (Comitissa) trägt ebenfalls einen welschen Vornamen und dürfte auch nicht deutschsprachig gewesen sein. Mit dem provenzalischen Dichter Folquet de Marseille, der 1195 ins Kloster ging und später Bischof von Toulouse wurde, scheint er persönlich bekannt gewesen zu sein. Beziehungen zum Stauferhof und seinen Dichtern sind nicht nachzuweisen, sind aber doch auch nicht auszuschließen.

1 Minne gebiutet mir, daz ich singe
unde wil niht, daz mich iemer verdrieze.
Nu hân ich von ir weder trôst noch gedinge
unde daz ich mînes sanges iht genieze.
Si wil, daz ich iemer dienẹ an sölhe stat,
dâ noch mîn dienst ie vil kleine wac,
undẹ al mîn staete niht gehelfen mac.
Nu waere mîn reht, moht ich, daz ich ez lieze.

2 Ez stêt mir niht sô, ich enmac ez niht lâzen,
daz ich daz herze von ir iemer bekêre.
Ez ist ein nôt, daz ich mich niht kan mâzen:
Ich minne sî, diu mich dâ hazzet sêre,
und iemer tuon, swie ez doch dar umbe mir ergât.
Mîn grôziu staete mich des niht erlât,
unde ez mich leider kleine vervât.
Ist ez ir leit, doch diene ich ir iemer mêre.

3 Iemer mêre wil ich ir dienen mit staete
und weiz doch wol, daz ich sîn niemer lôn gewinne.
Ez waere an mir ein sin, ob ich dâ baete,
dâ ich lônes mich versaehe von der minne.

FEN: MF 80.25–81.29 (4–7 BC).

1 MF 80.25–81.5 (4 BC). 1.3 *gedinge* (hier: stn.) ‚Hoffnung'. 1.4 *iht* adv. ‚etwa'. *unde daz* . . .: als Nebensatz noch abhängig von dem negierten *hân ich* 1.3. 1.6 *kleine* adv. ‚gering'. *wac* (3. Sg. Prät. Ind.) *wegen* stv. V ‚wiegen', ‚Gewicht haben'. 1.8 *moht* (1. Sg. Prät. Opt., = *möhte*) *mugen* prpr. ‚können'.

2 MF 81.6–13 (5 BC). 2.2 der Nebensatz ist abhängig von *Ez stêt mir niht sô* (2.1); *ich enmac ez niht lâzen* ist eine parenthetische Wiederaufnahme des Strophenschlusses von Str. 1. 2.5 *tuon* (1. Sg. Präs. Ind.) *tuon* unrv. ‚tun' (Präsens mit futurischer Funktion, unterstützt durch das Adv. *iemer*). 2.7 *ver-vât* (3. Sg. Präs. Ind.) *ver-vân* stv. VII + Akk. der Person ‚nützen'.

3 MF 81.14–21 (6 BC). 3.2 *sîn* = *es* (n. Sg. Gen.) Personalpronomen, abhängig von *lôn gewinne,* bezieht sich auf *dienen mit staete* (3.1). 3.3 *ein sin* stm. ‚Sinn', idiomatisch ‚es wäre vernünftig'. 3.4 *mich versaehe* (1. Sg. Prät. Opt.) *sich ver-sehen* stv. V

Lônes hân ich noch vil kleinen wân;
ich diene ie dar, da ez mich kleine kan vervân.
Nu liez ich ez gerne, moht ich ez lân!
Ez wellent durch daz niht von ir mîne sinne.

4 Mîne sinne wellent durch daz niht von ir scheiden,
swie si mich bî ir niht wil lân belîben.
Sî enkan mir doch daz niemer geleiden:
ich diene ir gerne und durch si allen guoten wîben.
Lîde ich dar under nôt, daz ist an mir niht schîn.
Diu nôt ist diu meiste wunne mîn.
Sî sol ir zorne dar umbe lâzen sîn,
wan si enkan mich niemer von ir vertrîben.

1 *Minne befiehlt mir, zu singen,*
und will nicht, daß es mich je verdrieße.
Im Augenblick habe ich von ihr weder Bestärkung noch Hoffnung
noch irgendwelchen Nutzen von meinem Gesang.
Sie will, daß ich allzeit dort diene,
wo mein Dienst noch immer wenig Gewicht hatte
und all meine Beständigkeit nicht helfen kann.
Es wäre schon mein Recht, wenn ich könnte, es zu lassen.

2 *Es ist aber nicht so mit mir (ich kann es nicht lassen),*
daß ich mein Herz jemals von ihr abwenden könnte.
Es ist schlimm, daß ich mich nicht mäßigen kann.
Ich liebe sie, die mich doch furchtbar haßt,
und werde es immer tun, was mir dabei auch zustößt.
Meine große Beständigkeit läßt mich davon nicht frei,
doch nützt es mir leider wenig.
Ist es ihr auch unangenehm, so diene ich ihr doch mehr und mehr.

3 *Mehr und mehr will ich ihr mit Beständigkeit dienen,*
und weiß doch genau, daß ich dafür nie Lohn bekommen werde.
Es wäre vernünftig von mir, dort zu bitten,

+Gen. ‚erwarten'. 3.5 *lônes* (Sg. Gen.) *lôn* stm., abhängig von *wân* stm. ‚geringe – keine – Hoffnung auf Lohn'. 3.8 *durch daz* ‚deswegen' (weil ich nicht kann) – oder ‚nur deswegen' (weil ich gern aufgeben würde).

4 MF 81.22–29 (7 BC). 4.2 *swie* Konj. hier: ‚wiewohl'. 4.3 *geleiden* swv. ‚leid machen', ‚verleiden'. 4.4 *durch sie* ‚um ihretwillen', ‚in ihrer Person stellvertretend'. 4.5 *schîn* adj. ‚sichtbar'. 4.7 *zorne* (Pl. Akk.) *zorn* stm. ‚Unmut'.

wo ich auf Lohn von der Minne rechnen könnte.
Auf Lohn habe ich auch weiter wenig Hoffnung;
ich diene immer weiter dort, wo es mir wenig nützen kann.
Ich gäbe es ja gern auf, könnte ich es aufgeben!
Es wollen aber deswegen meine Gedanken nicht von ihr fort.

4 *Meine Gedanken wollen darum nicht von ihr fort,*
ob sie auch mich nicht bei sich lassen will.
Sie kann mir aber dies nicht verleiden,
daß ich ihr gern diene, und mit ihr allen guten Frauen.
Leide ich dabei Kummer, so sieht man es mir doch nicht an:
der Kummer ist meine größte Freude.
Sie soll deswegen ihre Zornesanwandlungen fahren lassen,
denn sie kann mich niemals von sich vertreiben.

Exkurs: Melodie und „daktylischer" Versbau

Das Lied, das Rudolf von Fenis-Neuenburg als Vorbild gewählt hat, gehört zu den kunstvollsten des ganzen französischen Repertoires, was die Reimordnung betrifft. Komponiert hat es der Ritter Gace Brulé[27] aus der Champagne, etwa in den Jahren 1180/85. Er war mit mehreren berühmten Trouvères seiner Zeit bekannt (unter anderen auch Blondel de Nesle und Conon de Béthune) und hat an einem Kreuzzug, vielleicht dem dritten, teilgenommen. Der im Geleit erwähnte Huet ist nicht eindeutig identifiziert worden, und auch die unter dem Decknamen (provenzalisch *senhal*) verborgene Dame Bertree bleibt unbekannt.

Schon in den Handschriften ist die kunstvolle metrische Form nicht immer respektiert worden: Das Lied *De bone Amour et de loial amie* hat 6 Strophen (die zwei Geleitstrophen nicht mitgezählt): Es sind *coblas unissonans* ganz besonderer Art: das letzte Reimwort jeder Strophe wird zum ersten der folgenden Strophe. Dieses Prinzip hat den provenzalischen Namen *coblas capcaudadas* (*cap* = Kopf, Strophenbeginn; *cauda* = Schwanz, Strophenschluß) in bezug auf den Reim; gleichzeitig handelt es sich auch um *coblas capfinidas,* weil ein bestimmtes Wort (hier das Reimwort) des letzten Verses einer Strophe im ersten Vers der folgenden auftaucht; schließlich handelt es sich auch um *coblas retrogradadas,* weil fortschreitend die Reimwörter der vorhergehenden Strophen wiederkehren. Rudolf von Fenis hat etwas davon bewahrt: er dichtet *coblas capfinidas.* Da es im Deutschen viel weniger Reimmöglichkeiten gibt als im Französischen, sind der Nachahmung jener Kunststücke des Gace Brulé enge Grenzen gesetzt. Die komplizierte Reimform hat aber auch den französischen Dichter gezwungen, alle Strophen demselben beschränkten Vokabular zu unterwerfen. Man kann sich fragen, ob das den Dichter thematisch und motivisch behindert hat und sein Lied inhaltlich eher flach ausgefallen ist oder ob der Zwang der Wortwiederholungen im Gegenteil dem Lied eine rhetorisch-stilistische Einheitlichkeit und Harmonie verliehen hat, die einen besonderen ästhetischen Reiz darstellt – vielleicht läßt sich das gerade an der deutschen Übersetzung prüfen, die ich beigegeben habe. Alle anderen Formebenen des Liedes sind jedenfalls sehr einfach gehalten. Alle Verse sind 10-Silbler, die Melodie ist eine einfache Kanzone. Sie ist wieder der Handschrift Bibliothèque Nationale fr. 20050 entnommen.

Man ist seit der Wiederentdeckung des Minnesangs im 18. Jahrhundert immer mehr oder weniger überzeugt gewesen, daß die metrischen Neuerungen der Hausen-Generation auf dem Kontakt mit romanischen Vorbildern beruhen. Man kann sich hiervon eine genauere Vorstellung machen, wenn man bedenkt, wie französische Verse auf deutsche Ohren wirken: Sie sind rhythmisch beinahe unvorhersehbar lebendig, haben eine nicht spontan kontrollierbare feste Silbenzahl, aber keine feste Hebungs- und damit auch keine feste Taktzahl. Metrische Zäsuren und freie Pausen bewirken, daß manchmal eine Senkung zwischen zwei Hebungen erscheint, manchmal aber auch zwei auftreten. Will man solche Effekte im Deutschen nachahmen, d. h. also die französische Metrik als Hebungsmetrik mißverstehen, so muß man Verse mit unregelmäßiger Taktzahl, mit ein- oder mehrsilbiger Senkung, mit oder ohne Auftakt bauen. Solch einen Eindruck machen einige Lieder, die von Kaiser Heinrich, Rudolf von Fenis und Albrecht von Johannsdorf stammen. Allerdings ist eine solche Metrik sehr schwer zu durchschauen; in der Überlieferung ist sie unwillkürlichen Veränderungen und Korrekturen ausgesetzt, und als Prinzip ist sie im Deutschen auch ziemlich schwerfällig, denn man spürt die Absicht dieses Rhythmus, während er im Französischen durchaus unwillkürlich erscheint und zum Teil sogar dem Belieben des Vortragenden überlassen bleibt. Die Akzentuierungsvorschläge, die man auf dieser Grundlage machen kann, kommen zwar mit wenig Korrekturen der überlieferten Lesarten aus, können aber doch auch keinen Anspruch auf Richtigkeit im Detail erheben, zumal sich öfter mehrere Vortragsmöglichkeiten eines Verses anbieten. Da es sich bei diesen Versen jedenfalls um etwas anderes als um die traditionelle deutsche *Senkungsfreiheit* handelt, hat sich in der wissenschaftlichen Diskussion der Ausdruck *mittelhochdeutsche Daktylen* eingebürgert, der allerdings mißverständlich ist, weil diese Erscheinung nichts mit antiken Daktylen zu tun hat.

Drei Typen von ‚daktylischen' Versen lassen sich so unterscheiden, und sie stellen in gewissem Sinne auch Etappen der Rezeption dieses neuen metrischen Prinzips in der deutschen Dichtung dar:

1. *gemischte Daktylen:* Es treten Dreisilbentakte verhältnismäßig unvorhersehbar neben den üblichen Zweisilbentakten auf. Da mindestens bei übernommenen französischen Melodien die Silbenzahl der Verse in etwa konstant bleiben muß, haben solche Verse nicht immer gleiche Taktzahl – eine Konsequenz, die an der Grundlage des deutschen Versbaus rüttelt.
2. *reine Daktylen:* Die deutschen Verse sind ausschließlich aus Dreisilbentakten gebaut, mit ganz wenigen traditionell begründeten Abweichungen wie beschwerten Hebungen oder Silbenspaltungen.
3. *feste Mischung:* Der Dichter führt Dreisilbentakte an bestimmten Stellen seines Vers- bzw. Strophenschemas ein und respektiert dies in allen Strophen. Er gewinnt damit eine Möglichkeit zu sehr interessanten rhythmischen Effekten.

Als Beispiele für gemischte Daktylen bzw. gemischte Zwei- und Dreisilbentakte lassen sich aus unserem Kapitel Kaiser Heinrich und Rudolf von Fenis nennen. Reine Daktylen begegnen bei Friedrich von Hausen (HAU 5), bei Heinrich von Rugge und bei Bernger von Horheim. Ein Beispiel für die kunstvolle feste Mischung ist Walthers von der Vogelweide berühmtes Lied *Under der linden / an der heide* (x́ × × x́ × / x́ × x́ ×) mit seinem daktylischen Refrain-Einwurf „tandaradei“: x́ × × x́ (WAL 9). Gesungen wurden die daktylischen Takte vielleicht wie beschwerte Hebungen (–́ x̀ × x́ : „tándàradéi“).

GACE BRULÉ: De Bone Amour et de loial amie (R. 1102)

2 Coment porroie avoir bone esperance
A bone amor ne a leal amie,
Ne a vairs yeuz, n'a la douce semblance
Que ne verrai ja més jor de ma vie?
Amer m'estuet, ne m'en puis plus sosfrir,
Celi cui ja ne vanra a plaisir;
Et si ne sai coment puist avenir,
Qu'aie de li ne secours ne ahie.

3 Coment avrai ne secors ne ahie
Vers fine Amour, la ou nus n'a puissance?
Amer me fait ce qui ne m'ainme mie,
Dont ja n'avrai fors ennui et pesance;
Ne ne li os mon corage gehir
Celi qui tant m'a fait de max sentir,
Que de tel mort sui jugiez a morir
Dont ja ne quier veoir ma delivrance.

4 Je ne vois pas querant tel delivrance
Par quoi amors soit de moi departie;
Ne ja nul jor n'en quier avoir poissance,
Ainz amerai ce qui ne m'ainme mie,
N'il n'est pas droiz que li doie gehir
Por nul destroit que me face sentir;
N'avrai confort, n'i voi que dou morir,
Puis que je sai que ne m'ameroit mie.

5 Ne m'ameroit? Ice ne sai je mie;
Que fins amis doit par bone atendance
Et par soffrir conquerre haute amie.
Més je n'i puis avoir nulle fiance,
Que cele est tex, por cui plaing et sopir,
Que ma dolor ne doigneroit oïr;
Si me vaut mieuz garder mon bon taisir,
Que dire riens qui li tort a grevance.

6 Ne vos doit pas trop torner a grevance
Se je vos aing, dame, plus que ma vie,
Car c'est la riens ou j'ai greignor fiance
Quant par moi seul vos os nonmer amie,
Et por ce fais maint dolorous sopir
Que ne vos puis ne veoir ne oïr,
Et quant vos voi, n'i a que dou taisir,
Que si sui pris que ne sai que je die.

7 (5) Mes biaus conforz ne l'en porra garir;
De vos amer ne me porrai partir,
N'a vos parler, ne ne m'en puis taisir
Que mon maltrait en chantant ne vos die.

8 (7) Par Deu, Hüet, ne m'en puis plus soffrir,
Qu'en Bertree est et ma morz et ma vie.

1 *An schöne Minne und eine treue Freundin*
kommt mir oft die Erinnerung und frommes Gedenken,
so daß ich nie und keinen Tag meines Lebens
ihr Gesicht und Aussehen vergessen werde.
Darum – wenn Minne nicht aufhören will,
mit einem jeden und einer jeden nach ihrer Laune
ihr Spiel zu treiben, dann brauche ich wohl
auf die meine keine gute Hoffnung zu hegen.

2 *Wie könnte ich auch gute Hoffnung hegen*
auf schöne Minne und eine treue Freundin,
auf helle Augen, auf einen süßen Anblick,
was ich doch mein Lebtag nicht sehen werde?
Lieben muß ich sie und kann nicht anders,
sie, der das nie Vergnügen bereiten wird.
Und so weiß ich auch nicht, wie es geschehen könnte,
daß ich von ihr irgend Unterstützung oder Hilfe bekäme.

3 *Wie soll ich Unterstützung und Hilfe bekommen*
von hoher Minne, bei der niemand etwas ausrichten kann?
Lieben macht mich die, welche mich überhaupt nicht liebt;
deswegen werde ich auch immer nur Leid und Beschwernis davon haben.
Doch wage ich nicht, ihr mein Herz zu öffnen,
ihr, die mich so viel Leid hat fühlen lassen,
daß ich verurteilt bin, eines solchen Todes zu sterben,
von dem ich nicht einmal wünsche, befreit zu werden.

4 *Ich wünsche nicht, auf eine solche Art befreit zu werden,*
daß auch die Minne von mir getrennt würde.
Niemals möchte ich die Kraft dazu haben.
Ich ziehe es vor, das zu lieben, was mich überhaupt nicht liebt.
Es ist auch nicht rechtens, daß ich es ihr gestehe
wegen irgendwelcher Bedrängnis, die sie mich fühlen läßt.
Trost werde ich keinen finden, ich sehe nur das Sterben,
da ich weiß, daß sie mich bestimmt nicht lieben würde.

5 *Sie würde mich nicht lieben? Das weiß ich eben nicht.*
Ein wahrer Freund sollte ja durch getreues Warten
und Erdulden eine hochedle Freundin erobern.
Aber ich kann mich darauf überhaupt nicht verlassen,
denn jene, um deretwillen ich klage und seufze, ist so
veranlagt, daß sie meinen Schmerz gar nicht hören möchte.

So ist es besser für mich, vollkommenes Schweigen zu bewahren,
als irgendetwas zu sagen, was ihr übel ausschlagen könnte.

6 *Das sollte Euch allerdings nicht übel ausschlagen,*
wenn ich Euch, Herrin, mehr liebe als mein eigenes Leben,
denn das ist es, worauf ich am meisten vertraue,
wenn ich Euch ganz für mich allein Freundin zu nennen wage.
Manchen schmerzvollen Seufzer stoße ich aus
darüber, daß ich Euch weder sehen noch hören kann.
Und wenn ich Euch einmal sehe, dann herrscht nichts als Schweigen,
denn so befangen bin ich, daß ich nicht weiß, was ich sagen soll.

7 (5) *Mein schöner Trost kann (mich) davon nicht heilen,*
auf Eure Liebe kann ich nicht verzichten,
und nicht darauf, zu Euch zu sprechen; ich kann auch nicht
verschweigen, Euch mein Unglück singend mitzuteilen.

8 (7) *Bei Gott, Huët, ich kann nicht mehr zurück,*
an Bertrada liegt mein Tod und mein Leben.

FEN *Minne gebiutet mir, daz ich singe* mit der Melodie des Gace Brulé *De bone Amour et de loial amie*

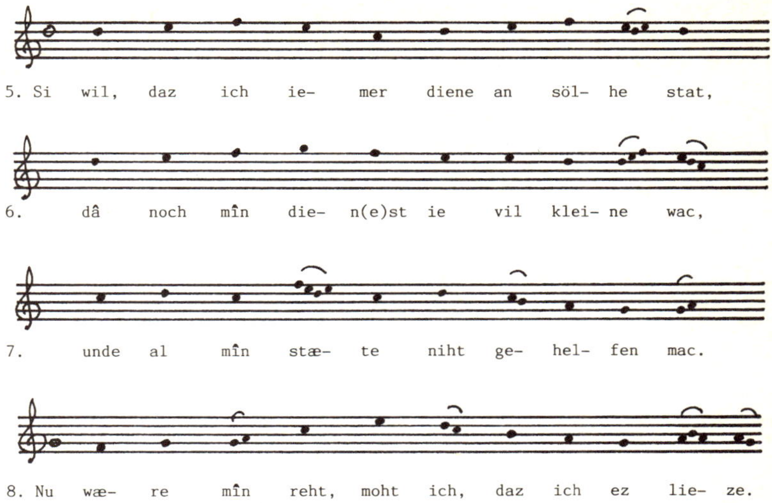

Folgende rhythmische Lesung in gemischten Daktylen ließe sich denken:

×́ × × | —́ × | ×́ × × | ×́ × Minne gebiutet mir, daz ich singe

×́ × × | ×́ × × | ×́ × × | ×́ × unde wil niht, daz mich iemer verdrieze.

× | ×́ × × | ×́ × × | ×́ × × | ×́ × Nu hân ich von ir weder trôst noch gedinge

× | ×́ × | ×́ × | ×́ × | ×́ × | ×́ × undẹ daz ich mînes sanges iht genieze.

× | ×́ × × | ×́ × | ×́ × | ×́ × | ×́ Si wil, daz ich iemer dienẹ an sölhe stat,

× | ×́ × | ×́ × | ×́ × | ×́ × | ×́ dâ noch mîn dien(e)st ie vil kleine wac

× | ×́ × | ×́ × | ×́ × | ×́ × | ×́ undẹ al mîn staete niht gehelfen mac.

× | ×́ × × | ×́ × | ×́ × | ×́ × | ×́ × Nu waere mîn reht, moht ich, daz ich ez lieze.

Heinrich von Rugge

Heinrich von Rugge dürfte von der Burg Ruck bei Blaubeuren stammen, die im Besitz des Pfalzgrafen von Tübingen war. Er beklagt den Tod Friedrich Barbarossas 1190 und hat wohl mit den Minnesängern des Stauferhofes Bekanntschaft gepflegt.[28]

1 Got hât mir armen ze leide getân,
daz er ein wîp ie geschuof alsô guote.
Solt ich in erbarmen, sô het erz gelân.
Si ist mir vor liebe ze verrẹ in dem muote.
Daz tuot diu minne, diu benimt mir die sinne,
wand ich mich kêre nâch ir lêre ze vil,
diu mich der nôt niht erlâzen enwil,
sît ich niht mâze begunde noch enkunde.

2 Kundẹ ich die mâze, sô liezẹ ich den strît,
der mich da müeget und lützel vervâhet,
der mich ze vaste verleit in den nît.
Swer sich vor liebe ze verre vergâhet,
der wirt gebunden von stunden ze stunden
als ich vil arme. Nu ẹrbarmẹ ich sie niet,
diu mich nu langẹ alsô trûrigen siet,
sît ich ir dienen begundẹ, als ich kunde.

3 Mir hât verrâten daz herze den lîp,
des was ie vlîzic der muot und die sinne,
daz si mich bâten ze verrẹ umb ein wîp,
diu mir nu zeiget daz leit vür ir minne.
Daz ist besunder an mir gar ein wunder,
daz ich mich hân verlân ûf den wân, der mich trouc
und mir ze verre ie vreislîchen louc,
sît ich ir dienen begundẹ, als ich kunde.

RUG: MF 101.15–38 (6–8 C).
1 MF 101.15–22 (6 C). 1.1 *mir armen* (m. Sg. Dat.) *arm* adj. (sw. dekliniert). 1.4 *vor liebe* (idiomatisch) ‚durch die Liebe'. *verre* adj. ‚weit'. 1.6 *wand* Konj. (kausal). 1.7 *erlâzen* stv. VII + Akk. der Person + Gen. der Sache ‚einen von etwas befreien'. 1.8 *begunde* (1. Sg. Prät. Ind.) *beginnen* unrv. *en-kunde* (1. Sg. Prät. Ind.) *kunnen* prpr. ‚fähig sein', ‚können', ‚wissen'.
2 MF 101.23–30 (7 C). 2.1 *strît* stm. ‚Kampf' (auch vor Gericht), ‚Streitsache'. 2.2 *müeget* (3. Sg. Präs. Ind.) *müejen* swv. ‚belasten'. 2.3 *verleit* (3. Sg. Präs. Ind.) *verlegen* swv. ‚an einen unrechten Ort legen', ‚verschließen' (*verleit* ist kontrahiert aus *verleget*). 2.4 *vergâhet* (3. Sg. Präs. Ind.) *sich ver-gâhen* swv. ‚sich übereilen'. 2.6 *ich ... arme* (m. Sg. Nom.) *arm* adj. sw. dekliniert (vgl. 1.1). 2.7 *siet* = *siht* (3. Sg. Präs. Ind.) *sehen* stv. V (im Reim zu *niet* = *niht*). 2.8 *sît* Konj. temporal (wie 3.8).
3 MF 101.31–38 (8 C). 3.4 *vür* Präp. ‚für', ‚anstatt'. 3.5 *besunder* adv. ‚insbesondere'. 3.7 *ze verre* adv. ‚zu weit', ‚zu sehr'. *vreislîchen* adv. ‚verderblich'. *louc* (3. Sg. Prät. Ind.) *liegen* stv. II ‚lügen' (im Reim mit *trouc, triegen* stv. II ‚be-trügen').

1 *Gott hat es getan, um mir Armem weh zu tun,*
daß er eine Frau schuf, die so vollkommen ist.
Würde ich ihn erbarmen, so hätte er es unterlassen.
Sie ist mir aus Liebe zu tief in mein Herz gedrungen.
Das bewirkt die Minne, die benimmt mir den Verstand,
denn ich richte mich zu sehr nach ihrer Vorschrift,
sie, die mich aus dieser Qual nicht entlassen will,
da ich kein Maß halten wollte noch konnte.

2 *Könnte ich Maß halten, dann würde ich meinen Anspruch aufgeben,*
der mich nur belastet und mir wenig nützt
und mich gar zu sehr verhaßt macht.
Wer immer sich aus Liebe zu weit hervorwagt,
der wird gebunden, Stunde um Stunde,
wie ich Armer. Aber ich errege kein Mitleid bei ihr,
die mich nun schon lange so traurig sieht,
seit ich anfing, ihr zu dienen, so gut ich konnte.

3 *Mir hat das Herz den Leib verraten.*
Es haben der Wille und die Gedanken mich in
beständigem Eifer zu sehr für eine Frau eingenommen,
die mich jetzt anstelle von Minne Leid fühlen läßt.
Das ist gerade bei mir doch erstaunlich,
daß ich mich so auf eine Hoffnung verlassen habe, die
und mich gar zu sehr schrecklich belog – mich betrog
seit ich anfing, ihr zu dienen, so gut ich konnte.

Versbau: Dieses Lied von Heinrich von Rugge verarbeitet den rhythmischen Einfluß des romanischen Verses in neuer Weise: es ist rein daktylisch, oder besser gesagt, durchgehend mit Dreisilbentakten gedichtet. Kleine Unebenheiten lassen sich durch den Auftakt oder durch Verschleifung von Silben im Innern der Verse glätten. Ganz sicher beruhen einige dieser Schwierigkeiten auf einer gestörten Überlieferung, besonders in der 3. Strophe. Die Binnenreime unterstützen den besonderen Rhythmus und machen das Lied zu einem virtuosen Kunststück.

Bernger von Horheim

Bernger von Horheim ist in den 1190er Jahren am Stauferhofe bezeugt.[29] Seine Familie war wohl bei Vaihingen an der Enz beheimatet, nicht weit vom Sitz eines anderen Minnesängers, Bligger von (Neckar-)Steinach.

1 Mir ist alle zît, als ich vliegende var
ob al der weltẹ und diu mîn alliu sî.
Swar ich gedenke, vil wol sprungẹ ich dar,
swie verrẹ ez ist, wil ich, sô ịst ẹz mir nâhe bî.
Starc unde snel, beidiu rîchẹ unde vrî
ist mir der muot: dur daz loufẹ ich sô balde;
mir ẹnmac entrinnen dehein tier in dem walde –
daz ist gar gelogen: ich bin swaerẹ als ein blî.

2 Ich mac von vröiden ertoben âne strît:
mir ist von minne sô liebe geschehen.
Swâ waerẹ ein walt beidiu lanc unde wît,
mit schoenen boumen, den woltẹ ich erspehen.
Dâ mohte man mich doch springende sehen.
Mîn reht ist, daz ich mich an vröiden twinge.
Wes liugẹ ich gouch? ich enweiz, waz ich singe.
Mir wart nie wirs, wil der wârheit ich jehen.

HOR: MF 113.1–24 (4–6 B; 8–10 C).

1 MF 113.1–8 (4 B; 8 C). 1.1 *vliegende* (Part. Präs., dekliniert als sw. adj.) *vliegen* stv. II. *var* (1. Sg. Präs. Opt.) *varn* stv. VI ‚reisen', ‚sich bewegen'. 1.2 *diu* (f. Sg. Nom.) Demonstrativpron. bezogen auf *welte. alliu* (f. Sg. Nom.) prädikativ: ‚als Ganze', ‚im ganzen'. 1.5 *beidiu* (n. Pl. Nom.) bezieht sich auf die Adjektive *rîche* und *vrî* (nhd. ‚beides, reich und frei'). 1.6 *loufe* (1. Sg. Präs. Ind.) *loufen* stv. VII ‚laufen', besonders auch ‚jagen'. 1.7 *ent-rinnen* stv. III ‚entrinnen', ‚entkommen'. *tier* stn. ‚(wildes) Tier', ‚Reh'. 1.8 *gelogen* (Part.) *liegen* stv. II ‚lügen'.

2 MF 113.9–16 (5 B; 9 C). 2.1 *âne strît* (idiomatisch) ‚ohne Einwand', ‚tatsächlich'. 2.2 *liebe* adv. 2.3 *beidiu* vgl. 1.5. 2.5 *mohte* = *möhte* (3. Sg. Prät. Opt.) *mugen* prpr. ‚können'. *springende* vgl. 1.1 *vliegende*. 2.6 *reht* stn. ‚angeborene Art', ‚Natur'. 2.7 *liuge* (1. Sg. Präs. Ind.) *liegen* stv. II. *wirs* adv. Komparativ zu *übele* ‚schlechter'. 2.8 *jehen* stv. V(+Gen.) ‚sagen', ‚gestehen'.

3 MF 113.17–24 (6 B; 10 C). 3.1 *truoben* swv. ‚trübe werden'. 3.6 *verwunden* (Part.) *verwinden* stv. III ‚seelisch verarbeiten', ‚verwinden'.

3 Ich mache den merkaeren truoben den muot:
ich hân verdienet ir nît und ir haz,
3 sît daz mîn vrouwẹ ist sô rîchẹ unde guot.
Ê was mir wê, nu ịst mir sanft unde baz.
Ein herzeleit, des ich niene vergaz,
6 daz hân ich verlâzen und ist gar verwunden.
Mîn vröide hât mich von sorgen enbunden:
mir wart nie baz – unde liugẹ ich iu daz.

1 *Mir ist immer so, als bewegte ich mich fliegend*
über die Welt hin und sie gehörte ganz mir.
3 *Wohin ich mich auch denke, leicht könnte ich dahin springen;*
wie weit es auch sei – will ich nur, so ist es ganz nah.
Stark und kühn, mächtig und frei
6 *ist mein Mut: deswegen jage ich auch so kühn;*
mir kann kein Wild im Walde entkommen –
das ist alles gelogen: ich bin schwer wie ein Stück Blei.

2 *Ich möchte vor lauter Freude rasend werden:*
mir ist von der Minne so viel Liebes angetan worden!
3 *Gäbe es irgendwo einen langen, breiten Wald,*
mit schönen Bäumen, den wollte ich überschauen.
Da könnte man mich einmal springen sehen!
6 *Meine Art ist es, mich fest an die Freude zu halten.*
Warum lüge ich Narr? Ich weiß nicht, was ich singe.
Mir war nie übler, wenn ich die Wahrheit sagen soll!

3 *Ich mache den Aufpassern großen Ärger,*
ich verdiene auch ihren Neid und ihren Haß,
3 *weil meine Herrin so mächtig und so freundlich ist.*
Früher litt ich, aber jetzt ist mir wohl und immer wohler.
Jenes Herzeleid, das ich nie vergessen konnte,
6 *das habe ich verloren und ist gänzlich verwunden.*
Meine Freude hat mich aller Sorgen entbunden:
mir war nie wohler – aber das lüge ich euch vor.

Versbau: Der Dreisilbentakt dieses Liedes scheint seinem Inhalt besonders gut angepaßt. Im Text gibt es einige schwierige Stellen, die man durch verschiedene Auftakte oder Verschleifungen glätten kann, wenn man nicht annehmen will, daß in der Überlieferung Wortumstellungen und Änderungen eingetreten sind. Die Handschriften überliefern eine vierte, unvollständige und inhaltlich belanglose Strophe, die gewiß nicht von Bernger stammt.

Bligger von Steinach

Man findet Bligger von Steinach in der Umgebung Friedrichs I. und Heinrichs VI. (des Minnesängers) bezeugt. Beziehungen zwischen der Familie von (Neckar-)Steinach und der Familie Friedrichs von Hausen sind ebenfalls bezeugt.[30]

1 Er vunde guoten kouf an mînen jâren,
der âne vröide wolte werden alt,
wan sî mir leider noch ie unnütze wâren.
Umbe einez, daz waer als ein trôst gestalt,
gaebe ich ir driu. Sô vorhte ich den gewalt.
Des gêt mir nôt. Wie sol ein man gebâren,
der âne reht ie sîner triuwe engalt?

2 Bevunde ich noch, waz vür die grôzen swaere,
die ich nu lange an mînem herzen hân,
bezzer danne ein staeter dienest waere,
des wurde ein michel teil von mir getân.
Hulfe ez mich iht, sô waere daz ie mîn wân:
swer alliu wîp durch eine gar verbaere,
daz man in des geniezen solte lân.

3 Ich vunde noch die schoenen bî dem Rîne,
von der mir ist daz herze sêre wunt,
michels harter, danne ez an mir schîne
(. . .
. . .) wurde ir mîn swaere kunt,
diu mir ist alse Dômas Saladîne
und lieber mohte sîn wol tûsent stunt.

BLI: MF 118.19–119.12 (3–5 BC).

1 MF 118.19–25 (3 BC). 1.1 *vunde* (3. Sg. Prät. Opt.) *vinden* stv. III. 1.4 *gestalt* (Part.) *stellen* swv. ‚stellen', ‚bereiten', ‚machen'. 1.5 *gewalt* stm. hier: ‚rechtlose Gewalt', ‚Herrschaft', ‚Willkür der Minne'. 1.6 *nôt gên* unrv. + Dat. der Person + Gen. der Sache ‚zu etwas gezwungen, genötigt werden'. 1.7 *en-gelten* stv. III ‚büßen', ‚zahlen für etwas'.

2 MF 118.26–119.5 (4 BC). 2.5 *iht* adv. ‚etwa', ‚irgend'. 2.6 *verbaere* (3. Sg. Prät. Opt.) *ver-bern* stv. IV ‚vermeiden', ‚verzichten'. 2.7 *ge-niezen* stv. II ‚Nutzen haben'.

3 MF 119.6–12 (5 BC). 3.3 *michels* adv. ‚um vieles'. 3.4–5 Lücke im Text der Handschriften. Übersetzt wurde folgende Konjektur Brinkmanns: *Waere ich dâ heime, ich wurde noch gesunt, wurde ir mîn grôze swaere kunt.* 3.6 *Dômas* ‚Damaskus'.

1 *Der Kauf meiner Lebensjahre wäre ein gutes Geschäft*
für einen, der ohne Freude alt werden wollte,
denn mir waren sie bisher immer nur unnütz.
Für eines, das ein wenig nach Trost aussähe,
würde ich drei geben. So aber fürchte ich die Willkür.
Das bringt mich in Not. Wie soll sich ein Mann verhalten,
der ohne Grund für seine Treue auch noch büßen muß?

2 *Fände ich heraus, was für die schwere Not,*
die ich nun schon lange im Herzen trage,
besser wäre als ein treuer Dienst,
das würde ich so weit wie irgend möglich erfüllen.
Wenn es mir etwas helfen würde, so wäre dies meine Hoffnung:
wer auf alle Frauen um einer willen verzichtete,
daß er dafür Anerkennung finden sollte.

3 *Ich würde die Schöne am Rhein schon wieder finden,*
von der mir das Herz so sehr verwundet ist,
viel schlimmer, als man mir ansehen kann.
(Wäre ich daheim, ich würde gewiß genesen),
wenn sie meinen Kummer erfahren würde,
sie, die mir das ist, was Damaskus dem Saladin –
und vielleicht noch tausendmal lieber.

Albrecht von Johannsdorf

Albrecht von Johannsdorf gehört einem Geschlecht von Ministerialen der Bischöfe von Passau an, dessen Stammsitz der niederbayrische Weiler Jahrsdorf an der Vils im Kreis Landau war. Die urkundlichen Erwähnungen beziehen sich auf verschiedene Träger des gleichen Namens. Auf den Dichter mögen die Nennungen von 1180, 1201, 1204 und 1209 zu beziehen sein. Albrecht hat (wie Friedrich von Hausen) am Kreuzzug von 1189 teilgenommen, ist aber davon zurückgekehrt.[31] Er hat in seinem berühm-

---

Versbau: Alternierende weibliche und männliche 5-Heber mit Auftakt.
.5a' .5b .5a' .5b .5b .5a' .5b
1.3 *noch* fehlt in Handschrift C und bildet metrisch eine überzählige Silbe. 1.7 *triuwe* fehlt in den Hss. und wurde ergänzt. 2.3 ohne Auftakt. 2.5 *ie* fehlt C (überzählige Silbe). 3.3 ohne Auftakt.

ten minnedidaktischen Dialoglied ein provenzalisches Vorbild inhaltlich nachgebildet, das wohl von Bonifaz von Montferrat stammt, dem Markgrafen und bekannten Anführer des 4. Kreuzzugs von 1204. Albrecht von Johannsdorf verarbeitet durchaus die neuen Anregungen des Minnesangs aus dem Westen, aber er verbindet damit eine Reihe von Elementen aus seiner donauländischen Tradition (Weiterbildung des *Wechsels,* des *Frauenliedes,* Gegenseitigkeit im Verhältnis der Geschlechter).

1 Ich vant si âne huote,
die vil minneclîche eine stân.
Jâ, dô sprach diu guote:
„Waz welt ir sô eine her gegân?"
„Vrowe, ez ist alsô geschehen."
„Sagent, war umbe sint ir her? des sult ir mir verjehen."

2 „Mînen senden kumber
klage ich, liebe vrowe mîn."
„Wê, waz sagent ir tumber?
Ir mugent iuwer klage wol lâzen sîn."
„Vrowe, ich enmac ir niht enbern."
„Sô wil ich in tûsent jâren niemer iuch gewern."

3 „Neinâ, küniginne!
daz mîn dienest sô iht sî verlorn!"
„Ir sint âne sinne,
daz ir bringent mich in selhen zorn."
„Vrowe, iuwer haz tuot mir den tôt."
„Wer hât iuch, vil lieber man, betwungen ûf die nôt?"

4 „Daz hât iuwer schoene,
die ir hânt, vil minneclîchez wîp."
„Iuwer süezen doene
wolten krenken mînen staeten lîp."
„Vrowe, niene welle got."
„Wert ich iuch, des hetet ir êre; sô waer mîn der spot."

JOH: MF 93.12–94.14 (29–35 C).

1 MF 93.12–17 (29 C). 1.2 *eine* adv. ‚allein'. 1.6 *sagent* = *saget* (2. Plur. Imp. = 2. Plur. Präs. Ind.); die 2. Plural auf -nt ist eher alemannisch, also wohl nicht vom Dichter (vgl. ebenso *ir sint* = *ir sît* 1.6 und im folgenden öfter).

2 MF 93.18–23 (30 C). 2.6 *gewern* swv. + Akk. der Person ‚gewähren'.

3 MF 93.24–29 (31 C). 3.1 *neinâ* verstärktes ‚nein'. 3.2 *iht* adv. ‚etwa', ‚irgend'.

4 MF 93.30–35 (32 C). 4.1 *schoene* stf. ‚Schönheit'. 4.6 *wert* = *werte* (1. Sg. Prät. Opt.) *wern* swv. ‚gewähren', vgl. 2.6.

5 „Sô lânt mich noch geniezen,
daz ich iu von herzen ie was holt.“
„Iuch mac wol verdriezen,
daz ir iuwer wortel gegen mir bolt.“
„Dunket iuch mîn rede niht guot?“
„Jâ si hât beswaeret dicke mînen staeten muot.“

6 „Ich bin ouch vil staete,
ob ir ruochent mir der wârheit jehen.“
„Volgent mîner raete,
lânt die bete, diu niemer mac beschehen.“
„Sol ich alsô sîn gewert?“
„Got der wer iuch anderswâ, des ir an mich dâ gert.“

7 „Sol mich dan mîn singen
und mîn dienest gegen iu niht vervân?“
„Iu sol wol gelingen,
âne lôn sô sult ir niht bestân.“
„Wie meinet ir daz, vrowe guot?“
„Daz ir deste werder sint unde dâ bî hôchgemuot.“

1 *Ich fand sie ohne Begleitung,*
die Liebenswerte, allein.
Da sagte die Edle:
„Warum geht ihr so allein daher?“
„Herrin, es fügte sich so.“
„Sagt doch, warum seid ihr hier? Das müßt ihr mir jetzt sagen!“

2 *„Meine Sehnsucht*
klage ich, meine liebe Herrin.“
„Ach, was sagt ihr da. Ihr seid kindisch.
Ihr könnt eure Klage auch sein lassen.“
„Herrin, ich kann nicht auf sie verzichten.“
„Dann werde ich also in tausend Jahren euch nicht entgegenkommen.“

---

5 MF 93.36–94.2 (33 C). 5.4 *wortel* = *wortelîn* stn. *bolt* (2. Pl. Präs. Ind.) *boln* swv. ‚werfen, schleudern‘.

6 MF 94.3–8 (34 C). 6.2 *ruochent* (2. Pl. Präs. Ind.) *ruochen* swv. ‚geruhen‘, ‚gern wollen‘. 6.3 *raete* (Pl. Gen.) *rât* stm. 6.5 *gewert* (Part.) *wern* swv. vgl. 2.6.

7 MF 94.9–14 (35 C). 7.3 *gelingen* stv. III + Dat. der Person (absolut) ‚Erfolg haben‘.

Versbau: Mit einer Reihe Korrekturen: 3a’ 5b 3a’ 5b 4c 7c

3 „Nein doch, meine Königin,
daß mein Dienst so umsonst sein soll."
„Ihr seid nicht bei Verstand,
mich in solchen Zorn zu bringen."
„Herrin, euer Haß tötet mich."
„Wer hat euch denn, bester Mann, dazu gezwungen?"

4 „Das hat eure Schönheit getan,
die ihr besitzt, liebliche Frau."
„Eure süßen Töne
würden meine Treue schwächen."
„Herrin, das niemals, so Gott will."
„Würde ich euch nachgeben, so wäre es ehrenvoll für euch, aber ich hätte den Spott."

5 „So laßt mir doch wenigstens die Genugtuung,
euch immer von Herzen zugeneigt gewesen zu sein."
„Reicht es euch nun nicht bald,
daß ihr mir unablässig eure Rede entgegenwerft?"
„Findet ihr mein Reden nicht angenehm?"
„Allerdings, es hat oft mein treues Gemüt belastet."

6 „Auch ich bin ganz treu,
wenn ihr mir nur die Wahrheit zugestehen wollt."
„Folgt doch meinem Rat,
laßt die Bitte fallen, die keine Erfüllung finden kann."
„Soll das mein Lohn sein?"
„Gott mag euch anderswo den Lohn geben, den ihr da von mir begehrt."

7 „Soll mir also mein Singen
und mein Dienst bei euch gar nichts nützen?"
„Ihr sollt schon Erfolg haben,
ohne Lohn sollt ihr nicht bleiben."
„Wie meint ihr das, werte Herrin?"
„Daß ihr dadurch umso wertvoller seid und noch dazu in hohem Mute."

Sprache und Stil des Minnesangs

Es besteht kein Zweifel, daß mit der Generation Friedrichs von Hausen neue poetische Gesetze zu herrschen beginnen, von denen wir annehmen müssen, daß sie den ästhetischen und kulturellen Bedürfnissen der höfischen Gesellschaft im Umkreis des staufischen Hofes und der Höfe der anderen großen Territorialherren entgegenkamen. In formaler Hinsicht waren diese Gesetze zu einem großen Teil aus der romanischen Lyrik entlehnt, welche zur Mehrstrophigkeit, zu reineren Reimen, regelmäßigerem Versbau und rhythmischen Experimenten das Vorbild gab. Im selben Augenblick erscheinen auch fast ausschließlich westliche Konzeptionen der Minne und des dichterischen Rollenverhaltens, die für uns an der Sprache der Lieder ablesbar sind. Daß diese Sprache stark konventionell geprägt ist, erschien lange als eine Art von Mangel, welcher ja auch im ‚Fortschritt' der Entwicklung bei späteren Minnesängern wie Walther von der Vogelweide scheinbar überwunden worden war. Den Sinn der Konventionalität in der höfischen Lyrik nahm man erst seit der Mitte unseres Jahrhunderts durchgehend wahr, als man in der Poesie ein Medium ihrer Gesellschaft zu sehen begann. Die dadurch gegebene stark ausgeprägte Homogenität dieser Dichtung wurde im selben Augenblick für die strukturalistisch orientierte Forschung interessant. Daß diese Forschungsrichtung besonders von französischen Gelehrten und an französischer Lyrik vorgenommen wurde, liegt einerseits am frühen Erfolg des Strukturalismus im französischen Kulturkreis, andererseits aber auch an dem besonders hohen Grad von Konventionalität bzw. kultureller Homogenität des französischen Minnesangs (was für den provenzalischen nicht im selben Maße zutrifft). Zuschreibungen an bestimmte Autoren und Datierungsfragen treten unter der Voraussetzung einer übergreifenden Struktur der gesamten höfischen Lyrik natürlich in den Hintergrund. Paul Zumthor ist ein bedeutender Vertreter dieser Forschungsrichtung und hat mit seinem *Essai de poétique médiévale* die Literaturwissenschaft stark beeinflußt. Er ist der Überzeugung, daß die Kunst der französischen Minnesänger zwischen dem Ende des 12. und dem Ende des 13. Jahrhunderts sich im Grundsätzlichen nicht geändert habe. Das ist eine Voraussetzung für seinen Versuch einer strukturalistischen Analyse, für die er ein Korpus von 100 Minneliedern zusammenstellt. Dabei stellt sich natürlich auch die Frage, ob die vorwissenschaftliche Gattungskategorie *Minnelied* nicht entscheidend das Ergebnis der Analyse beeinflußt oder gar erst hervorbringt. Die gekürzten Auszüge aus Zumthors Werk können allerdings nur einen ersten Eindruck vermitteln und geben vor allem kein Bild von dem Reichtum an Detailbeobachtung, der den Arbeiten dieser methodischen Richtung eigen ist.[32]

Rainer Warning hält in seinem Aufsatz *Lyrisches Ich und Öffentlichkeit bei den Trobadors* dieser strukturalistischen Methode entgegen, daß alle Elemente der Analyse erst relevant genannt werden können, wenn sie eine außerliterarische Resonanz, einen gesellschaftlichen Wert evozieren – nicht auch schon eine Realität im Sinne von Biographie oder gesellschaftlichem Stand. Er betrachtet die Lyrik (wie die Fiktion insgesamt) als „Ort gesellschaftlicher Sinnkonstitution", wobei von besonderer Wichtigkeit ist, daß der Dichter als Künstler und Meister seiner Kunst in jener Gesellschaft als Institution zu betrachten ist, wogegen seine Zugehörigkeit zu einem bestimmten Stand zwar immer gegeben, aber in bezug auf sein Künstler- und Meistertum als sekundär gelten kann. Warning referiert und erläutert ziemlich ausführlich den linguistischen Begriffsapparat, mit dem er sein Thema behandelt. Ich habe versucht, nur die Stellen herauszuziehen, die sich mit den Grundlagen der Homogenität oder Konventionalität der höfischen Lyrik befassen.[33]

Paul Zumthor: Essai de poétique médiévale (Auszüge)

Das Lied enthält gewöhnlich im Text einen Verweis auf sich selbst. Es kommt vor, daß dieser Verweis (bei den Troubadours übrigens häufiger als bei den Trouvères) als Werturteil ausgeprägt ist, z. B. durch das Motiv des ‚neuen Sanges' [. . .]. Das Lied kann sich selber schön, wahrhaftig, unerhört oder passend nennen. [. . .]

In der Eingangsstrophe verbindet sich *chanter* (singen) meistens mit zwei anderen Elementen, wovon das erste ein Topos ist, der, von Ausnahmen abgesehen, im Text des Liedes nicht wieder auftritt (Vögel, Grün: Natureingang). Das zweite stimmt irgendeines der mit der Liebeswerbung zusammenhängenden Motive an, das auch in einer Folgestrophe wiederaufgenommen und erweitert wird. *Chanter* (singen) ist also im Eingang doppelt gezeichnet: es ist das einzige vorhersehbare Motiv, und es erscheint wieder. Die zweite und die weiteren Strophen des Liedes regeln den Gebrauch von *chanter, chant, chanson* weniger streng. Die Kontextanalyse erlaubt nichtsdestoweniger, die Zeichenstruktur dieser Wörter je bei ihrem Auftreten bloßzulegen. Es ergibt sich so ein eigentümliches prismahaftes Bild, wo die Denotationen sich in einem Bündel von Konnotationen auflösen, die gering an Zahl und untereinander verbunden sind.

Zusammenfassend läßt sich folgendes semantische Spektrum von *chanter* skizzieren:

1. „glückvolle und harmonische Töne hervorbringen, welche ‚Freude' und ‚Liebe' evozieren" – Beispiel: „wenn ich die Nachtigall singen höre" (8 mal in 100 ausgewählten Liedern),

2. „ein Lied vortragen" – Beispiel: „singend sagen, dies und jenes singen" (8 mal),

3. „eine erhebende Erregung ausdrücken" – Beispiel: „aus Freude singen, über die neue Jahreszeit singen" (8 mal),

4. „*Fine Amour* verkündigen" – Beispiel: „*Amour* (oder *ma dame*) macht mich singen, ich verkünde mein Leid durch Gesang" (53 mal),

5. „lieben" (transitiv oder absolut), in verschiedenen häufenden Figuren, Parallelismen oder Antithesen, wobei *aimer* und *chanter* als auswechselbar oder äquivalent erscheinen: „ich liebe und singe; wird sie geliebt, so wird sie besungen" (10 mal).

Von 1 nach 5 macht sich eine Bedeutungsverschiebung bemerkbar: von der Materialität zur Idealität, von einer physischen Reaktion zu den Affekten des Herzens. [. . .] Die semantische Dynamik von *chanter* strebt wie nach einem Endzweck, nach der Identifizierung von Gesang und Liebe. Auf diese Synonymie ist die Rede gegründet. [. . .]

Das Lied ist also sein eigenes Subjekt, ohne ein Prädikat. Es kann nicht daran gezweifelt werden, wenn man die gelegentlich gar polemischen Kommentare in den Liedern betrachtet, daß die Hörer im Zeitalter der höchsten Lebendigkeit dieser Dichtung sie so verstanden haben. Das Gedicht ist Spiegel seiner selbst. Es läuft ab, und wenn es sich in einem Endpunkt verliert, dann in sich selbst, „so wie der schöne Narziß im Quell", singt Bernart von Ventadorn, dessen Lieder den Trouvères mehr als andere die Techniken ihrer Kunst geliefert haben.

Rainer Warning: Lyrisches Ich und Öffentlichkeit bei den Trobadors

Die dominanten Isotopien höfischer Lyrik (d.h. die thematischen und semantischen Einheiten wie Liebe, Gesang, Freude, Schmerz usw.) sind rekurrente Konnotatoren (d.h. regelmäßig erscheinende Signale eines vorgegebenen Bedeutungsrahmens). Als solche aber sind sie immer schon Manifestationen eines gesellschaftlich vermittelten Sprachgebrauchs [. . .]. Einzusetzen hat die semantische Analyse daher nicht erst bei den Rekurrenzen als solchen, sondern bereits auf der pragmatischen Ebene der Handlungsrollen von Sprecher und Angesprochenen. [. . .] Dieses Rollenprogramm aber wird entwickelt im konnotativen Rekurs auf vorgegebene Institutionen: die Kirche und das Lehnswesen. [. . .] Die Analogie zur christlichen Dienstkonzeption manifestiert sich zunächst in der Ferne der Herrin, in ihrer Unerreichbarkeit, in ihrer Idealisierung zu einem *summum bonum,* dem Verehrung gebührt. [. . .] Entsprechendes gilt für den Rollenpart des Liebhabers selbst: Liebe als Heilsweg, als Martyrium, die Paradoxien von Hoffnung und Furcht, von Freude und Schmerz, das gewollte Leiden, die Gnade der Herrin sind hier die zentralen Konnotationen. Das christliche Referenzsystem wird damit in doppelter Weise in Anspruch genommen. Zum einen dient es zur Artikulation eines Rollenprogramms, das einen transzendenten Heilsbegriff ersetzt durch einen säkularen, bleibt doch die *bona domna* bei allen christlichen Konnotationen das durchaus irdische Objekt sexuellen Begehrens. Zum andern aber bedeutet der Rückgriff auf das christliche Referenzsystem immer auch ein Aufrufen seines Verbindlichkeitspotentials, das nunmehr als Legitimationsinstanz für ein säkulares Wertsystem in Anspruch genommen wird. [. . .] Der Christengott ist in höfischer Lyrik nicht abwesend, ja er wird mit bestem Gewissen angerufen um Beistand auf dem Weg zur irdischen Herrin. Die konnotative Ausbeutung christlicher Rollenkonzepte ist also nicht mit deren Säkularisation zu verwechseln. [. . .]

Das Lehnswesen, näherhin der Vasallendienst, ist neben der Kirche die zweite Institution, deren Rollenprogramm einging in die höfische Ethik des Liebesdienstes. Beide Programme konnten zu partieller Kongruenz gelangen (so insbesondere hinsichtlich der hier wie dort gebotenen *obediensa* ‚Gehorsam'), im übrigen aber verhalten sie sich komplementär zueinander. Ging es dort um die Ferne, um die Unerreichbarkeit einer quasi göttlichen Geliebten, von welcher Lohn, also Gegenliebe, nur als Gnade zu erwarten war, so impliziert das Rollenprogramm des Vasallendienstes diesen Lohn als vertraglich zustehendes Recht. Und auch hier wieder ist die eigentümliche Doppelfunktion der Konnotatoren zu sehen. Sie konnotieren die Institution des Vasallentums, bezeichnen aber mit den solchermaßen aufgerufenen Konzepten nicht mehr das System der Vasallität als solches, sondern analoge Positionen im System des Liebesdienstes. So fungieren auch hier die Konnotatoren als Instrumente der Ausbeutung eines bereits institutionalisierten Rollenprogramms. [...]

Das Ausbeutungskonzept sucht also die Frage nach der Genese umzuformulieren in die Frage nach der Funktion. Während alle psycho- und soziogenetischen Ableitungsversuche über den Status empirisch nicht einlösbarer Hypothesen kaum hinausgelangt sind, vermag das Ausbeutungskonzept *fin'amor* zu beschreiben als eine Institution, die Religiosität und Feudalität als internalisierte Erfahrungssubstrate voraussetzt, ohne daß sie selbst damit als Säkularisations- oder Ideologieprodukt ausgewiesen wäre. [...] Die Vasallitätskonnotationen lassen ebensowenig auf reale Vasallen schließen wie die Religiositätskonnotationen auf reale Kleriker. Hier wie dort geht es um die Dialektik von Entdeckung des Neuen im Vertrauten und artikulatorischer wie legitimatorischer Ausbeutung des Vertrauten für das Neue. Als ständische Trägerschicht dieser Ausbeutung aber erscheinen nicht frustrierte ‚marginal men' (vgl. Erich Köhler und seine Theorie, S. 223), sondern Könner, Meister im höfisch-höflichen Umgang mit der Frau. Unsere Analyse der Semantik des höfischen Liedes schließt sich damit bruchlos an die seiner Pragmatik an. Denn die einzige genetische Ableitung, die die Texte selbst bestätigen, ist ihre Selbstableitung aus *auctoritas*, aus Meisterschaft. Diese *auctoritas* muß sich legitimieren, und die Art wie sie es tut, hat nichts vom schlechten Gewissen der Säkularisation und nichts vom strengen Ernst der Ideologie.

„Kaiser Heinrich" – ein Dichter oder ein Topos?

Zumthors Analyse löst das Minnelied von seinem biographischen Autor ab, insofern sie zeigt, daß die entscheidenden Momente des Liedes nicht seiner Person, sondern seiner Kunst, also einem überindividuellen Modell zu verdanken sind und daß jedes fertige Lied dann gelungen ist und in die Existenz tritt, wenn es weder auf die (zufällige) Person des Autors noch auf (zufällige) Realitäten außer ihm verweist, sondern seine Legitimation ausschließlich in sich selbst findet. Warning gibt die historisch-gesellschaftlichen Bereiche an, welche dabei zur Gewinnung von Gemeinplätzen (Topoi) „ausgebeutet" werden: Feudalismus und Christentum. Der Minnesang erfüllt nach dieser Charakteristik sehr weitgehend die Bedingungen, welche der französische Philosoph Michel Foucault genannt hat, um seinen Diskursbegriff zu definieren: er ist eine etablierte

Rede, in der nur über bestimmte Gegenstände und nur in bestimmter Weise in einem bestimmten gesellschaftlichen Rahmen und nur von hierzu berechtigten Personen gesprochen werden kann, wobei dieses Reden auch noch die eigentliche Existenzbedingung jenes gesellschaftlichen Rahmens bildet. Im Grunde hatten das jene gelehrten Philologen erkannt, die dem Minnesang seine Konventionalität vorwarfen und hinter dem allgegenwärtigen Sänger-Ich jenes Subjekt vermißten, das der einzige Sinn und Zweck jeder poetischen Anstrengung ihrer Neuzeit war. Wenn Helmut Heißenbüttel nun gerade das moderne Subjekt als „ein Bündel von Redegewohnheiten" bezeichnet, zieht er die Konsequenz eines solchen Diskurs-Begriffs: das Ich redet nicht, es „wird geredet". Eine Krise des Subjekts scheint die beherrschende Problematik der Geistes- und Humanwissenschaften, insbesondere im westlichen Kulturkreis, geworden zu sein; sie schärft uns den Blick für den Status dessen, der in fremden kulturellen Zusammenhängen ‚ich' sagt, eben z. B. im Minnesang. In der Frühzeit der deutschen Philologie hat es dazu einen bezeichnenden Streit gegeben, der sich an der Frage entzündete, wer in dem Lied *Ich grüeze mit gesange die süezen* (MF 5.16) eigentlich ‚ich' sagt.

Einen Natureingang hat das Lied zwar nicht, aber den nach Zumthor obligatorischen Verweis auf sich selbst enthält es in seltener Ausführlichkeit, denn das erklingende Lied ist selber der Liebesgruß:

Ich grüeze mit gesange die süezen,
die ich vermîden niht wil noch enmac. . . .
Swer nu disiu liet singe vor ir, . . .
. . . der habe si gegrüezet von mir. (HEI 1)

Das Ich steht im Vordergrund, es ist allein gegenwärtig und bleibt es auch in den drei folgenden Strophen. Als Ich eines Minneliedes „wird es gesungen", d. h. es muß und kann nur seine Sehnsucht und Treue beteuern, wozu eine große Zahl von Gemeinplätzen (Topoi) zur Verfügung steht, z. B. die Beteuerung, daß dem Liebenden nichts mehr gilt als die Geliebte, kein Königreich und keine Kaiserkrone – um nur möglichst hoch zu greifen im gegebenen Sinnzusammenhang ‚Feudalismus'. Eigentümlicherweise kehrt in diesem Lied nun gerade dieser Topos in drei Strophen wieder:

Mir sint diu rîche und diu lant undertân . . . (HEI 2.1)
ê ich mich ir verzige, ich verzige mich ê der krône. (HEI 3.6)
. . . ob joch niemer krône kaeme ûf mîn houbet (HEI 4.3).

Unsere Quellen (die Handschriften B und C) schreiben das Lied einem Kaiser Heinrich zu – und behaupten damit auch, daß Reich und Krone hier keine Topoi, sondern Wirklichkeitsfragmente sind, daß das Lied im Sinne Zumthors nicht auf sich selbst verweist, sondern auf ein Ich aus

Fleisch und Blut, kurz, daß es eigentlich entweder kein Minnelied oder ein schlechtes Minnelied oder doch wenigstens, sagen wir, bloß ein Liebeslied sei. Gerade weil er die Funktion des Topos im Minnesang nur allzu gut verstanden hatte, wollte der erste Herausgeber dieser Texte, Moriz Haupt, um die Mitte des vorigen Jahrhunderts unser Lied nicht dem Kaiser zuschreiben. Zur zweiten Strophe schreibt er: „So zu reden, steht jedem Dichter an, dem kein Reich untertan ist; [...] albern dagegen redet so ein König. Ein König wird weder bei der Geliebten auf diese Weise seines Königtums gedenken noch, wenn er irgend verständig ist, metaphorischen Ausdruck und den Ausdruck der Lebensstellung, die er wirklich hat, wunderlich und ungeschickt vermischen."[34] Diese konsequente und in unserer Sicht höchst moderne Position Haupts hat jedoch bis heute kaum einen seiner Nachfolger überzeugt. Das kommt einmal daher, daß der Autor unseres Liedes besonders in Strophe 3 und 4 von der Krone eben doch so redet wie einer, dem sie zusteht; es kommt aber sicher auch daher, daß unsere Vorstellung von der gesellschaftlich integrierenden Wirkung des Minnesangs nur ungern auf den dichtenden zukünftigen Kaiser verzichtet.

Peter Wapnewski hat diese Situation interpretierend genutzt und das, was Haupt „albern" nannte, in eine „Pointe besonderen Reizes" verwandelt: „Das konventionelle Spiel mit dem Königs-Topos wird aufgenommen – und die rhetorische Währung unvermutet gedeckt durch die soziale Realität. [...] Haupt ist also nicht im Unrecht, wenn er mürrisch feststellt: ‚jeder Dichter konnte so von der krône, d. i. von der deutschen Königskrone, reden'. [...] Gerade wenn und weil das wahr ist, muß man hinzufügen: Also auch ein Kaiser konnte es, wenn er als Dichter auftrat. Nur daß in seinem Falle der Topos aus der Ebene der Stilfigur transponiert wurde in die der Person-Figur. Was in der Tat eine Pointe besonderen Reizes ergeben muß."[35]

Damit wird der Kaiser Heinrich, der historische, zum Diskurskritiker des Minnesangs, früher und jedenfalls leichter und eleganter als seine Vorgänger und Nachfolger in dieser Kunst. Ich halte das für durchaus wahrscheinlich. Aber warum nicht noch einen Schritt weiterdenken? Diese hier wahrscheinliche und besondere Aneignung des Gemeinplatzes zeigt doch nur in verschärfter Form, daß Gemeinplätze überhaupt dieses Potential bergen – ist es nicht gerade der Sinn und die Existenzberechtigung eines Gemeinplatzes, daß er angeeignet (für eigen und passend erachtet) werden kann? Das heißt natürlich noch nicht, daß nur Könige den Königstopos benutzen können. Das Lied Heinrichs VI. und der Streit um seine Autorschaft ist für uns jedenfalls ein Anlaß, das Verhältnis von Ich und Autor, von Diskurs und Text nicht einfach für entschieden zu halten, sondern es immer wieder neu dialektisch zu reflektieren. Das von Zumthor für den französischen Minnesang herausgearbeitete eigentümliche Postulat, wonach Kunst Erotik und Erotik Kunst sein soll, begründet zwar den Diskurs ‚Minnesang', macht ihn aber doch auch gefährlich durchlässig und anfällig für künstlerische und erotische Ich-Parzellen, die aus dem „Bündel Redegewohnheiten" herausgefallen sind, welches mit dem Sänger-Ich aller Regel nach identisch zu sein hat.

IV. Hartmann von Aue

Hartmann von Aue ist einer der bedeutendsten epischen Dichter des staufischen Zeitalters; er dichtete etwa von 1180 bis um 1205 und war Ministeriale und Ritter. Er hat eine gelehrte Bildung genossen, wohl in einer Klosterschule, und an einem Kreuzzug teilgenommen, und zwar entweder an dem von 1189, bei dem Friedrich von Hausen und Kaiser Friedrich I. Barbarossa das Leben verloren, oder an dem von 1197, der abgebrochen werden mußte, weil Kaiser Heinrich VI. starb. In seine frühe Zeit setzt man einige Minnelieder, die *Klage* (ein Lehrgedicht), den Roman *Erec* (nach dem Vorbild des Chrétien de Troyes) und die Legende *Gregorius* (nach französischem Vorbild). In seine spätere Zeit setzt man die kleine Verserzählung *Der arme Heinrich* und den zweiten großen Roman nach Chrétiens de Troyes Vorbild: *Iwein.*

Hartmann spricht in zwei Liedern vom umwälzenden Erlebnis des Verlustes seines Herrn. Vielleicht kann man hierin Herzog Berthold IV. von Zähringen (1152–1186), den Gründer Freiburgs und Berns, erkennen, der auf dem Hoftag zu Mainz (1184) mit seinem Vetter Balduin von Hennegau erbpolitische Verhandlungen führte. Vielleicht war aber gar Friedrich Barbarossa selber der Herr, dessen Tod den Dichter erschütterte. Es ist nicht auszuschließen, daß Hartmann und Friedrich von Hausen einander kannten; als Dichtern ist beiden gemeinsam eine zwiespältige Haltung gegenüber dem modischen Minnedienst, dem sie sich nicht entziehen können, den sie aber gegenüber einer auch kriegerisch gesehenen Gottesminne herabsetzen.[36]

I

1 Swes vröide an guoten wîben stât,
der sol in sprechen wol
und wesen undertân.
Daz ist mîn sitẹ und ouch mîn rât,
als ez mit triuwen sol.

HAR I: MF 206.19–207.10 (4–6 A; 12, 11, 10 B; 14, 15, 16 C).
1 MF 206.19–28 (4 A; 12 B; 14 C). 1.2 *in* (f. Dat. Plur.) Personalpronomen ‚ihnen', ‚über sie'. 1.5 *sol* (3. Sg. Präs. Ind.) *suln* prpr. unpersönlich ‚es gebührt sich', ‚es gehört sich'.

Daz kan mich niht vervân
an einer stat,
dar ich noch ie genâden bat.
Swaz si mir tuot, ich hân mich ir gegeben
und wil ir iemer leben.

2 Moht ich der schoenen mînen muot
nâch mînem willen sagen,
sô liez ich mînen sanc.
Nu ist mîn saelde niht sô guot,
dâ von muoz ich ir klagen
mit sange, daz mich twanc.
Swie verrẹ ich sî,
sô sendẹ ich ir den boten bî,
den si wol hoeret unde niene siht:
der ẹnmeldet mîn dâ niht.

3 Ez ist ein klagẹ und niht ein sanc,
dâ ich der guoten mite
erniuwe mîniu leit.
Die swaeren tage sint alze lanc,
die ich sî gnâden bite
und sî mir doch verseit.
Swer selhen strît,
der kumber âne vröide gît,
verlâzen kunde, des ich niene kan,
der waerẹ ein saelic man.

1 *Wessen Wohlergehen von achtenswerten Frauen abhängt,*
der soll Gutes über sie sagen
und ihnen untergeben sein.
Das ist meine Gewohnheit und mein Rat,
wie es sich in Treue gebührt.

---

2 MF 206.29–38 (5 A; 11 B; 15 C). 2.10 *mîn* (1. Sg. Gen.) Personalpronomen, Gen. abhängig von *niht* ‚nichts von mir'.

3 MF 207.1–10 (6 A; 10 B; 16 C). 3.1 *klage* und *sanc* stehen in Opposition (Klagelied und Freudenlied). 3.2 *dâ . . . mite* (relativ) ‚womit'. 3.3 *erniuwe* (1. Sg. Präs. Ind.) *er-niuwen* swv. ‚erneuern', hier: ‚neu bekannt machen'. 3.5 *die* (m. Plur. Akk.) Relativpronomen, bezieht sich auf *tage* 3.4. *gnâden* (Plur. Gen.) *gnâde* stf.; der Gen. ist abhängig von *biten* stv. V vgl. 1.8. 3.6 *verseit* = *ver-saget* (3. Sg. Präs. Ind.) *ver-sagen* swv. (Subjekt *sî*). 3.8 *gît* = *gibet* (3. Sg. Präs. Ind.) *geben* stv. V.

Versbau: .4a .3b .3c .4a .3b .3c .2d .4d .4e .3e

Das nützt mir aber nicht
an einer Stelle,
wo ich schon immer um Gnade gebeten habe.
Was sie mir auch antut, ich habe mich ihr übergeben
und will immer für sie leben.

2 *Könnte ich der Schönen mein Herz öffnen,*
wie ich es wollte,
so ließe ich mein Singen bleiben.
Nun ist mein Glück aber nicht so günstig:
deswegen muß ich ihr meine Klage
als Gesang darbringen, über das, was mich bezwungen hat.
Wie weit ich auch entfernt bin,
ich sende ihr diesen Boten,
den sie wohl hört, aber keineswegs sieht;
der verrät dort nichts von mir.

3 *Es ist eine Klage und kein Lied,*
womit ich der Edlen
mein Leid neu in Erinnerung bringe.
Die schweren Tage sind gar zu lang,
die ich sie um Gnade bitte,
welche sie mir ja doch versagt.
Wer solch eine Anstrengung,
die nur Kummer und keine Freude macht,
aufgeben könnte – was ich nie können werde! –,
der wäre ein glücklicher Mann!

2

1 Maniger grüezet mich alsô
– der gruoz tuot mich ze mâze vrô –:
„Hartman, gên wir schouwen
ritterlîche vrouwen."
Mac er mich mit gemache lân
und îlẹ er zuo den vrowen gân!
Bî vrowen triuwẹ ich niht vervân,
wan daz ich müede vor in stân.

HAR 2: MF 216.29–217.13 (52–54) C).
1 MF 216.29–36 (52 C). 1.2 *ze mâze* (Ironie) ‚mäßig', d.h. ‚überhaupt nicht'. 1.5 *gemach* stn. ‚Ruhe', ‚Bequemlichkeit'. 1.7 *triuwe* (1. Sg. Präs. Ind.) *triuwen* swv. ‚sich getrauen', ‚zu können glauben'. *vervân* stv. VII Inf. abhängig von *triuwe* ‚nützen', ‚Erfolg haben'.

2 Ze vrowen habẹ ich einen sin:
als sî mir sint, als bin ich in;
wand ich mac baz vertrîben
die zît mit armen wîben.
Swar ich kum, dâ ist ir vil,
dâ vindẹ ich die, diu mich dâ wil;
diu ist ouch mînes herzen spil.
Waz touc mir ein ze hôhez zil?

3 In mîner tôrheit mir beschach,
daz ich zuo z'einer vrowen gesprach:
„Vrowẹ, ich hân mînẹ sinne
gewant an iuwer minne."
Dô wart ich twerhes an gesehen.
Des wil ich, des sî iu bejehen,
mir wîp in solher mâze spehen,
diu mir des niht enlânt beschehen.

1 *Mancher grüßt mich so*
(dieser Gruß erfreut mich allerdings nicht besonders):
„Hartmann, gehn wir
ritterliche Damen sehen."
Er kann mich in Ruhe lassen
und selber eilen, zu den Damen zu kommen!
Bei Damen traue ich mir keinen Erfolg zu,
ich stehe bloß verdrossen vor ihnen.

2 *Mit den Damen halte ich es so:*
wie sie mir, so ich ihnen;
denn ich kann noch besser meine Zeit
mit nichtadeligen Frauen vertreiben.
Wo ich auch hinkomme, gibt es davon viele.
Da finde ich die, welche mich will;
sie ist auch meines Herzens Freude.
Was taugt für mich ein zu hoch gestecktes Ziel?

---

2 MF 216.37–217.5 (53 C). 2.1 *sin* stm. hier: ‚Ansicht'. 2.2 *in* (f. Dat. Plur.) Personalpronomen ‚ihnen', den Damen gegenüber. 2.4 *arm* adj. ‚besitzlos', ‚von geringem Stande'. 2.7 *spil* stn. ‚Vergnügen' oder = *ge-spil* ‚Gespielin', ‚Freundin'. 2.8 *touc* (3. Sg. Präs. Ind.) *tugen* prpr.

3 MF 217.6–13 (54 C). 3.1 *beschach* (3. Sg. Prät. Ind.) *be-schehen* stv. V (unpersönlich) ‚widerfahren', vgl. 3.8. 3.2 *zuo z'einer:* verstärkt *z'einer.* 3.5 *twerhes* adv. ‚quer', ‚schief'. 3.6 *be-jehen* (Part.) *be-jehen* stv. V ‚versichern'. 3.7 *in solher mâze* ‚so beschaffen'. *spehen* stv. V ‚auswählen'.

In meiner Torheit geschah es mir,
daß ich zu einer Dame sagte:
„Herrin, ich habe meine Gedanken
auf eure Minne gerichtet.“
Da wurde ich schief angesehen.
Darum will ich, das sei euch versichert,
mir Frauen solcher Art aussuchen,
die mir so etwas nicht widerfahren lassen.

3

1 Ich var mit iuwern hulden, herren unde mâge.
Liut unde lant, die müezen saelic sîn!
ez ist unnôt, daz ieman mîner verte vrâge,
ich sage wol vür wâr die reise mîn.
Mich vienc diu minnẹ und lie mich varn ûf mîne sicherheit.
Nu hât si mir enboten bî ir liebe, daz ich var.
Ez ist unwendic, ich muoz endelîchen dar.
Wie kûmẹ ich braeche mîne triuwẹ und mînen eit!

2 Sich rüemet maniger, waz er dur die minne taete.
Wâ sint diu werc? die rede hoerẹ ich wol.
Doch saehẹ ich gern, daz sî ir eteslîchen baete,
daz er ir dientẹ, als ich ir dienen sol.
Ez ist geminnet, der sich durch die minnẹ ellenden muoz.
Nu seht, wie s'mich ûz mîner zungen ziuhet über mer!
Und lebte mîn her Salatîn und al sîn her,
die'n braehten mich von Vranken niemer einen vuoz.

3 Ir minnesinger, iu muoz ofte misselingen,
daz iu den schaden tuot, daz ist der wân.
Ich wil mich rüemen, ich mac wol von minnen singen,
sît mich diu minne hât und ich si hân.

HAR 3: MF 218.5–218.28 (58–60 C).

1 MF 218.5–12 (58 C). 1.2 *müezen* (3. Plur. Präs. Opt.) *müezen* prpr.: Ausdruck des Wunsches. 1.3 *verte* (Sg. Gen.) *vart* stf. ‚Fahrt‘, ‚Kriegsfahrt‘. 1.4 *reise* stf. ‚Aufbruch‘, besonders ‚Heerfahrt‘, ‚Kriegszug‘. 1.5 *sicherheit* stf. ‚Schwur‘, ‚Versprechen‘ (im Lehnsverhältnis). 1.7 *endelîchen* adv. ‚unbedingt‘, ‚rasch‘. 1.8 *wie kûme* adv. ‚kaum‘, ‚schwerlich‘ (ironisch, = ‚gar nicht‘).

2 MF 218.13–20 (59 C). 2.5 *sich ellenden* swv. ‚ins Exil gehen‘. 2.6 *s'* = *si* (die Minne).

3 MF 218.21–28 (60 C). 3.7 *ringent* = *ringet* (2. Plur. Präs. Ind.) *ringen* stv. III; die Form auf *-nt* ist alemannisch.

Daz ich dâ wil, seht, daz wil alse gerne haben mich.
6 Sô müezt aber ir verliesen underwîlent wânes vil:
Ir ringent umbe liep, daz iuwer niht enwil.
Wan müget ir armen minnen solhe minnẹ als ich?

1 *Ich breche auf mit eurer Billigung, ihr Herren und Freunde.*
Mögen Leute und Land glücklich sein!
3 *Nach meinem Ziel braucht mich niemand zu fragen,*
ich gebe bereitwillig meine Reise bekannt:
Mich fing die Minne, aber ließ mich frei auf mein Dienstversprechen hin.
6 *Jetzt hat sie mir geboten, um ihrer Liebe willen aufzubrechen.*
Es ist unabänderlich, ich muß unbedingt dort hin.
Nie würde ich mein Versprechen und meinen Eid brechen.

2 *Manch einer rühmt sich, was alles er um der Minne willen getan hat.*
Wo sind die Taten? Die Rede höre ich wohl.
3 *Doch sähe ich gern, daß sie so manchen von ihnen bäte,*
ihr so zu dienen, wie ich ihr dienen werde.
Das heißt geminnt, wenn einer um der Minne willen seine Heimat verlassen muß.
6 *Seht doch, wie sie mich aus meiner Muttersprache fort übers Meer zieht!*
Und lebte mein Herr Saladin noch und sein ganzes Heer,
die hätten mich aus Franken keinen Fußbreit fortgebracht!

3 *Ihr Minnesinger, ihr müßt oftmals scheitern.*
Was euch Schaden bringt, das ist der Hoffnungswahn.
Ich will mich rühmen, richtig von Minne singen zu können,
da mich die Minne hat und ich sie habe.
Was ich will, seht, das will ebenso gern mich haben.
Ihr dagegen macht euch unterdessen viel unnütze Hoffnung:
Ihr müht euch um eine Liebe, die nichts von euch will.
Wann werdet ihr Ärmsten eine solche Minne minnen wie ich?

Chronologie, Biographie und Interpretation

Sowohl die epische als auch die lyrische deutsche Literatur des 12. und 13. Jahrhunderts bietet nur sehr wenige und sehr schwer interpretierbare Hinweise zu ihrer Chronologie, welche wiederum für jeden Entwurf einer Literaturgeschichte dieses ‚klassischen' Zeitalters unentbehrlich ist. Hartmanns von Aue Lied *Ich var mit iuwern hulden* (HAR 3) hat in dieser Hinsicht eine langanhaltende und auch heute nicht ganz entschiedene Diskussion hervorgerufen, bei der Datierungs- und Interpretationsprobleme sich ineinander verstricken und Anlaß zu grundsätzlichen Überlegungen geben.

Peter Wapnewski gibt folgende kritische Zusammenfassung der älteren Diskussion:[37]

> Eine zentrale Position in aller Erörterung über die Lebens- und Arbeitszeit Hartmanns nimmt eine Zeile eines seiner Lieder ein. Dazu muß vermerkt werden, daß dieses Lied, das sog. dritte Kreuzlied (MF 218,5; HAR 3), als eine Absage an Minnedienst und lyrisches Dichten aufzufassen ist, mithin auch als eine Absage an eine Phase des eigenen Lebens, die durch den Versuch höfisch-minnesängerischen Tuns bestimmt war. [...] Die einzige Handschrift (C) überliefert den Wortlaut:
>
> *und lebte mîn her Salatîn und al sîn her*
> *dien braehten mich von Vranken niemer einen fuoz*
>
> Das heißt: „Und selbst wenn ‚Monsieur' Saladin noch lebte (konditionaler Irrealis), er und sein Heer (apo koinu), sie vermöchten mich aus Franken nicht um Fußesbreite fortzulocken."
>
> Die Sachlage: Hartmann rüstet sich – das Lied sagt es – zu einem Kreuzzug. In Frage kommen zwei: der Barbarossas von 1189/90 (der dritte) und Heinrichs VI. von 1197/98, der wegen des plötzlichen Todes des Herrschers abgebrochen (und von der Geschichtsschreibung nicht numeriert) wurde. Der überlieferte Wortlaut ergibt einen klaren Sinn: Saladin lebt nicht mehr. [...] Saladin starb 1193. Der Text setzt Saladins Tod voraus. Mithin bereitet sich Hartmann auf den Kreuzzug von 1197/98 vor. Diese Aussage ist im Ganzen des Gedichtes merkwürdig; [...] man fragte logisch: Wieso vermöchte Saladin den Dichter nicht zur Kreuznahme zu verleiten? Warum geht er dennoch? Und man erinnerte an ein offenbar fundamentales Faktum in Hartmanns Existenz: Er bekennt, daß sein Leben stigmatisiert worden ist durch ein ihn im Innersten erschütterndes Ereignis, den Tod seines (uns unbekannten) Herrn. [...] Zweifel und Erkenntnisse dieser Art bewogen Hermann Paul zu der Konjektur
>
> *und lebt' mîn herre, – Salatîn und al sîn her ...*
>
> „Lebte jedoch mein Herr noch, dann könnten mich Saladin und seine Heeresmacht nicht bewegen ...". Mithin bezieht sich der konditionale Irrealis nicht mehr auf ‚Monsieur' Saladin, sondern auf Hartmanns geliebten Herrn. Also, folgert man weiter, lebt Saladin noch. Also bereitet sich Hartmann auf den dritten Kreuzzug von 1189/90 vor.

Aber Wapnewski beeilt sich zu bemerken, daß auch die konjizierte Fassung auf einen bereits gestorbenen Saladin bezogen werden kann: „Lebte mein Herr noch, dann könnte mich auch Saladin (lebte er noch!) mit seiner ganzen Heeresmacht nicht verlocken ...", und diese Formulierung hätte nichts Anstößiges gerade für Zuhörer, die ganz selbstverständlich wissen, daß Saladin tot ist. Da also auch die konjizierte Lesart keine wirkliche Entscheidung zuläßt, lehnt Wapnewski eine unnütze Textverbesserung ab und bleibt bei der handschriftlichen Lesart und dem Kreuzzug von 1197. Merkwürdig bleibt nun allerdings die Aussage, daß Saladin den Dichter nicht zum Kreuzzug bewegen könnte. Carl von Kraus hat (1939) diese Merkwürdigkeit in einem Sinne zu lösen versucht, der für das literarische Verständnis des Minnesangs in der ersten Hälfte unseres Jahrhunderts typisch ist. Er gibt eine Interpretation des Liedes, die sozusagen nur nebenbei auch das Datierungsproblem anders als Wapnewski behandelt:[38]

Das Lied verfolgt mehrere Zwecke: es will die *minne* zum toten Herrn zum Ausdruck bringen (Herrenminne), es will die tatenlose *minne* vieler anderer (Frauenminne) in ihrer Leerheit darstellen und es will die *minne* zu Gott, die in der Teilnahme am Kreuzzug ihren tätigen Ausdruck findet, auch den Zuhörern empfehlen, damit sie dem Beispiel des Dichters folgen.

Indem er vor seinen Verwandten mit einem Segenswunsch für Land und Leute seine Fahrt ankündigt, erklärt er, genau und wahrhaft über diese Fahrt Bescheid geben zu wollen: *mich vienc diu Minne und lie mich varn ûf mîne sicherheit. nû hât si mir enboten bî ir liebe daz ich var.* Bei welchem Anlaß hat sie den Dichter wohl gefangen, welche Art von *sicherheit* hat er gegeben und welchen Zeitpunkt bezeichnet das *nû*? Die Antwort darauf und somit auch auf die Frage, welche Art von *minne* er im Sinne hat, bleibt zunächst aus, sie erfolgt erst im weiteren Verlaufe, oder aber sie ergibt sich aus dem, was die Verwandten und wir mit ihnen aus den früheren obengenannten Liedern bereits wissen. Nun wissen wir, daß der Dichter für alles was er seit seiner Kindheit an Freuden gehabt hatte, teuer hat bezahlen müssen: *mich hât beswaeret mînes herren tôt; dar zuo sô trüebet mich ein varende leit: mir hât ein wîp genâde widerseit, der ich gedienet hân mit staetekeit sît der stunt deich ûf mîme stabe reit* (MF 206.10). Hier haben wir zwei Themen, die in unserem Liede wiederkehren, Themen, von denen das zweite auch die Absage an den Frauendienst erklärt, die im weiteren Verlaufe unseres Liedes erfolgt. Ferner wissen wir, daß er an dem Verstorbenen, der den besten Teil all dessen was ihn froh machte, mit sich ins Grab genommen hat, so sehr gehangen hatte, daß sich seine Gedanken nun vom Weltlichen weg auf sein Seelenheil richten und daß er den halben Lohn der heiligen Fahrt der Seele des Herrn weihen will (MF 210.23). Aus demselben Lied wissen wir ferner, daß er, ein Tor, der Welt früher hingebend diente (210.11), daß sie ihm aber schlecht gelohnt hat (211.8). Das letztere führt wiederum zu der Absage an den Frauendienst hin. Und alles zusammen erklärt, was der Dichter mit seinen Versen 1.5 ff. (MF 218.9 ff.) gemeint hat: nachdem er früher der weltlichen Liebe gedient hatte, ergriff ihn später die überirdische Liebe: das muß geschehen sein, als der Herr starb und ihm die Nichtigkeit seines bisherigen Weltlebens dadurch ebenso offenbar wurde wie die Nutzlosigkeit des Frauendienstes durch die Enttäuschungen in der weltlichen Liebe. In dieser Zeit hat er mit seiner *triuwe* und seinem *eide* gelobt, die nächste Kreuzfahrt für das Seelenheil seines Herrn wie für sein eigenes zu unternehmen. Diese Kreuzfahrt erfolgte nicht sogleich und so läßt ihn die überirdische Liebe einstweilen gegen *sicherheit* fahren. Aber jetzt *(nû)*, d.h. in dem Augenblick, da der Kreuzzug gesichert ist, hat sie ihm (durch den öffentlichen Aufruf zur Teilnahme) die Botschaft zukommen lassen, er solle fahren. Das ist unabänderlich: sonst würde er *triuwe* und *eit* brechen: beides hat ihn an den lebenden Herrn gebunden und beides bindet ihn auch an das Gelöbnis, das er für sein und seines toten Herrn Seelenheil geleistet hat. [...] „Das heißt lieben, wenn einer um der Liebe willen gezwungen ist, die Fremde aufzusuchen. Nun seht, wie sie mich aus meinem Vaterlande fortzieht übers Meer. Wofern nur mein Herr noch lebte, Saladin und sein ganzes Heer, die würden mich von Vranken keinen Fußbreit wegbringen." Wenn damit nichts ausgedrückt sein sollte als der Gedanke: „um Saladin (d.h. um die Bedrängnis der Christenheit durch Saladin und um die Befreiung des heiligen Grabes) würde ich mich nicht kümmern, wenn nur mein Herr noch lebte", dann allerdings wäre das eine Unmöglichkeit. [...] Anders aber stellen sich diese Worte dar, wenn man an die gewaltige Wandlung denkt, die sich im Herzen des Dichters durch den Tod des geliebten Herrn vollzogen hat. [...] Zu Lebzeiten des Herrn hätte er der Welt weiter gedient und sich um Saladin nicht weiter gekümmert: der tote Herr hat größere Macht über ihn als der lebende Saladin mit all seinen Kriegern. So verstanden fügt sich der Gedanke widerspruchslos in den Rahmen des Ganzen. Er schreitet fort von der weltlichen Liebe, die ihn einst beherrschte, zum Tode des Herrn, der ihn zum Gelöbnis des Kreuzzuges führte und der die unweltliche Liebe zeitigte, die ihn ihrerseits nun bis zur göttlichen Liebe geführt hat: Liebe zum Herrn und Liebe zu Gott sind nun die Leitsterne, denen er folgt.

Der Interpret faßt hier alle Aussagen als real-biographisch auf. Der Text wird schlüssig, wenn man eine Situation rekonstruieren kann, in welcher der Dichter all das Gesagte auch wirklich ohne Verstellung gesagt haben könnte. Das leistet die Interpretation von Carl von Kraus auf einfühlsame Weise. Die Konjektur, die den (toten) Herrn in das Lied hineinholt, wo er eine Schlüsselfigur wird, muß dann auch rückblickend als eine ganz besondere philologische Leistung anerkannt werden. Auch ist ein Fortschritt in der Erforschung des Liedes zu konstatieren, denn Carl von Kraus baut konsequent auf dem Fundament von Pauls Konjektur weiter. Zwar übt eine solche Methode auch heute noch eine gewisse Faszination aus, zumal mit dem Kreuzzug ohne Zweifel eine biographische Realität in die Poesie hineinragt, die Beachtung verlangt. Aber die Stufenleiter, welche von der Biographie über die dichterische Aussage, gegebenenfalls eine Konjektur, zum Gesamtverständnis des Liedes führt, würde man heute nicht mehr so erfolgsgewiß emporsteigen wollen. Die Konjektur verliert damit auch an Wertschätzung, wie man an Christoph Cormeaus lapidarer Formulierung im VL ablesen kann: „In zwei Liedstrophen (MF 206.14; 210.23) beklagt Hartmann den Tod eines Dienstherrn. (...) Daraus den Entschluß zur Kreuzfahrt und ... eine Lebenskrise abzuleiten, überanstrengt die Texte autorpsychologisch. Eine dritte Erwähnung dieses Herrn (MF 218.19 – unsere Stelle HAR 3, 2.7) ist nur Ergebnis einer problematischen Konjektur."

Was den Ansatz Carl von Kraus' überholt hat, ist die immer deutlicher werdende Erkenntnis, daß der Autor nicht allein spricht, sondern der Vermittler einer sehr stabilen literarischen Tradition ist. Hugo Kuhn hat diesen Gesichtspunkt intensiv verfolgt, ohne ihn jedoch absolut zu setzen: für ihn verantwortet der Dichter doch immer auch die in seinem Werk wirkende künstlerische und ethische Konvention:[39]

Das Lied beginnt: *Ich var* ... Damit zitiert Hartmann einen durchs ganze Mittelalter wiederzufindenden Liedanfang, man möchte ihn zunächst einen Topos nennen. [...] Das Scheiden ist sicher auch ein allgemein menschlicher Inhalt, aber er wird im Lied des Mittelalters konkreter und zugleich allgemeiner poetologisch aufgegriffen: als eine der typischen Sänger-Rollen, ein Sänger-Auftritt.

Die Fortsetzung im Liedanfang: ... *mit iuwern hulden, herren unde mage,* spielt die „Ich var"-Rolle weiter mit einer allbekannten Entlassungsformel. Und die nächste Zeile: *liut unde lant diu müezen saelic sin* gibt der Situation noch eine Segensformel beim Abschied hinzu. Die beiden nächsten Zeilen aber: *ez ist unnot, daz iemen miner verte vrage, ich sage wol für war die reise min* – können buchstäblich nur verstanden werden als noch einmal raffinierteres Weiterspiel des Sängerauftritts. Warum denn braucht niemand nach dem Zweck und Ziel der *reise,* der Kriegsfahrt des Sängers, zu fragen? Warum denn sagt er ihn so betont *wol für war* – um ihn sogleich eben nicht zu sagen, sondern hinüberzuspielen in ein Rätsel: *Mich vienc diu minne* (218,9; HAR 3, 1.5)? Antwort: Das Lied ist, wie sein Text beweist und die Forschung einhellig annimmt, eine religiöse Aufforderung zum Kreuzzug – ein wohlbekannter Typ. [...] Doch es geriert sich in Thematik und Wortsequenzen, von dieser rätselhaften Minnegefangenschaft an, ebenso eindeutig und einseitig als ‚weltliches' Minnelied, genauer als Reflexion über ‚rechte Minne' – auch dies ein Typ schon im Vorverständnis des Publikums. [...] Diese Spannungen zwischen zwei Gattungstypen und die daraus entwickelte thematische Dialektik – sie erst bestimmt metrische Form, Wortwahl, Gedankenführung des ganzen Gebildes präzise. [...] Sie gewinnt ihren Anspielungs- und Bedeutungsreichtum erst durch die Rückbeziehung der ausgesprochenen ‚weltlichen' Minnethematik zur unausgesprochenen ‚religiösen' Kreuzzugsthematik. Diese muß also schon in der Situation, im Auftritt des Sängers sichtbar sein und während des ganzen Vortrags ungesagt mitspielen. Das ist Sinn und Funktion der „Ich var"-Rolle; und sie muß, noch genauer, sich selbst als Abschied vor der Kreuzfahrt darstellen: warum nicht durch das Kreuz auf dem Gewand des Ausfahrenden, sichtbares Zeichen seiner religiösen Verpflichtung? [...]

Des Sängers, hier Hartmanns, Fernminne-Tat aber ist wörtlich die Fahrt ins „Elend": ins Heilige Land. Das nur können die zwei letzten Zeilen der Strophe [...] bekräftigen. Sie können und dürfen nur sagen: nichts außer der Minnegefangenschaft der Gottesminne brächte mich ins „Elend". Der Tod seines Herrn, in anderen Liedern bewegend genug beklagt [. . .], hat hier nichts zu suchen, würde sogar um sein Recht gebracht. Aber auch – mit der Handschrift und vielen Interpreten – „Herrn Saladins" (und all seines Heeres?) Tod ist für die Dialektik des Liedes ganz irrelevant. [. . .] Was die zweite Strophe hergibt, ist viel entscheidender: eine Definition der Minne, die Hartmann hier ganz unbeirrt als eine und dieselbe hinstellt, unabhängig von der Partner-Figur, sei es Gott und Christus, sei es die irdische Minne-Dame. Gemeinsam und identisch ist ihm die Dienst-Verpflichtung. Die aber ist unbedingt! Bloße Reflexion darüber – die alle Minnelieder ausfüllt – genügt ihm nicht, er kritisiert sie gleich anschließend in der dritten Strophe als *wan*. Was er fordert, und nur in der Kreuzritter-Rolle demonstriert, sind Taten: allgemein gesprochen geleistete, nicht bloß reflektierte Fern-Minne. Das ist eine radikal religiöse und doch zugleich noch immanente Kritik am Minnesang. Es beweist uns, daß im Vorverständnis der Zunft und des Publikums auch die irdische, die Frauen-Minne nicht einfach Liebes-Erlebnisse meinte – daß auch sie ein *sich ellenden* meinen muß: „Sich verlieren um sich zu gewinnen."

Hugo Kuhn bemüht sich also unter anderem zu zeigen, daß die Frage nach dem toten Herrn und Saladin für das Lied ganz unwesentlich ist, worin man ihm zustimmen kann. Sein dichterisches Kriterium der Stimmigkeit des Liedes ohne toten Herrn ist allerdings noch kein Beweis für seine Originalgestalt und -bedeutung; denn es ist ja durchaus denkbar, daß der Dichter in seinem konventionellen Sängerauftritt, der immerhin (vielleicht gar durch ein Kreuz auf dem Gewand) seinen eigenen, wirklichen Aufbruch zum Anlaß hat, auf jene andere wirkliche und ihm wichtige Begebenheit anspielt, auch wenn der tote Herr im Gedankengang des Liedes, wie Hugo Kuhn ihn versteht, nichts zu suchen hat.

Ausschließliche Gewißheit über den Sinn eines Textes zu erlangen, ist sicher ein legitimer Wunsch jeder kritischen Interpretation. Es ist dies aber auch ein typisch wissenschaftlicher Wunsch, den die Interpreten sich erfüllen, indem sie vorgeben, genau Bescheid zu wissen: über die innere Biographie Hartmanns der eine (Carl von Kraus), über die einzige Aussage des Textes der andere (Hugo Kuhn). Wiewohl Kuhn mit der Struktur des Textes mehr Trümpfe in der Hand zu haben scheint und moderner wissenschaftlicher Textverarbeitung näher steht als Carl von Kraus mit seiner Autorpsyche, ist seine Überzeugung von der Stimmigkeit des Liedes Glaubenssache – etwas in der Literaturwissenschaft übrigens zu Unrecht Verpöntes.

V. Heinrich von Morungen

Heinrich von Morungen ist sehr wahrscheinlich identisch mit einem als miles (Ritter) bezeichneten Hendricus de Morungen, der in zwei Urkunden des Markgrafen Dietrich von Meißen erscheint: 1218 ist er Zeuge; 1217 bestätigt der Markgraf, daß Heinrich von Morungen ihm eine für große Verdienste ausgesetzte Pension zurückerstattet und bittet, sie dem Thomaskloster in Leipzig zu übertragen. Der Dichter stammt von der Burg Morungen bei Sangershausen, die 1157 durch Kauf an Friedrich Barbarossa kam. Der gebildete Dichter, der französische bzw. provenzalische Sprachkenntnisse hatte, ist vielleicht in seiner Jugend in der Umgebung Friedrich Barbarossas in Burgund und in der Provence gewesen. Nach einer späteren Erwähnung soll er 1222 im Thomaskloster gestorben sein, nachdem er eine Reise nach Indien zum Grabe des Heiligen Thomas unternommen hätte. Besonders letzteres mag in den Bereich der Sage gehören, wovon die sogenannte Möringer-Ballade Zeugnis gibt.[40]

I

1 Het ich tugende niht sô vil von ir vernomen
und ir schoene niht sô vil gesehen,
wie waere sî mir dannẹ alsô ze herzen komen?
Ich muoz iemer dem gelîche spehen,
als der mâne tuot, der sînen schîn
von des sunnen schîn enpfât,
alsô kumt mir dicke
ir wol liehten ougen blicke
in mîn herze, dâ si vor mir gât.

2 Gênt ir liehten ougen in daz herze mîn,
sô kumt mir diu nôt, daz ich muoz klagen.
Soldẹ aber ieman an im selbe schuldic sîn,
sô het ich mich selben selbẹ erslagen,

MOR I: MF 124.32–125.18 (10–12 C).

1 MF 124.32–40. 1.1–2 *tugende, schoene* (Sg. Gen.) stf., der Gen. ist abhängig von *vil.* 1.4 *dem gelîche* (adv.) ebenso wie. 1.5–7 *als ... als* Konj. ‚so ... wie'. 1.7 *kumt* (3. Sg. Präs. Ind.) *komen* unrv.: hier wohl unpersönlich (= es kommt); das Subjekt dazu ist *blicke* 1.8 (Plur. Nom.). 1.8 *liehten ougen* (Plur. Gen.) *ouge* swn. (Attribut zu *blicke*).

dô ich s'in mîn herze nam
und ich sî vil gerne sach
– noch gerner danne ich solde –,
und ich des niht mîden wolde,
i'n hôhtẹ ir lop, swâ man'z vor mir gesprach.

3 Mîme kinde wil ich erben dise nôt
und diu klagenden leit, diu'ch hân von ir.
Waenet si dannẹ ledic sîn, ob ich bin tôt,
ich lâze einen trôst noch hinder mir,
daz noch schoene werdẹ mîn sun,
daz er wunder an ir begê,
alsô daz er mich reche
und ir herze gar zerbreche,
sô s'in alsô rehte schoenen sê.

1 *Hätte ich nicht so viel Gutes von ihr gehört*
und nicht so viel von ihrer Schönheit gesehen,
wie hätte ich sie mir dann so zu Herzen nehmen können?
Ich muß immer so ausschauen
wie der Mond, der seinen Schein
vom Schein der Sonne empfängt;
so kommt mir oft
der Blick ihrer hellen Augen
in mein Herz, wenn sie an mir vorübergeht.

2 *Dringen ihre hellen Augen in mein Herz,*
dann kommt es mich so schwer an, daß ich klagen muß.
Wenn einer selber schuld an seinem Unglück sein könnte,
dann hätte ich also mich selber erschlagen,
als ich sie in mein Herz nahm
und sie so gern sah
– lieber, als recht ist –
und ich nicht darauf verzichten wollte,
ihr Lob noch hervorzuheben, wo immer man darüber vor mir sprach.

---

2 MF 125.1–9. 2.5 *ich s'in* = *ich si in.* 2.9 *i'n hôhte* = *ich enhôhte* (1. Sg. Prät. Opt.) *hoehen* swv.

3 MF 125.10–18. 3.1 *erben* swv. ‚vererben'. 3.9 *sô s'in* = *sô si in* (in = Pronomen ‚ihn')

3 *Meinem Sohn will ich die Not vererben*
und das klagenswerte Leid, das ich ihretwegen habe.
Glaubt sie dann frei zu sein, wenn ich tot bin,
so lasse ich diesen Trost zurück,
daß mein Sohn noch schön wird
und bei ihr Wunder wirkt,
damit er mich rächt
und ihr das Herz bricht,
wenn sie ihn so strahlend schön sieht.

2

1 Sach ieman die vrouwen,
die man mac schouwen
in dem venster stân?
Diu vil wolgetâne,
diu tuot mich âne
sorgen, die ich hân.
Si liuhtet sam der sunne tuot
gegen dem liehten morgen.
Ê was si verborgen,
dô muoten mich sorgen,
die wil ich nu lân.

2 Ist aber ieman hinne,
der sîne sinne
her behalten habe?
der gê nach der schônen,
diu mit ir krônen
gie von hinnen abe,
daz si mir ze trôste kome,
ê daz ich verscheide.
Diu liebẹ und diu leide,
diu wellen mich beide
vürdern hin ze grabe.

MOR 2: MF 129.14–130.8 (30–32 C).
1 MF 129.14–24. 1.1 *vrouwen* (Sg. Akk.) *vrouwe* swf. 1.5 *âne tuon* ‚befreien'. 1.10 *muoten* (3. Sg. Prät. Ind.) *müejen* swv. ‚quälen' (*muoten* ist konjiziert; in der Handschrift steht *dô muost ich sorgen*).
2 MF 129.25–35. 2.1 *hinne* adv. = *hie inne.* 2.9 *diu liebe, diu leide* (Sg. Nom.) stf. 2.10 *wellen* (3. Plur. Präs. Ind. = *wellent*); das Verb *wellen* bildet seinen Ind. mit ursprünglichen Optativ-Formen; zudem erscheint md. sehr früh die Endung *-en* für die 3. Pl. Ind., die dann nhd. herrscht.

3 Wan sol schrîben kleine
reht ûf dem steine,
der mîn grap bevât,
wie liep sî mir waere
und ich ir unmaere;
swer dannẹ über mich gât,
daz der lese dise nôt
und gewinne künde
der vil grôzen sünde,
die sî an ir vründe
her begangen hât.

1 *Hat jemand die Dame gesehen,*
die man da am Fenster
sehen kann?
Die Schöne
befreit mich
von Sorgen, die ich habe.
Sie leuchtet, wie es die Sonne tut,
wenn der helle Morgen kommt.
Vordem war sie verborgen.
Da quälten mich Sorgen,
die will ich nun fahren lassen.

2 *Ist vielleicht jemand hier drinnen,*
der seinen Verstand
bis jetzt behalten hat?
Der möge zu der Schönen gehen,
die mit ihrem Kranze
gerade davongegangen ist,

---

3 MF 129.36–130.8. 3.1 *Wan* = *man.* 3.10 *vründe* (Sg. Dat.); die Form ist mitteldeutsch für *vriunde.*
Versbau: Der Rhythmus dieser Verse ist sehr verschieden beurteilt worden, was dann auch verschiedene Konjekturen oder Veränderungen nach sich gezogen hat. Folgender Vorschlag (nach Vogt, vgl. MFA) respektiert am besten den überlieferten Wortlaut (daktylische Verse sind unterstrichen):
.2a' 2a' 3b
.2c' 2c' 3b
.4d 3e' 3e' .2e' 3b
Über die Art der Kadenzen ist in diesem Schema nichts ausgesagt. In der Auftaktbehandlung weichen einige Verse von diesem Schema ab. Es handelt sich also um ‚feste Mischung' von Dreisilben- und Zweisilbentakten.

damit sie mir Trost bringe,
ehe ich dahinscheide.
Liebe und Leid,
die wollen mich beide
ins Grab bringen.

3 *Man soll in feiner Schrift*
deutlich auf den Stein schreiben,
der mein Grab decken wird,
wie lieb sie mir gewesen ist,
und ich ihr gleichgültig.
Wenn dann einer über mich geht,
daß er von dieser Not lese
und Kenntnis erlange
von der großen Sünde,
die sie an ihrem Verehrer
bis jetzt begangen hat.

3

1 Sî'n hiez mir nie widersagen
unde warp ie doch
unde wirbet noch hiute ûf den schaden mîn.
Des enmac ich langer niht verdagen,
wan si wil ie noch
elliu lant behern und sîn ein rouberîn.
Daz machent alle ir tugende und ir schoene, die mengem man tuont wê.
Der sî an siht,
der muoz ir gevangen sîn
und in sorgen leben iemer mê.

2 In den dingen ich ir dienstman
und ir eigen was dô,
dô ich sî dur triuwe und dur guot an sach,
dô kam si mit ir minnen an

MOR 3: MF 130.9–30 (33, 34 C).

1 MF 130.9–19 (130.15–16 = 1.7!). 1.6 *elliu (lant)* (n. Plur. Akk.). *be-hern* swv. ‚verheeren', ‚belagern'. 1.9 *gevangen* (Part., substantiviert) ‚Gefangener'.

2 MF 130.20–30 (130.26–27 = 2.7!). 2.1 *in den dingen* (idiomatisch) ‚dabei', ‚währenddessen'. 2.1–2 *dienstman und eigen:* Dienstleute (Ministerialen) haben keinen rechtlichen Status der Freiheit, sie sind *„eigen"*, auch wenn sie gesellschaftlich anerkannte Funktionen ausüben.

und vienc mich alsô,
dô si mich wol gruozte und wider mich sô sprach.
Des bin ich an vröiden siech und an herzen sêre wunt;
und ir ougen klâr
diu hânt mich beroubet, ach,
und ir rôsevarwer rôter munt.

1 *Sie hat mir nie den Krieg erklären lassen*
und betrieb trotzdem immer
und betreibt noch heute meinen Schaden.
Darüber kann ich nicht länger schweigen,
denn sie will immer noch
alle Länder mit Gewalt überziehen und eine Räuberin sein.
Das schaffen all ihre Tugenden und ihre Schönheit, die manchem Manne weh tun.
Wer sie nur ansieht,
der muß ihr Gefangener sein
und dann immer in Sorgen leben.

2 *Während ich ihr Dienstmann*
und ihr Leibeigener war,
als ich sie aus Treue und im Guten ansah,
da griff sie an mit ihrem Minnen
und fesselte mich,
indem sie mich freundlich grüßte und mit mir sprach.
Davon bin ich krank an Freuden und im Herzen sehr verwundet.
Und ihre klaren Augen,
die haben mich beraubt und, ach,
ihr rosenfarbener, roter Mund.

4

1 Diu vil guote,
daz si saelic müeze sîn!
Wê der huote,
diu der weltẹ sô liehten schîn
an ir hât benomen, daz man si niht wan selten sêt,
sô diu sunne, diu des âbendẹs under gêt.

MOR 4: MF 136.25–137.9 f.
1 MF 136.25–30 (4 A; 60 C; p). 1.5 *selten* adv. ‚nicht oft' – es kann aber auch als Ironie so viel wie ‚nie' bedeuten; dann betrifft der Vergleich die Sonne nach Sonnenuntergang.

2 Ich muoz sorgen,
wen diu lange naht zergê
gegen dem morgen,
daz ichs' einest an gesê,
mîn vil liebe sunnen, diu mir sô wunnenclîchen taget,
daz mîn ouge ein trüebez wolken wol verklaget.

3 Swer der vrouwen
hüetet, dem kündẹ ich den ban;
wan durch schouwen
sô geschuof si got dem man,
daz si waer ein spiegel, al der werldẹ ein wunne gar.
Waz sol golt begraben, des nieman wirt gewar?

4 Wê der huote,
die man reinen wîben tuot!
Huote guote
frouwen machet wankelmuot.
Man sol vrouwen schouwen unde lâzen âne twanc.
Ich sach, daz ein sieche verboten wazzer tranc.

5 Ascholoie
diu vil guote heizet wol.
Er'st von Troie
Paris, der si minnen sol.
Obẹ er kiesen solde under den schoenesten, die nu leben,
sô wurdẹ ir der apfel, waer er unvergeben.

---

2 MF 136.31–36 (5 A; 62 C). 2.2 *wen* Konj. (mitteldeutsch) ‚bis'. 2.6 *verklaget* (3. Sg. Präs. Ind.) *verklagen* swv. ‚verklagen', ‚verfluchen', aber auch ‚aufhören zu klagen', ‚nicht beklagen'.

3 MF 136.37–137.3 (6 A; 61 C; p). 3.2 *den ban künden* ‚die Strafe des Bannes ankündigen'.

4 MF 137.4–9 (p). 4.5 *schouwen* swv. trans. ‚zeigen'.

5 MF 137.9a–f (7 A). 5.1 *Ascholoie:* Name für Helena, entweder von Morungen aus einer Ovid-Stelle mißverstanden oder (nicht durch Morungen) aus dem Namen Acheloos (eines Bruders der Helena) entnommen, vgl. Tervooren (Anm. 40) 170.

1 *Die Allerbeste,*
sie möge glücklich sein!
Weh der Wache,
die der Welt ein so helles Licht
wie sie vorenthält, so daß man sie nur selten sieht,
wie die Sonne, die abends untergeht.

2 *Meine Sorge ist es,*
wenn die lange Nacht vergeht,
gegen Morgen,
daß ich sie auch nur einmal erblicke,
meine allerliebste Sonne, die mir so freudenvoll tagt,
daß mein Auge jede dunkle Wolke verflucht.

3 *Wer Damen*
bewachen läßt, den verfluche ich,
denn zum Anschauen
hat Gott sie dem Manne geschaffen,
daß sie ein Spiegel, für alle Welt eine Freude wäre.
Was soll vergrabenes Gold, das keiner bemerkt?

4 *Fluch über die Bewachung,*
die man untadeligen Frauen setzt.
Bewachung macht auch
treue Frauen wankelmütig.
Man soll Damen anschauen lassen und sie nicht einsperren.
Ich habe gesehen, wie ein Kranker verbotenes Wasser trank.

5 *Ascholoie*
heißt die Allerbeste wohl.
Es ist von Troja
Paris, der sie liebt.
Wenn er wählen würde unter den Schönsten, die heute leben,
so bekäme sie den Apfel – wäre er nicht schon vergeben.

Exkurs: Textkritik

Die Texte des Minnesangs sind in mittelalterlichen Handschriften überliefert, die erst etwa ein Jahrhundert nach der Abfassung der Lieder entstanden sind. Mündliche Weitergabe, schriftliche Aufzeichnung, Abschrift, Korrektur – eine nicht überschaubare Zahl solcher Vorgänge müssen stattgefunden haben, bis der uns zugängliche Text aufs teure Pergament der erhaltenen Handschriften gelangte. Überall, wo der Text der Handschriften unverständlich ist oder wo verschiedene Handschriften verschiedenen Wortlaut, verschiedene Strophenzahl und -ordnung, verschiedene Autornamen überliefern, wird der moderne Leser zu erfahren versuchen, welche Handschrift mehr Vertrauen verdient, welche am ehesten einen Text bietet, der nicht von dem abweicht, welchen ein Minnesänger des staufischen Zeitalters geschaffen und vorgetragen hat. „Die Textkritik", – so schreibt Helmut Tervooren in seiner Ausgabe der Lieder Heinrichs von Morungen – „die Lachmann begründete und die Carl von Kraus zu einer unübertroffenen Meisterschaft führte, hatte sich das hohe Ziel gesetzt, über die überlieferten Texte hinaus zum authentischen Text des Dichters vorzustoßen oder ihm doch mindestens möglichst nahe zu kommen. In neuerer Zeit aber sind Zweifel aufgekommen, ob das Ziel dieser Wissenschaftler, die Rekonstruktion des Originals, nicht zu hoch gesteckt war. Die Kritiker des Verfahrens führen vor allem zwei Gründe ins Feld: Sie bezweifeln einmal, daß die Voraussetzungen zur Anwendung der Methode im Bereich der mittelhochdeutschen Lyrik gegeben sind, zum anderen – und das scheint mir der entscheidende Punkt – fragen sie, ob bei mittelalterlichen Liedern überhaupt eine ‚endgültige' Fassung, d.h. eine Fassung letzter Hand erwartet werden darf. Hinzu kommt ein weiteres: Die Forschung der letzten Jahre, besonders die zu spätmittelalterlichen Texten, hat gelehrt, auf das Leben von Texten zu achten und den Handschriften als Zeugnissen mittelalterlichen literarischen Lebens einen eigenständigen Wert zuzusprechen."[41]

Während die *textkritische Methode,* auf die hier angespielt wird, aus der Überlieferung einen Text herauspräparierte, der aus allen Handschriften das entnahm, was dem Original oder dem *Archetyp* der Überlieferung am nächsten kam, wählt man heute lieber eine *Leithandschrift* und gibt deren Text so weit wie möglich genau wieder, während die Abweichungen anderer Handschriften in einem *textkritischen Apparat* verzeichnet werden. Dieses Vorgehen ist gewiß objektiver als das andere; trotzdem bleibt bei der Wahl der Leithandschrift das Problem des persönlichen Urteils des Herausgebers bestehen: er wird die Handschrift wählen, die seines Erachtens besser ist, d.h. korrekt und damit doch wohl auch dem Original näher als eine andere, dem Herausgeber weniger zuverlässig erscheinende. Konsequenterweise führt dies dazu, gelegentlich Mehrfachfassungen zu drucken, zumal man heute eben nicht mehr ausschließt, daß sie schon zur Zeit des Dichters oder mindestens in der Überlieferung danach bestanden haben können. Die klassische Textkritik ging dagegen davon aus, daß den Fassungen der Handschriften ein erster geschriebener Text, ein Archetyp, zugrunde gelegen haben muß, welcher im Idealfall mit dem Originalgedicht identisch gewesen wäre (natürlich kennt die Textkritik auch den Begriff des fehlerhaften Archetyps, der sich bereits vom Original unterscheidet). Geht man von der Hypothese aus, daß eine konstante schriftliche Überlieferung zu den erhaltenen Handschriften geführt hat, so läßt sich mit einer *Fehleranalyse* die *Filiation (das Stemma)* der erhaltenen Handschriften ermitteln: Handschriften, die gleiche Fehler enthalten, können diese nur aus einer identischen Quelle bezogen haben. Ist die Verwandtschaft der Handschriften geklärt, läßt sich die Richtigkeit mancher Lesart sozusagen mechanisch ermitteln: eine Lesart, welche in nicht miteinander verwandten Handschriften steht, muß im Archetyp gestanden haben. Wo eine solche mechanische Entscheidung nicht möglich ist, d.h. wo Lesarten miteinander konkurrieren, wird man nach zusätzlichen inhaltlichen, sprachlichen oder stilistischen Kriterien suchen, und wo die gesamte Überlieferung lückenhaft oder nicht akzeptabel ist, wird man aus der Kenntnis der übrigen Dichtung heraus *Konjekturen* wagen. Bei der geringen Zahl von Handschriften des deutschen Minnesangs ist vom Stemma nur selten Auskunft über eine Lesart zu erwarten. Um so intensiver haben sich die Herausgeber seit Lachmann der anderen Kriterien, besonders metrischer und stilistischer, bedient. Die neue Ausgabe von *Des Minnesangs Frühling* (MF) löst das Problem der textkritischen Tradition auf vorbildliche Weise: der Leser findet einen Text nach einer Leithandschrift sowie die Lesarten der anderen Handschriften in einem Lesartenapparat. Mit Hilfe dieses Lesartenapparates kann er also den Wortlaut aller Überlieferungsquellen überprüfen. In einem zweiten Apparat findet er dagegen die Besserungsvorschläge, die seit Lachmann gemacht worden sind. Die deutliche Trennung der Lesarten von den kritischen Vorschlägen ist für den Benutzer sehr praktisch.

Mit dem folgenden Material möchte ich die Gelegenheit zu eigener textkritischer Erfahrung geben und den Zugang zu den kritischen Ausgaben sowie zur Diskussion textkritischer Fragen erleichtern.

Heinrichs von Morungen Lied (MOR 4) *Diu vil guote* steht in drei Handschriften (A, C, p), deren Foto beigegeben ist. Die kritische Fassung aus MF sei hier kurz in ihrer Darbietungsform erläutert:

Das Lied trägt einen Titel, der identisch mit der ersten Verszeile ist: so hat man auch im Mittelalter Lieder zitiert, wie z.B. Walther von der Vogelweide Reinmar zitiert (vgl. WAL 12; 1.12).

Vor der ersten Strophe findet man die Übersicht über Strophenbestand und Strophenfolge. Näheres über die Handschriften, die mit den Siglen A, C und p bezeichnet werden, findet man in einem Verzeichnis der Handschriften zu Beginn des Bandes; A ist die älteste Quelle, etwa 1275 im Elsaß, vielleicht in Straßburg geschrieben. C ist die durch ihre Dichterbilder berühmte *Große Heidelberger* oder *Manessische Handschrift*, vom Beginn des 14. Jahrhunderts, aus Zürich. p ist eine Sammelhandschrift der Burgerbibliothek Bern aus der Mitte des 14. Jahrhunderts, wahrscheinlich aus Straßburg (nur 2 Blätter enthalten Minnesangstrophen).

Am linken Rand findet sich eine Strophen- und Verszählung, am rechten Rand steht bei jeder beginnenden Strophe die Seiten- und Zeilenzahl dieser Strophe in der ersten Ausgabe von MF von Karl Lachmann und Moriz Haupt (1857). Diese ebenso ehrwürdige wie unpraktische Zählung ist unentbehrlich, weil die gesamte Sekundärliteratur darauf Bezug nimmt. Neben dieser MF-Zahl (136.25) findet man die Handschriften, welche die Strophe überliefern, als erste in Kursivdruck die Leithandschrift (hier C). In einigen Handschriften sind die Strophen jedes Dichters durchgezählt worden: 60 C heißt also, daß diese die sechzigste unter Morungens Strophen in Handschrift C ist. Der Leithandschrift folgen die übrigen, A und p. Bei p ist die Blattzahl beigegeben; da aber die Strophen nicht durchgezählt sind, könnte man, anders als bei C und A, ihre Reihenfolge in der Handschrift nicht ablesen (wenn sie nicht eigens unter dem Titel des Liedes angegeben wäre). Im Text selber ist alles gekennzeichnet, was nicht der Leithandschrift entspricht: kursiv erscheint, was aus einer anderen Quelle ersetzt ist, in spitzen Klammern erscheint, was hinzugefügt worden ist, ein Kreuz bezeichnet eine Stelle, die der Herausgeber für verderbt hält, die er aber trotzdem abdruckt.

Im ersten Apparat, dem Lesarten-Apparat, stehen alle Lesarten der Handschriften, insofern sie nicht im Text stehen. Es muß also möglich sein, aus dem Apparat die drei handschriftlichen Fassungen wiederherzustellen.

Der zweite Apparat gibt eine Übersicht über die kritischen Bemühungen um das Lied seit der Erstausgabe, zunächst die Urteile über Echtheit oder Unechtheit des Liedes, dann zur Frage der Verszahl, schließlich zu einzelnen Lesarten bzw. Konjekturen. Häufig vorkommende Namen sind abgekürzt: K = Carl von Kraus (MU = Des Minnesangs Frühling, Untersuchungen), V = Friedrich Vogt, Br = Brinkmann, L = Karl Lachmann, Ba = Karl Bartsch. Diese Hinweise lassen sich mit Hilfe der Bibliographie am Schluß des Bandes aufschlüsseln. Lesarten, die auch der Herausgeber für besser oder wahrscheinlich richtig hält, die er aber aus Respekt vor der von ihm gewählten Leithandschrift nicht in den Text aufnehmen möchte, sind (in beiden Apparaten) durch ein besonderes Zeichen der Beachtung des Lesers empfohlen: ¶.

Um einen eigenen Eindruck von der textkritischen Arbeit zu bekommen, stellt man zunächst am besten je eine genaue Abschrift der handschriftlichen Fassungen her. Alsdann ist es interessant, mit Hilfe des Lesartenapparates und des kritischen Textes, aber ohne Blick auf die Handschriften, den handschriftlichen Text zu rekonstruieren. Ein Vergleich läßt erkennen, welche Einzelheiten der Herausgeber für unwichtig gehalten hat. Natürlich kann man sich bei jedem Detail fragen, ob es wirklich dem Leser vorenthalten werden sollte – aber man darf die Ebenen nicht mischen: Ein Apparat gibt Lesarten, er kann das Foto nicht ersetzen, und dieses nicht das Original (wenn es darum geht, die Färbung der Tinte zu erkennen oder einen Punkt von einem Schmutzfleck zu unterscheiden). Ein nächster, noch mechanischer Schritt wäre, eine Leithandschrift zu wählen (der Übung halber nicht die des Herausgebers), ihren Text mit Versdisposition, Groß- und Kleinschreibung, Zeichensetzung oder gar mit einer gewissen Normalisierung der Orthographie oder Sprachform einem modernen Leser zugänglich zu machen und die anderen Lesarten in einem Apparat bereit zu stellen. Die interessanteste Übung bliebe aber doch, aus allen drei Handschriften jenen Text herzustellen, von dem man selber annehmen möchte, daß er dem Original oder Archetyp am nächsten kommt. Freilich hat eine solche Fassung keine historische Beglaubigung und nur die Autorität ihres Herstellers – aber wenn er sorgfältig alle überlieferten Lesarten in seinem Apparat vermerkt, braucht sich kein Leser überrumpelt zu fühlen!

Des Minnesangs Frühling (I. Texte), bearbeitet von H. Moser und H. Tervooren. Stuttgart,[36] 1977, S. 263 f.:

XVIII Diu vil guote

A: **1—3, 5**; C: **1, 3, 2**; p: **1, 3, 4**

1 Diu vil guote, 136, 25 — *60* C, 4 A, p bl. 235r
daz si saelic müeze sîn!
wê der huote,
diu der welte sô liehten schîn
An ir hât benomen, daz man si niht wan selten sêt,
sô diu sunne, diu des âbendes under gêt.

2 Ich muoz sorgen, 136, 31 — *62* C, 5 A
wen diu lange naht zergê
gegen dem morgen,
daz ichs einest an gesê,
Mîn vil liebe sunnen, diu mir sô wunnenclîchen taget,
daz mîn ouge ein trüebez wolken wol verklaget.

3 Swer der vrouwen 136, 37 — *61* C, 6 A, p bl. 235r
hüetet, dem künde ich den ban;
wan durch schouwen
sô geschuof si ⟨*got*⟩ dem man, 137, 1
Daz si waer ein spiegel, al der werlde ein wunne gar.
waz sol golt begraben, des nieman wirt gewar?

XVIII. **1**, 1 *Die* p. 2 *sú* p. *mv̊ze* A. 3 *hv̊te* A. 4 p, aber *Die*] *Die man tv̊t der welte (welde* C) *schin* AC. 5 *Die mir h.* AC. *An ir hat benūmen d. m. sú so selten schȯwen lat* p. *siht* A. 6 *Sam die s. die* p. *abens* A. *gat* p.

2, 2 *Wie dv* A. 4 *ich ez* A. *gesehe* A. 5 *Die vil lieben svnnen taget* A.

3, 1 *Die* A, *Wer* p. 2 *Hv̊tent den kunde* A. 3 *Wanne* p. 4 *Lies schȯwen lies si werden got den man* p. *got* fehlt C. 5 *sú* p. *were* Ap. *sp. vn̄ d*ˢ A, *sp. ob aller der* p. *wunne*]*bilde* A. 6 *golt*]*got* A, *gott* p. *begramen* A. *daz sin n. werde* p.

XVIII. **1—5** echt K, MU 34 f (mit vielen Konjekturen!), Schneider Euph. 42, 34—37, Schweiger 101 f; **3—5** unecht K (Sievers[1] 343); **4—5** unecht V, Br, Frings/Lea 51 (weitere Lit. s. Schweiger ebd.). K (Bartsch Germ. 3, 483 f, V) faßt vv. 1—2 und 3—4 zu einem Vers zusammen. — **1**, 4 *werlt* K(V). 6 *âbents* K(LV).

2, 5 *Die vil lieben* K(LV). *mir* tilgt K(LV).

4 Wê der huote, 137, 4 — *p bl. 235r*
die man reinen wîben tuot!
†huote machet
staete vrouwen wankelmuot.†
Man sol vrouwen schouwen unde lâzen âne twanc.
ich sach, daz ei*n* sieche verboten wazzer tranc.

5 Ascholoie 137, 9a (L Anm. 283) — *7 A*
d*iu* vil guote heiz*et* wol.
erst von Troie
Paris, der si minnen sol.
Obe er kiesen solde ún*der* den schóenesten, díe nu leben
sô wurde ir der apfel, waer er unvergeben.

1, 5 *benemen* entziehen.
2, 2 *wen* bis. 4 *einest* einmal. 6 *verklagen* mit dem Klagen aufhören.
3, 5 daß sie glänze wie ein Spiegel (Frings/Lea 107).
5, 1 *Ascholoie* s. Anm.

4, 6 *eine.*
5, 2 *Der v. g. heizest.* 5 *vn̄ den.*

4, 1 *Wê den raeten* LBa. 3 f ¶ *Huote guote / frouwen machet w.* K(V), *Huote staeten / frowen m.* LBa, *Staete huote / frouwen* Schütze 36, Schweiger 107.
5, 2 *Diu* K(LV). *heizet* K (Lemcke 59, V), *hiez et* L. 5 *undern* K(LV). *schônsten* K.

MOR 4 *Diu vil guote,* Handschrift A

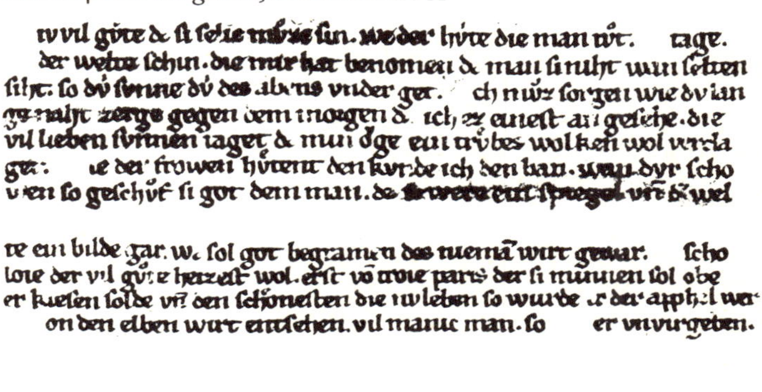

MOR 4 *Diu vil guote,* Handschrift C

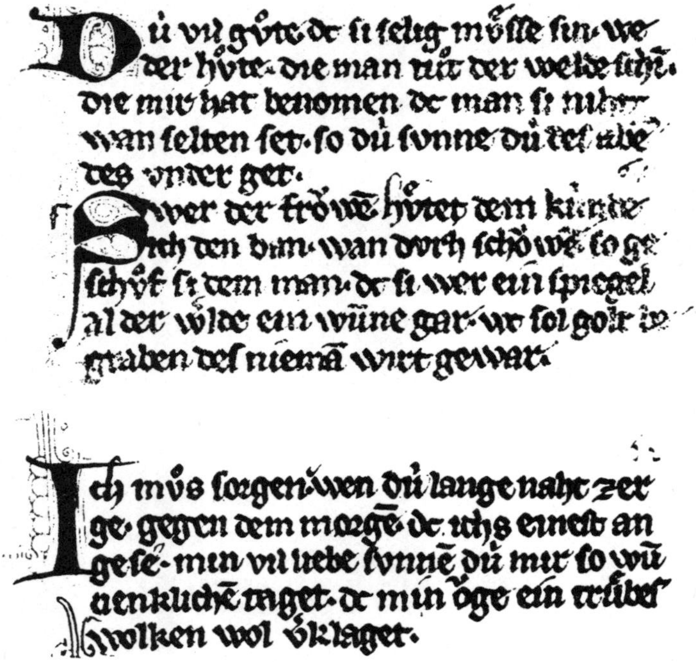
Dú vil gůte dc si selig můsse sin. we
der hůte. die man tůt der welde sch...
die mir hat benomen dc man si nu...
wan selten set. so dú sunne dú tes abe
des vnder get.
Swer der frŏwē hůtet dem kinde
sich den bān. wan dorch schŏwē so ge
schůf si got dem man dc si wer ein spiegel
al der wlde ein wūne gar. vr sol golt v...
graben des niemā wirt gewar.

Ich můs sorgen wen dú lange naht zer
ge. gegen dem morgē dc ichs einest an
gese. min vil liebe sunnē dú mir so wu
nenklichē taget. dc min ŏge ein trůbes
wolken wol ȯklaget.

MOR 4 *Diu vil guote,* Handschrift p (fol. 235 r°)

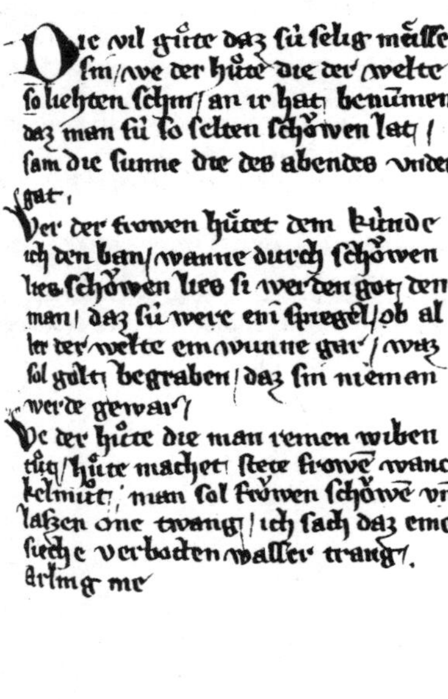
Die vil gůtte daz sú selig műsse
sin / we der hůte die der welte
so liehten schin / an ir hat benūmen /
daz man sú so selten schŏwen lat /
sam die sunne die des abendes vnder
gat /
Wer der frowen hůtet dem kinde
ich den ban / wanne durch schŏwen
lies schŏwen lies si werden got den
man / daz sú were ein spiegel / ob al
ler der welte ein wunne gar / waz
sol golt begraben / daz sin nieman
werde gewar /
We der hůte die man reinen wiben
tůt / hůte machet stete frowē wanc
kelmůt / man sol frŏwen schŏwē vn̄
laßen one twang / ich sach daz eine
sieche verbotten waller trang /.
Arlin g me

5

1 Uns ist zergangen der lieplîche sumer.
Dâ man brach bluomen, da lît nu der snê.
Mich muoz belangen, wennẹ sî mînen kummer
welle volenden, der mir tuot so wê.
Jâ klagẹ ich niht den klê,
swennẹ ich gedenkẹ an ir wîplîchen wangen,
diu man ze vröide so gernẹ ane sê.

2 Seht an ir ougen und merkent ir kinne,
seht an ir kele wîz und prüevent ir munt.
Si ịst âne lougen gestalt sam diu minne.
Mir wart von vrouwen so liebez nie kunt.
Jâ hât si mich verwunt
sêrẹ in den tôt. Ich verliuse die sinne.
Gẹnâdẹ, ein küniginne, du tuo mich gesunt.

3 Die ịch mit gesange hie prîsẹ unde kroene,
an die hât got sînen wunsch wol geleit.
I'n gẹsach nu lange nie bildẹ alsô schoene
als ist mîn vrowe; des bin ich gemeit.
Mich vröit ir werdekeit
baz dannẹ der meie und alle sîn doene,
die die vogel singent, daz sî iu geseit.

1 *Für uns ist der liebliche Sommer vergangen.*
Wo man Blumen pflückte, da liegt jetzt Schnee.
Es wird mir lang, bis sie meinen Kummer
beenden mag, der mir so weh tut.

MOR 5: MF 140.32–141.14 (80–82 C).
1 MF 140.32–38. 1.3 *belangen* swv. ‚lang dünken', ‚lang werden'. *wenne* Konj. ‚bis' (mitteldeutsch). 1.4 *volenden* swv. ‚beenden'.
2 MF 141.1–7. 2.1 *merkent* (2.Plur. Imp. = *merket*). 2.2 *prüevent* (2.Plur. Imp. = *prüevet*) *prüeven* swv. ‚prüfen', ‚betrachten'. 2.3 *lougen* swv. ‚leugnen'. *gestalt* (Part., adj.) ‚beschaffen'. 2.7 *ein küniginne:* der unbestimmte Artikel dient auch der besonderen Hervorhebung, etwa ‚du', ‚meine'.
3 MF 141.8–14. 3.2 *wunsch* stm. ‚Ideal', ‚was man nur wünschen kann'. 3.3 *lange nie:* wohl für ‚überhaupt nie'. 3.4 *gemeit* adj. ‚froh'. 3.5 *werdekeit* stf. ‚Würde', ‚Anstand', auch ‚Wert', ‚alle guten Eigenschaften'. 3.7 *geseit* (Part. = *gesaget*): kontrahierte Form (wie *geleit* < *geleget* vgl. 3.2).
Versbau: Daktylisch (mit Binnenreim in 1 und 3) außer im Vers 6, der alternierend zu lesen ist. Die Gliederung von Aufgesang und Abgesang wird so besonders verdeutlicht.

Ich traure ja nicht um den Klee,
wenn ich an ihre Frauenwangen denke,
die man mit Freude so gern anschaut.

2 *Seht ihre Augen an, achtet auf das Kinn,*
schaut ihren weißen Hals an und betrachtet den Mund!
Sie ist wahrlich gerade wie die Minne gestaltet.
So etwas Liebliches habe ich noch an keiner Frau wahrgenommen.
Allerdings hat sie mich auf den Tod
verwundet. Mir vergehen die Sinne.
Gnade, Königin, mach du mich gesund!

3 *Die ich mit Gesang hier preise und kröne,*
an die hat Gott sein Bestes gewandt.
Ich habe noch nie ein so schönes Bild gesehen
wie meine Herrin. Das macht mich froh.
Ihr Liebreiz erfreut mich
mehr als der Mai und all sein Getön,
das die Vögel hervorbringen, das versichere ich euch.

6

1 Owê, –
Sol aber mir iemer mê
geliuhten dur die naht
noch wîzer dannẹ ein snê
ir lîp vil wol geslacht?
Der trouc diu ougen mîn.
Ich wândẹ, ez solde sîn
des liehten mânen schîn.
Dô taget ez.

2 „Owê, –
Sol aber er iemer mê
den morgen hie betagen?
als uns diu naht engê,
daz wir niht durfen klagen:

MOR 6: MF 143.22–144.16 (93–96 C). Die Verse 1–2 jeder Strophe sind in der Zählung von MF zu einem Vers zusammengefaßt.

1 MF 143.22–29. 1.2 *aber* adv. ‚abermals', ‚wieder'. 1.5 *geslaht* adj. ‚geartet', ‚fein'. 1.6 *trouc* (3. Sg. Prät. Ind.) *triegen* stv. II ‚trügen'. 1.8 *mânen* (Sg. Gen.) *mâne* swm. ‚Mond'. 1.9 *taget* = *tagete* (3. Sg. Prät. Ind.); so in allen Strophen.

‚Owê, nu ist ez tac‘,
als er mit klage pflac,
dô ẹr jungest bî mir lac.
Dô taget ez.“

3 Owê, –
Si kuste âne zal
in dem slâfe mich.
Dô vielen hin ze tal
ir trehene nider sich.
Iedoch getrôstẹ ich sie,
daz sî ir weinen lie
und mich al umbevie.
Dô taget ez.

4 „Owê, –
Daz er sô dicke sich
bî mir ersehen hât!
Als er endahte mich,
sô wolt er sunder wât
mîn arme schouwen blôz.
Ez was ein wunder grôz,
daz in des nie verdrôz.
Dô taget ez.“

1 *O weh,*
wird mir nun irgend noch einmal
leuchten durch die Nacht
weißer als Schnee
ihr schöner Leib?

---

2 MF 143.30–37. 2.3 *betagen* swv. ‚den Tag über bleiben‘. 2.4 *als* = *alsô* adv. ‚so‘. 2.5 *durfen* (1. Plur. Präs. Ind./Opt.) *durfen* prpr. ‚bedürfen‘, ‚brauchen‘ (‚müssen‘).

3 MF 144.1–8. 3.2 *kuste* (3. Sg. Prät. Ind.) *küssen* swv. 3.5 *trehene* (Plur. Nom.) *trahen* stm. *nider sich* adv. + Akk. (räumlich) ‚an sich (ihr) nieder‘. 3.6 *getrôste* (3. Sg. Prät. Ind.) *ge-troesten* swv. 3.7 *lie* (3. Sg. Prät. Ind.) *lân* stv. VII ‚lassen‘. 3.8 *umbevie* (3. Sg. Prät. Ind.) *umbe-vân* stv. VII ‚umfangen‘, ‚umfassen‘.

4 MF 144.9–16. 4.3 *ersehen* (Part.) *er-sehen* stv. V ‚zu viel ansehen‘, ‚sich in den Anblick verlieren‘. 4.4 *endahte* (3. Sg. Prät. Ind.) *en-decken* swv. ‚aufdecken‘, ‚entblößen‘. 4.5 *wât* stf. ‚Kleidung‘. 4.6 *arme* (Plur. Akk.) arm stm. ‚Arm‘. 4.8 *verdrôz* (3. Sg. Prät. Ind.) *ver-driezen* stv. II + Akk. (Pers.) + Gen. (Sache).

Er täuschte meine Augen.
Ich glaubte, es müßte
des hellen Mondes Schein sein.
Da tagte es.

2 *„O weh,*
wird er nun irgend noch einmal
einen Morgen hier bleiben, bis in den Tag?
So möge uns die Nacht entweichen,
daß wir nicht klagen müssen:
‚O weh, nun ist es Tag‘,
wie er es klagend tat,
als er vor kurzem bei mir lag.
Da tagte es.“

3 *O weh,*
sie gab mir Küsse ohne Zahl
im Schlaf.
Da fielen hernieder
ihre Tränen.
Aber ich tröstete sie,
daß sie aufhörte zu weinen
und mich umarmte.
Da tagte es.

4 *„O weh,*
daß er sich so oft
in meinen Anblick verlor.
Als er mich aufdeckte,
da wollte er ohne Kleid
meine nackten Arme sehen.
Ich mußte mich sehr wundern,
wie er nicht genug davon bekommen konnte.
Da tagte es.“

7

1 Mir ịst geschehen als einem kindelîne,
daz sîn schoenez bildẹ in einem glase gesach
unde greif dar nâch sîn selbes schîne
sô vil, biz daz ez den spiegel gar zerbrach.
Dô wart al sîn wunnẹ ein leitlich ungemach.

Alsô dâhtẹ ich iemer vrô ze sîne,
dô ịch gesach die lieben vrouwen mîne,
von der mir bî liebe leides vil geschach.

2 Minne, diu der wereldẹ ir vröude mêret,
seht, diu brâhtẹ in troumes wîs die vrouwen mîn,
dâ mîn lîp an slâfen was gekêret
und ersach sich an der besten wunne sîn.
Dô sach ich ir liehten tugendẹ, ir werden schîn,
schoen undẹ ouch vür alle wîp gehêret,
niuwen daz ein lützel was versêret
ir vil vröuden rîchez rôtez mündelîn.

3 Grôz angest hân ich des gewunnen,
daz verblîchen sülẹ ir mündelîn sô rôt.
Des hân ich nu niuwer klage begunnen,
sît mîn herze sich ze sülher swaere bôt,
daz ich durch mîn ouge schouwe sülhe nôt
sam ein kint, daz wîsheit unversunnen
sînen schaten ersach in einem brunnen
und den minnen muose unz an sînen tôt.

4 Hôher wîp von tugenden und von sinnen
die enkan der himel niender ummevân
sô die guoten, die ịch vor ungewinne
vremden muoz und immer doch an ir bestân.
Owê leider, jô wândẹ ich's ein ende hân
ir vil wunnenclîchen werden minne.
Nû bin ich vil kûmẹ an dem beginne.
Des ist hin mîn wunnẹ und ouch mîn gerender wân.

MOR 7: MF 145.1–32 (364–367 e, Reinmar zugeschrieben; 100 C).
1 MF 145.1–8 (100 C; 364 e). 1.6 *sîne:* deklinierter Infinitiv (Gerundium; Dat. nach der Präpos. *ze*).
2 MF 145.9–16. 2.4 *ersach* (3. Sg. Prät. Ind.) *sich er-sehen* stv. V ,sich im Anblick verlieren' (Subjekt ist *mîn lîp* 2.3), vgl. MOR 6; 4.3. 2.6 *gehêret* (Part.) *hêren* swv. ,hehr machen', ,verherrlichen'. 2.7 *versêret* (Part.) *ver-sêren* swv. ,verletzen', ,verwunden'.
3 MF 145.17–24. 3.6 *wîsheit* (Gen.) *unversunnen* (Part., adj.): Apposition zu *daz* (= *kint*). 3.7 *schaten* (Sg. Akk.) *schate* swm. ,Schatten', ,Abbild'. 3.8 *muose* (3. Sg. Prät. Ind.) *müezen* prpr.
4 MF 145.25–32. 4.1 *wîp* stn. hier wohl Plural; das Demonstrativpronomen *die* (4.2) ist fem. – auch diese Form kann Sg. und Plur. sein. 4.3 *guoten* (f. Sg. Akk.) schwach dekliniertes substantiviertes Adj. *ungewin* stm. ,Schaden', ,Unglück'. 4.5 *ende* stn. ,Ziel'. 4.8 *gerender wân* ,Begierde und (täuschende) Hoffnung'; der Sänger bekennt damit das Ende des „Minnesangs", ein Trauma, wovon die Bilder der drei ersten Strophen einen Eindruck zu vermitteln versuchen.

1 *Mir ist es gegangen wie einem kleinen Kind,*
das sein schönes Abbild in einem Spiegel erblickte
und griff hinein nach seinem eigenen Widerschein
so oft, bis es den Spiegel schließlich zerbrach.
Da wurde all seine Fröhlichkeit zu leidvoller Trauer.
So dachte auch ich, für immer froh zu sein,
wenn ich meine liebe Herrin sah,
von der mir neben Angenehmem auch viel Leid geschah.

2 *Minne, welche der Welt ihre Freude erhöht,*
seht, die brachte in der Gestalt eines Traumes meine Herrin
dorthin, wo mein Körper dem Schlaf ergeben war
und sich im Anblick seiner höchsten Wonne verlor.
Da sah ich ihre strahlenden Tugenden, ihr edles Leuchten,
schön und über alle anderen Frauen erhaben –
nur daß ein wenig verletzt war
ihr freudenbringendes rotes Mündlein.

3 *Große Angst hat mich ergriffen, davor*
daß ihr rotes Mündchen verbleichen würde.
Darum habe ich nun eine neue Klage begonnen,
da mein Herz sich solchem Kummer geöffnet hat
und ich durch mein Auge eine solche Qual sehe
wie ein Kind, das – unvernünftig genug –
sein Spiegelbild in einer Quelle entdeckte
und es minnen mußte bis zu seinem Tod.

4 *Erhabenere Frauen an Tugenden und Klugheit,*
die kann der Himmel nirgendwo umfangen
als die Gute, die ich zu meinem Schaden
meiden und immer doch an ihr festhalten muß.
O weh, Leid, ich glaubte ja, damit am Ziel zu sein,
in ihrer freudebringenden, edlen Minne.
Nun bin ich aber nicht einmal am Anfang.
Darum ist meine Freude dahin – und sogar meine täuschende Hoffnung und Begierde danach.

Über die Minne

Die höfischen Dichter des europäischen Hochmittelalters „singen von Minne". Will man das in unsere Sprache übersetzen, so muß man wohl sagen, sie verfassen Liebeslyrik. Zwar kann man nicht voraussetzen, daß mit den Begriffen ‚Minne' und ‚Liebe' dasselbe gemeint sei, aber als Brükke zur ‚Minne' kann man die ‚Liebe' doch wohl benutzen. Es sieht ja so aus, als wäre ein großer Teil des Minnesangs der Ausdruck eines individuellen Gefühls, das wir (ein wenig herablassend) Liebeskummer nennen. Aber auch die gegenseitige, sexuell erfüllte Liebe erscheint (wie in Morungens Tagelied MOR 6) in Trauer gehüllt, während die notwendige Vergeblichkeit des klassischen Minneverhältnisses über die permanent erhaltene Illusion hinaus ausdrücklich bloß die Sublimierung propagiert (wie in Johannsdorfs Dialoglied oder in der Wendung zu Gott bei Hausen und Hartmann). Je konstanter uns die Liebe als anthropologische Gegebenheit erscheint, umso schwerer können wir uns ihren historischen Wandel vorstellen, umso leichtfertiger sind wir geneigt, in allen uns fremden Formen des Eros und der Sexualität nur Fratze und Perversion zu erkennen. Insbesondere das Verhältnis von Privatheit und Gesellschaftlichkeit der Liebe ist für uns problematisch, weil sie im Übergang vom feudalen zum bürgerlichen Weltbild der Kristallisationspunkt des Individuums geworden ist. Gerade anläßlich von Morungen scheint es notwendig, die Minne am Kreuzungspunkt verschiedener Begriffs- und Erlebniswelten aufzusuchen, die uns nicht mehr alle gleich selbstverständlich sind: Die Minne ist Ausdruck künstlerischer Kreativität und Selbstdarstellung als Lyrik, sie ist aber auch Ausdruck einer gesellschaftlichen Ideologie, welche den Eros in den Dienst der Erhaltung von Herrschaftsformen nimmt, sie ist dessenungeachtet auch immer Ausdruck eines Begehrens, dem Gegenseitigkeit um so wesentlicher wird, je weniger sie gegeben ist.

Denis de Rougemont hat in seinem berühmten Buch *Die Liebe und das Abendland* hervorgehoben, wie wenig privat das Kulturphänomen der abendländischen Liebesleidenschaft ist, indem er sie stringent mit den Phänomenen Nation und Krieg in einen unausweichlichen Zusammenhang bringt. Hugo Kuhn dringt in seinem Aufsatz *Determinanten der Minne* am weitesten in den Kern der Minne als Kunst vor; Gert Kaiser zeigt Morungen (in seiner Gegenüberstellung zu Neidhart von Reuental: *Narzißmotiv und Spiegelraub*) als den beunruhigten Dichter des Minnesangs und dessen ganzer Kultur. Diese Ansätze zur Reflexion über den allgemeinsten Inhalt der Minnelyrik werfen so viele unerledigte und tiefgründige Fragen auf, daß man sich des Eindrucks nicht erwehren kann, die Verächter der höfischen Lyrik hätten sich vor deren Abgründen gefürchtet, als sie den Mangel an Originalität, die bloße Konvention und den kalten Verstand daran tadelten.

Denis de Rougemont: Die Liebe und das Abendland (1939)[42]

Die höfische Liebe ähnelt der noch keuschen, aber um so brennenderen Liebe der ersten Jugend. Sie ähnelt weiter der von den arabischen Dichtern besungenen Liebe, die größtenteils homosexuell waren, wie ebenfalls mehrere Troubadoure es waren. Sie findet in Worten Ausdruck, die von fast allen großen Mystikern des Abendlandes wieder aufgenommen werden. Bisweilen mutet sie uns wie sophistische Albernheiten im Geschmack der kleinen Höfe des Mittelalters an. Sie kann nichts weiter als ein Phantasiegebilde sein und viele weigern sich, in ihr etwas anderes als Wortfechterei zu sehen. Sie kann auch exakte Realitäten wiedergeben, die aber nichtsdestoweniger doppeldeutig sind und einer gewissen erotisch-mystischen Lehre entstammen, deren Rezepte Indien, China und der Vordere Orient gekannt haben. All das scheint mir wahrscheinlich, all das kann im mehrfachen Sinn des Wortes und gleichzeitig wie auch auf verschiedene Weise „wahr" sein. All das verhilft uns dazu, die höfische Liebe besser zu verstehen, wenn schon nichts genügt, sie zu „erklären".

[. . .] Die höfische Liebe ist im zwölften Jahrhundert inmitten einer Revolution der abendländischen Psyche entstanden. Sie ist aus derselben Bewegung hervorgegangen, die das Weibliche Prinzip der shakti, den Kult der Frau, der Mutter und der Jungfrau in das Halbdämmern des Bewußtseins und des lyrischen Seelenausdrucks aufsteigen ließ. Sie nimmt teil an jener Epiphanie der Anima, die in meinen Augen die Rückkehr eines symbolischen Morgenlandes im abendländischen Menschen darstellt. Sie wird uns verständlich durch gewisse historische Marksteine: Durch ihre Verbindung mit der zur gleichen Zeit entstandenen Häresie der Katharer und durch ihren versteckten oder offenen Gegensatz zur christlichen Eheauffassung. Sie wäre uns vollkommen gleichgültig, hätte sie nicht durch zahlreiche Wiedergeburten hindurch, deren Verlauf wir noch zu beschreiben haben, in unserem Leben ein geheimes, stets wieder neues Gift hinterlassen.

Hugo Kuhn: Determinanten der Minne[43]

Ein anthropologisches Modell der hohen Minne könnte ich mir wie folgt vorstellen. Die in der Männer-Welt des Mittelalters vor dem Hintergrund realer Herrschafts-Privilegien ‚artistisch' freigesetzte Sexualität macht zunächst den Mann zum Subjekt, die Frau zum Lust-Objekt. Aber gerade als freigestelltes Objekt gewinnt die Frau, als notwendige Partnerin, eine neue Subjektivität. Gerät nun dieses allgemeine Lustprinzip in den Bann der spezifisch mittelalterlichen Werte-Diskussion, indem es sich gezwungen sieht, die Kompetenz zur Legitimität freier Sexualprivilegien zu diskutieren, dann entwickelt es eine innerweltliche Wert-Transzendenz mit geradezu asketischen Zügen, analog zur jetzt auch innerweltlich gesuchten religiösen Wert- und Lust-Transzendenz. Sie ermöglicht eine freie innerweltliche Selbstbestimmung des Mannes, des Laien, durch freie Unterwerfung unter die als Wert absolut gesetzte Subjektivität der Partnerin: die hohe, ferne, gefährliche und verlockende Minne. [. . .]

Der Minnesang huldigt dem Lust-Wertprinzip *frowe*, und zwar nicht als realem sozialen Rang (im Interaktionsmodell der Herrschaft), sondern als höchstem ‚artistischen' Wert-Prinzip (im Interaktionsmodell der Meisterschaft). [. . .]

Eine Soziologie dieser hohen Minne kann es schon darum nicht geben, weil es keinerlei Zeugnis über ihr gelebtes Leben gibt. [. . .] Jedenfalls gibt es Minnedienst nur als Minnesang. [. . .] Und die feudale Dienst-Terminologie der hohen Minne setzt, wie gesagt, gerade nicht sozialen Rang als Wert, sondern bestimmt umgekehrt den freien Wert, das irdische *summum bonum* der freien Lust, (auch) mit der nächstliegenden Feudal-Terminologie als Metapher.

[. . .] Die hohe Minne ist höfisch in ihren Institutionen, als formale Luxuskunst und inhaltliche Legitimations-Diskussion für die Höfe und an den Höfen der hochmittelalterlichen Laien-Aristokratie. Sie ist nicht höfisch als Gestalt oder ‚Bewußtsein', nicht eine ‚Standeskunst', sondern artistisch. [. . .] Die Thematik der hohen Minne ist feudal, wenn man will, feudalistisch, insofern sie die für solche Luxuskunst selbstverständlich nächstliegende aristokratische Feudal-Terminologie weitgehend verwendet. Sie ist nicht feudalistisch, insofern sie der Frau – rein artistisch! – die Transzendenz eines irdischen *summum bonum*, eines irdischen Heils verleiht im Rückgriff auf geradezu biologisch-anthropologische ‚Freiheiten': die jahreszeitliche Befreiung und die freie Sexualität.

Gert Kaiser: Narzißmotiv und Spiegelraub[44](zu MOR 7)

In der Einsicht von der Selbstbegegnung des Dichters im Bild der *vrouwe* liegt freilich eine weitere Konsequenz: daß nämlich das Motiv vom Spiegel zugleich eine poetologische Chiffre ist. Minne hat – so sagt es der Text in Strophe 1 und 2 – dem Dichter die *vrouwe* vor Augen gebracht, und es ist dies wie ein Blick in den Spiegel – und das heißt: er ist sich selber im Medium der Minne begegnet. Der Spiegel ist Metapher der Minne als Medium der Selbstreflexion. Im Narzißmotiv wird die reflexive Struktur des Minnesangs thematisiert, wird das Wesen des Minnesangs auch als Medium der Selbsterfahrung ins anschauliche Bild gehoben: Poesie über Poesie. [. . .]

Nur andeuten will ich, daß die Logik der verwendeten Bilder eine Möglichkeit der Selbsterfahrung im Leiden aufblitzen läßt, die zu den wichtigen Augenblicken in der Geschichte der Entdeckung des Individuums gehört. Für einen Moment scheint im Leiden des Narziß die Problematik des Dichters als zugespitzteste Form der Problematik des Individuums sichtbar zu werden – und bleibt doch auch wieder verdeckt in der schwierigen Chiffrierung. Und darin liegt vielleicht das Bedeutende dieses Liedes und im selben Maße seine historische Wahrheit. Wahrheit insofern als die Chiffrierung, die Verhüllung dieser Botschaft, eher dem Stand der historischen Verhältnisse entspricht. Denn diese Einsichten in die Möglichkeiten und Gefährdungen des Individuums, wie sie in ganz ähnlicher Weise in Gottfrieds ‚Tristan' erlebt werden, das sind offensichtlich keine Errungenschaften, die besessen werden und an denen weitergebaut wird. [. . .] So gibt es in der sozioökonomischen Entwicklung des 12. Jahrhunderts zweifellos Tendenzen, die einen solchen Entwurf des Individuums zulassen oder begünstigen, aber es gibt, aufs Ganze gesehen, überhaupt keine Voraussetzungen dafür, die eine Realisierung ermöglichten. Fast scheint es, als sei die tiefe Traurigkeit, die diese Konzepte von Individualität sei's im ‚Tristan', bei Morungen oder bei Reimar umgibt, auch Zeichen für ihre historische Unmöglichkeit, wenn nicht gar dauernde Vergeblichkeit. Freilich: das geht über den Rahmen hinaus, für den der Text Belege bereithält.

Die Minne als Anima-Erscheinung, als artistisches Wert-Prinzip, als Medium der Selbsterfahrung: diese Versuche, dem Phänomen beizukommen, sind für das Verständnis der Minnelyrik dann besonders fruchtbar, wenn man versucht, keinen davon aus den Augen zu verlieren. Mit der Frage nach dem eigentlichen Wesen der höfischen Liebe oder Minne haben aber bereits die Minnesänger selber eine Perspektive vorgegeben, die eine scholastische (wissenschaftliche) Reduktion auf Belege bedeutet; was immer aber die Minne wesentlich sein mag, so ist sie doch nicht ein Etwas, sondern ein Prozeß, wenn es denn stimmt, daß es Minnedienst nur als Minnesang gibt, wie Hugo Kuhn schreibt. Dieser Aspekt ist sowohl für die Minne als auch für das Sänger-Ich als auch für die Erscheinungsform der Lyrik grundsätzlich wichtig, postuliert doch jedes Minnelied die Fortsetzung oder doch immer wieder neue Auslösung des Prozesses. Dieser selbst ist nicht so einspurig, wie das Schema vom werbenden Sänger glauben machen möchte, führen doch viele Lieder entweder bewußt experimentierend und herausfordernd oder widerwillig und leidend auf Abwege, die nicht so leicht wieder in Konvention münden. Das ist nicht nur bei Morungen, bei ihm aber besonders deutlich, weil er die Zügel seiner schöpferischen Kraft immer wieder schießen läßt, auch und gerade wenn er ‚imitiert'. Sein Narzißlied ist, mit Gert Kaiser zu sprechen, Poesie über Poesie, wenn man festhält, daß diese Poesie sowohl Kunst als auch gesellschaftliche Gewalt als auch Eros repräsentiert. Sie hat die mysteriöse Eigenschaft, im Erklingen die Vergänglichkeit, das melodische Dahinschwinden selbst zu sein. Sie weckt so, ganz unchristlich, die Sehnsucht nach dem erfüllten Augenblick, indem sie ihn, selbst vergehend, nur als erhofft, vergangen oder gar auf ewig vorenthalten imaginiert.

VI. Reinmar

Reinmar der Alte (im Unterschied zu einem jüngeren Spruchdichter Reinmar von Zweter) dichtete am Hof der Babenberger Herzöge von Österreich seit den 1180er Jahren bis gegen 1210. Seine ‚Witwenklage' (REI 2) betrauert den Tod Leopolds V. am 31.12. 1194, mit dem er wohl am 3. Kreuzzug 1190 teilgenommen hatte. Da Gottfried von Straßburg gewiß an Reinmar dachte, als er, ohne seinen Namen zu nennen, die verstorbene „Nachtigall von Hagenau" pries (Vers 4779 des Tristan), hat man angenommen, Reinmar stamme aus dem Elsaß und gehöre der Ministerialenfamilie der dortigen staufischen Pfalz an. Wahrscheinlicher ist, daß er jenem freiherrlichen Geschlecht von Hagenau angehört, das einen Passauer Bischof Reginbert stellte (1138 – vielleicht auch schon dessen Vorgänger Reginmar) und im Umkreis des österreichischen Herzogshofes eine wichtige Rolle spielte. Die vieldiskutierte „Fehde", d. h. der Dichterstreit, zwischen Reinmar und dem jüngeren Walther von der Vogelweide beruht sicher auch auf dem sozialen Motiv: Während Reinmar als freiherrlich-ritterlicher Freund der Kunst sein Dichten als Berufung im Dienste der höfischen Gesellschaft ohne Honorarforderungen ausüben kann, muß der „Fahrende" Walther einen Brotberuf daraus machen. Reinmars Lyrik entwickelt, besonders in seinen zahlreichen und eigenwilligen Frauenliedern, die donauländische Tradition des Minnesangs weiter, wie auch Albrecht von Johannsdorf im gleichen geographischen Raum.[45]

I

1 „Lieber bote, nu wirp alsô,
sich in schierẹ und sagẹ ime daz:
vert er wol und ist er vrô,
ich lebẹ iemer deste baz.
Sagẹ ime durch den willen mîn,
daz er iemer solhes iht getuo,
dâ von wir gescheiden sîn.

REI 1: MF 178.1–179.2 (1, 5, 3 b; 1, 5, 3, 4 C; 1, 2, 4, 5, 6 E; 1, 2, 4, 6, 5 m).

1 MF 178.1–7. 1.1 *wirp* (2. Sg. Imp.) *werben* stv. III. 1.2 *sich* (2. Sg. Imp.) *sehen* stv. V. 1.3 *vert* (3. Sg. Präs. Ind.) *varn* stv. VI. 1.4 *deste* adv. (< ahd. *des diu,* Pron. Sg. Gen. + Instrum.) ‚desto'. 1.6 *iemer ... iht:* zu verstehen ist *niemer.* 1.7 *gescheiden* (Part.) *scheiden* stv. VII. *sîn* (1. Plur. Präs. Opt.).

2 Vrâgẹ er, wie ich mich gehabe,
gich, daz ich mit vröuden lebe.
Swâ du mügest, dâ leit in abe,
daz er mich der rede begebe.
Ich bin im von herzen holt
und saehẹ in gerner dennẹ den liehten tac:
daz aber dû verswîgen solt.

3 Ê daz du iemer ime verjehest,
daz ịch ime holdez herze trage,
sô sich, daz dû alrêst besehest,
und vernim, waz ich dir sage:
Mein er wol mit triuwen mich,
swaz ime danne muge zer vröiden komen,
daz mîn êre sî, daz sprich.

4 Sprechẹ er, daz er welle her,
– daz ich's iemer lône dir –
sô bit in, daz er's verber
die rede, die'r jungest sprach zuo mir,
ê daz ich in an gesehe.
Wê, wes wil er dâ mit beswaeren mich,
daz niemer doch an mir geschehe?

5 Des er gert, daz ist der tôt
und verderbet manigen lîp;
bleich und eteswenne rôt,
alse verwet ez diu wîp.
Minne heizent ez die man
unde mohte baz unminne sîn.
Wê ime, der's alrêst began.

---

2 MF 178.8–14. 2.1 *Vrâge* (3. Sg. Präs. Opt., als Einleitung eines Konditionalsatzes, vgl. *meine* 3.5 und *spreche* 4.1). 2.2 *gich* (2. Sg. Imp.) *jehen* stv. V (Dissimilation *ji-* > *gi-*). 2.4 *begebe* (3. Sg. Präs. Opt.) *be-geben* stv. V (+ Akk. der Person, Gen. der Sache) ‚von etwas ablassen', ‚entziehen'. 2.6 *gerner* adv. Komparativ (zu *gerne* adv.). 2.7 *solt* (2. Sg. Präs. Ind.).

3 MF 178.15–21. 3.1 *verjehest* (2. Sg. Präs. Opt.) *ver-jehen* stv. V ‚sagen', ‚gestehen'. 3.3 *sich* vgl. 1.2. 3.5 *mein(e)* (3. Sg. Präs. Opt.) *meinen* swv. ‚meinen', ‚denken', ‚lieben'. 3.6 *zer* < *ze der, ze einer.* 3.5–7 Satzbau: Konditionalgefüge, Anakoluth (der Konditionalsatz von 3.5 wird nicht fortgeführt).

4 MF 178.22–28. 4.4 *er's verber die rede: es* (n. Sg. Gen.) Personalpron. ‚diesbezüglich'. *ver-bern* stv. IV ‚unterlassen'.

5 MF 178.29–35. 5.1 *gert* (3. Sg. Präs. Ind.) *gern* swv. ‚begehren'. 5.7 *der's* (n. Sg. Gen.) Personalpronomen, Gen. abhängig von beginnen, ‚damit'.

6 Daz ich alsô vil dâ von
geredete, daz ist mir leit,
wandẹ ich was vil ungewon
sô getâner arebeit,
als ich tougenlîchen trage –
du ensolt im niemer nicht verjehen
alles, des ich dir gesage."

1 *„Lieber Bote, richte es folgendermaßen aus:*
Suche ihn bald auf und sage ihm dies:
Geht es ihm gut und ist er froh,
so geht es mir auch umso besser.
Sage ihm um meinetwillen,
daß er niemals etwas tun soll,
wodurch wir getrennt werden.

2 *Fragt er, wie es mir geht,*
sag' ihm, daß ich glücklich bin.
Wo immer du kannst, halt ihn davon ab,
die Beziehung zu mir abzubrechen.
Ich bin ihm von Herzen zugetan
und würde ihn lieber sehen als das Tageslicht:
doch das sollst du verschweigen.

3 *Ehe du ihm jemals offenbarst,*
daß ich für ihn ein geneigtes Herz habe,
schau, daß du ihn vorher genau prüfst
und hör, was ich dir sage:
Liebt er mich wirklich mit Treue,
– was ihm dann eine Freude bereiten könnte
und meiner Ehre dient, das magst du sagen.

4 *Sagt er, daß er herkommen wolle*
– o könnte ich dir's je vergelten –
so bitte ihn, daß er auf jene
Forderungen verzichte, die er jüngst an mich stellte,
ehe ich ihn wieder ansehe.
Wehe, wozu will er mich mit etwas belasten,
das doch nie mit mir geschehen kann!

---

6 MF 178.36–179.2. 6.2 *geredete* (1. Sg. Prät. Ind./Opt.) *ge-reden* swv.; das Präfix *ge-* hat perfektive Bedeutung, vgl. *ge-sage* 6.7. 6.3 *wande* kausale Konj.
Versbau: 4a 4b 4a 4b 4c 5d 4c. Auftakte sind so selten, daß man annehmen kann, sie stammten nicht von Reinmar.

5 *Was er begehrt, das ist der Tod*
und bringt manchen in Lebensgefahr.
Bleich und dann wieder rot,
so färbt es die Frauen.
Minne nennen es die Männer
und sollte doch besser Unminne heißen.
Weh ihm, der damit erst einmal angefangen hat!

6 *Daß ich so viel darüber*
gesagt habe, das ist mir unangenehm,
denn ich war ja nicht gewöhnt
an solcherart Unannehmlichkeit,
wie ich sie heimlich erleide.
Du darfst ihm auf keinen Fall alles das eröffnen,
was ich dir gesagt habe!“

2

1 „Si jehent, der sumer, der sî hie,
diu wunne, diu sî komen,
und daz ich mich wol gehabẹ als ê.
Nu râtent unde sprechent wie.
Der tôt hât mir benomen,
daz ich niemer überwinde mê.
Waz bedarf ich wunneclîcher zît,
sît aller vröiden hêrre Liutpolt in der erde lît,
den ich nie tac getrûren sach?
Ez hât diu welt an ime verlorn,
daz ir an manne nie
sô jâmerlîcher schade geschach.

2 Mir armen wîbe was ze wol,
swennẹ ich gedâhtẹ an in,
wie mîn heil an sîme lîbe lac.
Sît ich des nû niht haben sol,
sô gât mit jâmer hin,
swaz ich iemer nû geleben mac.

REI 2: MF 167.31–168.29 (2, 3 a; 1, 2 bC).
1 MF 167.31–168.5. 1.4 *râtent, sprechent* = *râtet, sprechet* (2. Plur. Imp.). 1.10–12 leichter Anakoluth, eigentlich ‚so viel verloren, daß . . .‘
2 MF 168.6–17. 2.3 *lîbe* (Sg. Dat.) *lîp* stm. ‚Leib‘, ‚Leben‘. 2.9 *âne* adv., *âne sîn* ‚entbehren‘, ‚nicht haben‘. 2.10 *seite* = *sagete.* 2.11 *wiel* (3. Sg. Prät. Ind.) *wallen* stv. VII ‚fließen‘, ‚wallen‘.

Der spiegel mîner vröiden ist verlorn.
Den ich ûz al der welte mir ze trôste hâtẹ erkorn,
9 des muoz ich leider âne sîn.
Dô man mir seitẹ, er waere tôt,
dô wiel mir das bluot
12 von deme herzen ûf die sêle mîn.

3 Die vröide mir verboten hât
mîns lieben hêrren tôt,
3 alsô daz ịch ir mêr enberen sol.
Sît des nu niht mac werden rât,
i'n ringe mit der nôt,
6 daz mîn klagendez herzẹ ist jâmers vol,
diu in iemer weinet, daz bin ich;
wan er vil saelic man, jô trôstẹ er wol ze lebenne mich,
9 der ist nu hin; waz tohtẹ ich hie?
Wis ime gnaedic, hêrre got!
wan tugenthafter gast
12 kam in dîn gesinde nie."

1 *„Sie sagen, der Sommer sei da,*
die Freude sei ausgebrochen,
3 *und ich soll mich wohlfühlen wie vordem.*
Nun ratet mir und sagt mir, wie!
Der Tod hat mich beraubt,
6 *was ich niemals wieder überwinden kann.*
Was brauche ich die wonnigliche Jahreszeit,
da doch der Herr aller Freuden, Leopold, in der Erde liegt,
9 *er, den ich nicht einen Tag traurig gesehen habe.*
Es hat die Welt an ihm so viel verloren,
daß ihr nie an einem Mann
12 *so jammervoller Verlust entstand.*

3 MF 168.18–29. 3.3 *ir* (f. Sg. Gen.) Personalpronomen, bezieht sich auf *vröide* 3.1; Gen. des Vergleichs: ‚die Freude und mehr als sie (muß ich entbehren)'. 3.5 *i'n ringe:* konjunktionsloser Anschluß des Konzessivsatzes. 3.4–7 die Konstruktion ist syntaktisch nicht durchgehalten. 3.8 *trôste* (3. Sg. Prät. Ind.) *troesten* swv. *ze lebenne* (Gerundium, Dat. = deklinierter Infinitiv). 3.9 *tohte* = *töhte* (1. Sg. Prät. Opt.) *tugen* prpr. 3.10 *wis* (2. Sg. Imp.) *wesen* stv. V, *sîn* unrv. 3.11 *tugenthafter (m. Sg. Nom. Komparativ) tugenthaft* adj.; *-erer* > *-er.*

2 *Mir armen Frau war gar zu wohl,*
wenn ich an ihn dachte,
wie mein Heil an seinem Leben hing.
Da ich dieses nun nicht haben werde,
so geht mit Jammer hin
alles, was ich jemals noch erleben kann.
Der Spiegel meiner Freude ist verloren.
Er, den ich unter allen mir als Trost auserwählt hatte,
auf ihn muß ich leider verzichten.
Als man mir mitteilte, er sei tot,
da wallte mir das Blut
aus dem Herzen über meine Seele hin.

3 *Freude hat mir verboten*
der Tod meines lieben Herrn,
so daß ich sie ganz entbehren muß.
Da hierfür nun keine Abhilfe geschaffen werden kann
und ich mit dieser Qual kämpfen muß,
so ist mein klagendes Herz voll Jammer:
die ihn für immer beweinen wird, das bin ich.
Ja er, der glückbegabte Mann, er gab mir Kraft zu leben
und ist nun dahin; wozu tauge ich noch hier?
Sei ihm gnädig, Herr Gott,
denn ein tugendhafterer Neuankömmling
wurde nie in deine Dienerschaft aufgenommen.

3

1 Ich wil allez gâhen
zuo der liebe, die ich hân.
Sô ist es niender nâhen,
daz sich ende noch mîn wân.
Doch versuochẹ ich ẹz alle tage
und gedienẹ ir sô, daz sị ânẹ ir danc
mit vröiden muoz erwenden kumber, den ich trage.

REI 3: MF 170.1–35 (3, 2 A; 1–5 bC; 3–5, 1, 2 E).

1 MF 170.1–7. 1.1 *allez* adv. ‚immer'. 1.3 *sô* adv. demonstrativ, auch adversativ ‚allerdings', ‚aber'. *niender* adv. ‚nirgends', oft (wie hier) eine verstärkte Verneinung. 1.5 *versuochen* swv. ‚heftig suchen', vgl. 2.5 ‚prüfen'. 1.6 *âne ir danc* (idiomatisch) ‚ohne ihren Willen, ihr Zutun'.

2 Mich betwanc ein maere,
daz ich von ir hôrte sagen,
wie sî ein vrouwe waere,
diu sich schône kunde tragen.
Daz versuochtẹ ich und ist wâr.
Ir kunde nie kein wîp geschaden –
daz ist wol kleine – sô grôz als umb ein hâr.

3 Swaz in allen landen
mir ze liebe mac beschehen,
daz stât in ir handen:
anders nieman wil ich's verjehen.
Si ist mîn ôsterlîcher tac,
und hân sị in mînem herzen liep:
daz weiz er wol, deme nieman niht geliegen mac.

4 Sî hât leider selten
mîne klagende rede vernomen.
Des muoz ich engelten,
nie kundẹ ich ir nâher komen.
Maniger zuo den vrouwen gât
und swîget allen einen tac
und anders niemen sînen willen reden lât.

5 Niemen im ẹz vervienge
z'einer grôzen missetât,
ob er dannen gienge,
dâ er niht ze tuonne hât;
spraechẹ als ein gewizzen man:
„Gebietet ir an mîne stat!" –
daz waerẹ ein zuht und stüendẹ im lobelîchen an.

---

2 MF 170.8–14. 2.6–7 *geschaden* swv. ‚(an Ruhm und Ehre) übertreffen'.
3 MF 170.15–21. 3.3 *handen* (Plur. Dat., archaisch) *hant* stf. 3.4 *ver-jehen* stv. ‚zugestehen'; metrisch besser: *jehen.* 3.5 *ôsterlîcher tac* ‚Auferstehungstag' (der den Menschen die ewige Seligkeit geschenkt hat). 3.7 *er* = Gott. *ge-liegen* stv. II ‚lügen'.
4 MF 170.22–28. 4.1 *selten* adv., hier wohl ironisch = ‚nie'. 4.3 *en-gelten* stv. III ‚bezahlen', ‚erstatten'.
5 MF 170.29–35. 5.1 *vervienge* (3. Sg. Prät. Opt.) *ver-vân* stv. VII ‚fassen', ‚beurteilen'. 5.4 *ze tuonne* (Gerundium, Dat.) *tuon* unrv. 5.5 *gewizzen* (Part.) *wîzen* stv. I; als Adjektiv hier ‚einsichtig'.
Reinmar scheint hier ein Lied Walthers von der Vogelweide bzw. diesen selbst anzugreifen, indem er ihn seine soziale Unterlegenheit fühlen läßt. Walther hatte, in der Tradition des klassischen Minnesängers, diese Strophe gedichtet:

1 *Ich will immer nur eilen*
zu der Liebe, die ich habe.
Allerdings ist es keineswegs nahe,
daß meine Hoffnung an ihr Ziel gelangt.
Doch nehme ich es alle Tage von neuem auf
und diene ihr so, daß sie auch ohne es zu wollen
durch Freude meinen Kummer vertreiben muß, den ich leide.

2 *Mich hat überwältigt,*
was ich über sie erzählen hörte,
wie sie nämlich eine Dame wäre,
die ganz wundervoll aufträte.
Ich vergewisserte mich, und es ist wahr.
Ihr kann keine andere Frau Abbruch tun,
jedenfalls nicht mehr als um Haaresbreite!

3 *Was irgend in der Welt*
zu meinem Wohl geschehen kann,
das liegt in ihrer Hand.
Keinem sonst traue ich es zu.
Sie ist mein Ostertag,
ich habe sie im Herzen lieb.
Das weiß er wohl, jener, dem niemand etwas vorlügen kann.

4 *Sie hat leider nie*
meine Klagerede angehört.
Dafür muß ich büßen,
niemals konnte ich ihr näher kommen.
So manch einer geht zu den Damen
und schweigt den ganzen Tag lang
und läßt niemanden sonst sein Anliegen aussprechen.

Als ich under wîlen z'ir gesitze, / sô sî mich mit ir reden lât, / sô benimt sie mir sô gar die witze, / daz mir der lîp al umme gât. / Swenne ich iezuo wunder rede kan, / gesihet sî mich einest an, / sô hân ich ez vergezzen, / waz wolde ich dar gesezzen.
Peter Wapnewski übersetzt: *Sobald ich gelegentlich bei ihr Platz nehme / – wenn nämlich sie mir Audienz gewährt –, / dann nimmt sie mir so total die Besinnung, / daß sich mir alles dreht. / Wenn ich soeben noch die schönsten Worte parat hatte – / sieht sie mich nur einmal an: / dann hab ich alles vergessen, / was ich vorhatte, als ich mich zu ihr setzte.* / (L. 115.22–29; Maurer Nr. 33, Strophe 3; Wapnewski Nr. 3, Strophe 3)

5 *Keiner würde ihm das als*
Ungehörigkeit auslegen,
wenn er davonginge,
wo er nichts zu tun hat,
und spräche wie ein verständiger Mann:
„Nehmt doch meine Stelle ein!" –
das wäre gutes Benehmen und würde ihm wohl anstehen!

4

1 Swaz ich nu niuwer maere sage,
des endarf mich nieman vrâgen: ich enbin niht vrô.
Die vriunt verdriuzet mîner klage,
des man ze vil gehoeret, dem ist allem sô.
Nû hân ich beidiu, schaden unde spot.
Waz mir doch leides unverdienet, daz bedenke got,
und âne schult geschiht!
Ich engelige herzeliebe bî,
sône hât an mîner vröude nieman niht.

2 Die hôchgemuoten zîhent mich,
ich minne niht sô sêrẹ, als ich gebârẹ, ein wîp.
Sie liegent und unêrent sich:
si was mir ie gelîcher mâze sô der lîp.
Nie getrôste sî darunder mir den muot.
Der ungenâden muoz ich, unde des sie mir noch tuot,
erbeiten, als ich mac.

REI 4: MF 165.10–166.15 (1, 3, 2, 4 A; 1–4 BC; 1–5 E).
1 MF 165.10–18. 1.3 *vriunt* (Plur. Akk.) stm.; diese endungslose Form ist altertümlich (sonst meist *vriunde*). *verdriuzet* (3. Sg. Präs. Ind.) *verdriezen* stv. II. 1.4 *dem ist allem sô:* idiomatischer Gebrauch des Dativs (der Relation), vgl. nhd. ‚dem ist (nicht) so'. 1.5 *beidiu* (n. Plur. Akk.) ‚beides' – obwohl *schaden unde spot* Maskulina sind; die Endung *-iu* bezieht sich also nicht auf die Substantive, sondern ist Plur. von *beidez.* 1.6 *daz bedenke got:* als Parenthese zwischen die adverbialen Bestimmungen *unverdienet* und *âne schult* eingeschaltet. 1.9 *vröide* ist ein Zustand, der nach Mitteilung verlangt bzw. gesellschaftlich dazu verpflichtet; der Sänger verweigert hier also der Gesellschaft die *vröide* (– aber natürlich nicht aus eigener Schuld!).
2 MF 165.19–27. 2.1 *zîhent* (3. Plur. Präs. Ind.) *zîhen* stv. I ‚zeihen', ‚beschuldigen'. 2.3 *liegent* (3. Plur. Präs. Ind.) *liegen* stv. II ‚lügen'. *unêrent sich* (3. Plur. Präs. Ind.) *sich un-êren* swv. ‚sich verunehren', ‚Schande auf sich laden'. 2.6 *der ungenâden:* Genitivobjekt mit einem zweiten Genitivobjekt *unde des si mir noch tuot* (mit Ellipse des Relativpronomens ‚dessen, was …'). 2.7 *erbeiten* swv. ‚warten'.

Mir ist eteswenne wol gewesen:
gewinnẹ aber ich nu niemer guoten tac?

3 Sô wol dir, wîp, wie rein ein nam!
Wie sanftẹ er doch z'erkennen und ze nennen ist!
Ez wart nie niht sô lobesam,
swâ dû'z an rehte güete kêrest, sô du bist.
Dîn lop mit rede nieman volenden kan.
Swes dû mit triuwen pfligest wol, der ist ein saelec man
und mac vil gerne leben.
Dû gîst al der welte hôhen muot:
maht ouch mir ein wênic vröide geben.

4 Zwei dinc hân ich mir vür geleit,
diu strîtent mit gedanken in dem herzen mîn:
ob ich ir hôhen wirdekeit
mit mînem willen wolte lâzen minre sîn,
odẹr ob ich daz welle, daz si groezer sî,
und sî vil saelic wîp stê mîn und aller manne vrî.
Siu tuont mir beide wê:
ich wirdẹ ir lasters niemer vrô;
vergêt siu mich, daz klagẹ ich iemer mê.

5 Ob ich nu tuon und hân getân,
daz ich von rehte in ir hulden solte sîn,
und sî vor aller werlde hân,
waz mac mich des, vergizzet sî darunder mîn?
Swer nu giht, daz ich ze spotte künne klagen,
der lâze im mîne rede beide singen unde sagen
[...]
unde merke, wâ ịch ie sprechẹ ein wort,
ez'n ligẹ, ê i'z gespreche, herzen bî.

---

3 MF 165.28–36. 3.4 *dû* Personalpronomen, bezieht sich grammatisch noch auf *wîp* als *name,* also auf das Wort Frau. Aber es ist klar, daß dieses Pronomen auf die Person Frau und in 3.8–9 sogar auf die eine verehrte Frau bezogen werden kann und soll.

4 MF 165.37–166.6. 4.1 *geleit* = *geleget, legen* swv. 4.4 *minre* Komparativ zu *wênic* adj. ‚gering', ‚niedrig'. 4.6 *stê* (3. Sg. Präs. Opt. abhängig von *welle* 4.5) *stân, stên* unrv., *vrî stên* ‚frei sein von'. 4.9 *vergêt* (3. Sg. Präs. Ind.) *ver-gên* unrv. ‚übergehen', ‚vorbeigehen'.

5 MF 166.7–15. 5.5 *spot* stm. auch ‚Spaß', ‚Scherz'. 5.6 *rede* stf.: gemeint ist der Inhalt des Singens und Sprechens. 5.8–9 Anakoluth; der Konditionalsatz müßte negativ eingeführt werden: ‚Ich sage kein Wort, es liege denn in meinem Herzen' (vielleicht ist der fehlende Vers 7 für diese Formulierung verantwortlich).

1 Was ich an neuen Nachrichten zu bringen habe,
danach soll mich niemand fragen: ich bin ja nicht froh.
Die Freunde verdrießt meine Klage;
wovon man zu viel hört, damit geht es nun einmal so.
Jetzt habe ich den Schaden und den Spott dazu.
Was mir an unverdientem Leid – bedenke's Gott –
und ohne Grund geschieht!
Wenn ich nicht herzlicher Liebe obliegen kann,
dann hat nie wieder jemand teil an meiner Freude.

2 Die Glücklichen werfen mir vor,
daß ich jene Frau gar nicht so tief liebe, wie ich vorgebe.
Sie lügen und machen sich selber Schande.
Sie war für mich immer gerade wie mein eigenes Leben.
Doch niemals hat sie mir dabei die Seele getröstet.
Ihrer Zurückweisung, und was sie mir sonst noch antut,
muß ich mich fügen, so gut ich kann.
Mir ist zuweilen wohl gewesen,
soll ich nun nie wieder einen guten Tag bekommen?

3 Wohl dir, Frau, welch reines Wort!
Wie sanft es zu hören und zu nennen ist.
Es hat nie etwas Löblicheres gegeben –
wenn du die wahre Güte erstrebst – als dich.
Dein Lob kann niemand zu Ende sprechen.
Wen du treulich behandelst, der ist ein glücklicher Mann
und hat Grund, sehr gern zu leben.
Du gibst aller Welt frohen Mut
und kannst doch auch mir ein wenig Freude geben!

4 Zwei Fragen habe ich mir gestellt,
die streiten mit Argumenten in meinem Herzen:
ob ich ihre hohe Würde
willentlich etwas geringer werden lassen wollte,
oder ob ich lieber wollte, daß sie noch größer werde,
aber sie dann, glückselige Frau, ohne mich und alle Männer lebe.
Beides tut mir weh;
über ihre Erniedrigung komme ich nicht hinweg –
und übergeht sie mich, dann habe ich es für immer zu beklagen.

Walther von der Vogelweide spielt auf dieses Lied an: vgl. WAL 3 und WAL 12; vgl. auch den Kommentar zu WAL 3 (S. 203 ff.).

5 *Wenn ich nun auch tue und getan habe,*
wofür ich rechtens ihre Gunst haben sollte,
und sie lieber habe als alle Welt,
was habe ich davon, wenn sie mich währenddessen vergißt?
Wenn nun einer sagt, daß ich wohl nur zum Spaß klage,
der lasse sich meine Klage-Rede vorsingen und vorsprechen
[...]
und prüfe, wenn immer ich ein Wort sage,
daß es, ehe ich's ausspreche, in meinem Herzen liegt.

5

1 Ein wîser man sol niht ze vil
versuochen noch gezîhen, dêst mîn rât,
von der er sich niht scheiden wil,
und er der wâren schuldẹ ouch keine hât.
Swer wil al der welte lüge an ein ende komen,
der hât im âne nôt ein herzelîchez leit genomen.
Wan sol boeser rede gedagen;
vrâgẹ ouch nieman lange des,
daz er ungerne hoere sagen.

2 Si jehent, daz staete sî ein tugent,
der anderen vrowen, sô wol im, der si habe!
Si hât mir vröidẹ in mîner jugent
gebrochen mit ir schoenen zühten abe,
des ich unz an mînen tôt niemer sî gelobe.
Ich sihe wol, swer nû vert wüetendẹ, als er tobe,
daz den diu wîp sô minnent ê
dannẹ einen man, der des niht kan.
Ich ensprach in nie sô nâhe mê.

REI 5: MF 162.7–163.22 (1, 3, 2 A; 6, 1, 2 b; 6, 3, 1, 2, 5, 4 C; 1–6 E; 3 i).
1 MF 162.7–15. 1.2 *Versuochen* swv. ‚auf die Probe stellen'. *gezîhen* stv. I ‚beschuldigen'. 1.3 *von der:* das Korrelativ (‚sie') fehlt. 1.4 *der wâren schulde* (Sg. oder Plur. Gen.) *schult* stf. 1.5 *lüge* stf. (Sg. Gen.); *der welte* ist Attribut zu *lüge.* 1.7 *wan:* Nebenform zu *man. gedagen* swv. + Gen. ‚verschweigen'. 1.8 *vrâge* (3. Sg. Präs. Opt.) + Gen. (*des*). Nhd. müßte ein Subjekt ‚es' stehen. 1.9 *hoere* (3. Sg. Präs. Opt. – Optativ im abhängigen Satz).
2 MF 162.25–33. 2.2 *si* (f. Sg. Akk.) Personalpronomen; es ist wohl *tugent* gemeint. 2.3 *si* (f. Sg. Nom.) Personalpronomen ‚sie' = die Dame, die Beständigkeit. 2.6 *vert* (3. Sg. Präs. Ind.) *varn* stv. VI; die Bedeutung kann sehr allgemein sein,

3 War umbe vüeget mir diu leit,
von der ich hôhe solte tragen den muot?
Jô wirb ich niht mit künde
noch dur versuochen, alsam vil meneger tuot.
Ich enwart nie rehte vrô, wan sô ich si sach.
Sô gie von herzen gar, swaz mîn munt wider sî gesprach.
Sol nû diu triuwe sîn verlorn,
sô endarf ez nieman wunder nemen,
hân ich underwîlen einen zorn.

4 Ez tuot ein leit nâch liebe wê;
sô tuot ouch lîhtẹ ein liep nâch leide wol.
Swer welle, daz er vrô bestê,
daz einẹ er dur daz ander lîden sol
mit bescheidenlîcher klage und gar ân arge site.
Zer weltẹ ist niht sô guot, daz ich ie gesach, sô guot gebite.
Swer die gedulteclîchen hât,
der kam des ie mit vröiden hin.
Alsô dingẹ ich, daz mîn noch werde rât.

5 Des einen und dekeines mê
wil ich ein meister sîn, die wîle ich lebe:
daz lop wil ich, daz mir bestê
und mir die kunst diu werlt gemeine gebe,
daz nieman sîn leit alsô schône kan getragen.
Daz begêt ein wîp an mir, daz ich naht noch tac niht kan gedagen.
Nû hân eht ich sô senften muot,
daz ich ir haz ze vröiden nime.
Owê, wie rehtẹ unsanftẹ ez mir doch tuot!

---

wie hier etwa ‚leben'. *wüetende* (Part. des Präsens). 2.8 *kan* (3. Sg. Präs. Ind.) *kunnen* prpr. ‚wissen', ‚können'. 2.9 *in* (Plur. Dat.); gemeint sind wohl die Frauen (*wîp* 2.7). *nâhe sprechen:* wie ‚nahetreten'.

3 MF 162.16–24. 3.1 *diu* (f. Sg. Nom.) Demonstrativpronomen ‚diejenige'. 3.3 *wirb* = *wirbe* (1. Sg. Präs. Ind.) *werben* stv. III. 3.6 *gie* (3. Sg. Prät. Ind.) *gân* stv. VII ‚gehen'.

4 MF 162.34–163.4. 4.1 *leit* stn. ‚Leid', ‚etwas, das weh tut'. *liebe* (Sg. Dat.) *liep* stn. ‚etwas, das lieb, angenehm ist'. 4.6 *zer* = *ze der welte. sô . . . sô* ‚so . . . wie'. *gebite* stf. ‚Warten'. *guot* (f. Sg. Nom.) adj., flexionslos (zu *gebite*). 4.8 *des* (n. Sg. Gen.) Demonstrativpron. ‚damit', ‚diesbezüglich'. 4.9 dinge (1. Sg. Präs. Ind.) *dingen* swv. ‚hoffen'.

5 MF 163.5–13. 5.3 *bestê* (3. Sg. Präs. Opt.) *bestên* unrv. ‚bleiben', ‚bestehen'. 5.4 *die kunst* (Sg. Akk.) stf. *gemeine geben* ‚allgemein zusprechen', ‚anerkennen'. 5.7 *eht* adv. ‚allerdings', ‚nun'.

6 Ich weiz den wec nu lange wol,
der von der liebe gât unz an daz leit.
Der ander, der mich wîsen sol
ûz leidẹ in liep, der ịst mir noch unbereit.
Daz mir von gedanken ist alsẹ unmâzen wê,
des überhoerẹ ich vil und tuon, als ich des niht verstê.
Gît minne niuwan ungemach,
sô müeze minnẹ unsaelic sîn.
Die selben ich noch ie in bleicher varwe sach.

1 *Ein kluger Mann soll nicht zu viel*
Beobachtungen und Vorwürfe machen – das ist mein Rat –
derjenigen, von der er sich nicht trennen will,
zumal wenn er keinen wirklichen Grund dafür hat.
Wer alle Verleumdungen in der Welt richtig stellen will,
der hat sich, ohne es zu müssen, großen Kummer aufgeladen.
Böse Rede soll man verschweigen;
auch soll niemand lange nach dem fragen,
was er ungern sagen hört.

2 *Sie sagen, Beständigkeit sei eine Tugend*
der anderen Damen; wohl ihm, der sie hat!
Sie hat mir das Glück meiner Jugend
mit ihrer allerdings schönen Sittsamkeit verdorben,
daß ich sie bis zu meinem Tod bestimmt nie wieder rühme.
Ich sehe ja, wenn einer sich heutzutage so gehen läßt, als wäre er toll,
daß den die Frauen um so eher lieben,
als einen Mann, der sich darauf nicht versteht.
So offen habe ich ihnen gegenüber noch nie gesprochen.

3 *Warum fügt gerade sie mir Leid zu,*
um deretwillen ich doch eigentlich frohen Herzens sein sollte?
Ich werbe ja nicht mit List
und auch nicht auf Probe, wie so mancher es tut.

---

6 MF 163.14–22. 6.2 *liebe* (Sg. Dat.) *liebe* stf. 6.4 *liep* (Sg. Akk.) stn. 6.7 *niuwan* adv. ‚nur'. 6.8 *müeze* (3. Sg. Präs. Opt.) *müezen* prpr. (zum Ausdruck des Wunsches). 6.9 *selben* (f. Sg. Akk.) substantiviertes Adj., schwach dekliniert.

Ich bin nie wirklich froh gewesen, außer wenn ich sie sah.
Es kam auch ganz von Herzen, was mein Mund ihr sagte.
Wenn nun die Treue umsonst gewesen sein soll,
dann soll es niemanden Wunder nehmen,
wenn ich indessen zornig werde.

4 *Es tut Leid nach Liebe weh;*
so tut aber doch auch gewiß Liebe nach Leid wohl.
Wenn einer schließlich glücklich werden will,
so muß er das eine um des andern willen ertragen,
mit angemessener Klage und ohne Ungehörigkeit.
In der ganzen Welt gibt es nichts Besseres – meiner Ansicht nach, als ruhiges Ausharren.
Wer das geduldig ertragen kann,
der ist noch immer in Freuden davongekommen.
So hoffe ich denn auch, daß mir noch einmal geholfen wird.

5 *In einem und in nichts anderem*
will ich ein Meister heißen, so lange ich lebe:
diesen Ruhm will ich haben und behalten,
daß mir alle Welt einstimmig jene Kunst zugesteht,
daß niemand sonst sein Leid auf so schöne Art zu tragen weiß.
Eine Frau ist daran schuld, daß ich es weder Nacht noch Tag verschweigen kann.
Allerdings habe ich ein so sanftes Herz,
daß ich auch ihren Haß noch in Glück ummünze.
Aber, ach, wie sehr es mich doch schmerzt!

6 *Ich kenne nun schon lange genug*
den Weg, der von der Liebe zum Leid führt.
Der andere, der mich vom Leid zur Liebe
führen soll, der ist mir noch nicht offen.
Daß mir vom bloßen Denken so viel Weh geschieht,
das überhöre ich und tue so, als ob ich's nicht merkte.
Gibt die Minne aber nur Beschwerden,
dann soll Minne verdammt sein.
Ich habe sie bisher immer nur mit bleichem Angesicht gesehen.

6

1 „Er hât ze lange mich gemiten,
den ich mit triuwen nie gemeit.
Von sîner schuldẹ ich hân erliten,
daz ich nie groezer nôt erleit.
Sô lebt mîn lîp nâch sînem lîbe.
Ich bin ein wîp, daz im von wîbe
sô liebe nie geschach, als im von mir geschaehe.
Mîn ougẹ in gerner nie gesach, dannẹ ich in hiute saehe.“

2 Mir ist vil liebe nû geschehen,
daz mir sô liebe nie geschach.
Sô gerne hân ich sî gesehen,
daz ich si gerner nie gesach.
Ich scheide ir muot von swachem muote.
Si ist sô guot, ich wil mit guote
ir lônen, ob ich kan, als ich doch gerne kunde.
Vil mêre vröiden ich ir gan, dan ich mir selben gunde.

1 *„Er hat mich gar zu lange gemieden,*
den ich aus Treue nie mied.
Seinetwegen habe ich so leiden müssen,
daß ich noch nie größeren Schmerz litt.
So lebt mein Leben seinem Leben nach.
Ich bin eine solche Frau, daß ihm von einer anderen
nie so viel Liebe entgegengebracht worden ist wie von mir.
Meine Augen haben ihn nie lieber gesehen, als sie ihn heute sehen würden.“

REI 6: MF 198.4–27 (1, 2 C).

1 MF 198.4–15. 1.1 *gemiten* (Part.) mîden stv. I. 1.3–4 und 6–7 komplizierte Konstruktionen – die Beziehungen wechseln. 1.5 *lîp* stm. ‚Körper‘, ‚Leben‘ (die Wahl des Wortes steht auch unter Reimzwang). 1.7 *geschaehe* (3. Sg. Prät. Opt.) *geschehen* stv. V, der Opt. steht in abhängigen Sätzen, hier auch aus Reimzwang, also: ‚geschah‘, ‚geschehen ist‘.

2 MF 198.16–27. 2.1 *liebe* stf. 2.2 *liebe* adv. 2.3 und 2.6 komplizierte Konstruktionen, parallel zu Strophe 1. 2.6 *mit guote: guot* stn. eigentlich ‚Bezahlung‘, der Sinn dürfte sein: ‚mit allem, was ich habe‘. 2.8 *gan* (1. Sg. Präs. Ind.) *gunnen* prpr. *gunde* (1. Sg. Prät. Opt.).

2 *Mir ist viel Liebe entgegengebracht worden,*
daß mir so etwas Liebes noch nie begegnet ist.
3 *So gerne habe ich sie gesehen,*
daß ich sie nie lieber sah.
Ich befreie ihre Seele von Mutlosigkeit.
6 *Sie ist so großzügig – ich werde ihr mit Großzügigkeit*
vergelten, wenn ich so kann, wie ich gern können möchte.
Viel mehr Freude gönne ich ihr, als ich mir selber gönnen würde.

7

1 „Âne swaerẹ ein vrouwẹ ich waere,
wan daz eine, daz sich sent
3 mîn gemüetẹ ûf sîne güete,
der ich mich wol hât gewent.
Sol ich lîden von im langez mîden,
6 daz müet mich wol sêre.
Ich sprich im niht mêre,
wan daz er mich siht, daz sint sîn êre.

2 Mîn geselle, swaz er welle,
daz muoz im an mir geschehen.
3 Man sô guoten, baz gemuoten
hân ich selten mê gesehen,
im gelîchen, noch sô gemellîchen,
6 bî dem vür die swaere
bezzer vröide waere:
iemer hôrtẹ ich gerne sîniu maere.

3 Mîn gedinge der'st geringe,
die wîl ich in lebendic hân.

REI 7: MF 199.25–201.11 (1–6 C E).
1 MF 199.25–35 (nach Maurers Vorschlag stehen im Text binnengereimte Vierheber in den Versen 1, 3 und 5, wo in MF jeweils 2 Verse angesetzt sind). 1.7 *sprich* = *spriche* (1. Sg. Präs. Ind.) *sprechen* stv. IV hier ‚fordern'.
2 MF 199.36–200.7. 2.3 *Man* stm. (Sg. Akk.) mit nachgestelltem Attribut, vgl. auch weiter *im gelîchen, gemellîchen* (‚fröhlich') in Vers 5. 2.5 *noch:* Negationspartikel, nimmt *selten* 2.4 wieder auf.
3 MF 200.8–18. 3.1 *gedinge* swm. ‚Hoffnung'. *geringe* adj. ‚behende', ‚schnell' (also nicht ‚klein').

Swer in êret undẹ im mêret
vröide, daz ist mir getân.
Swaz er wolte, daz ich lâzen solte,
daz könd ich vermîden.
Boeser liute nîden
wil ich im ze dienste gerne lîden.

4 Wol dem lîbe, der dem wîbe
selhe vröide machen kan.
Mîme heilẹ ich gar verteile,
mîdet mich der beste man.
Swes er phlaege, swenne er bî mir laege,
mit sô vrömden sachen
könd'er wol gemachen,
daz ich sîner schimphe müese lachen.

5 Ich waer staete, swaz er taete,
ob er doch gedaehte mîn.
Er schiet hinnen mit den minnen,
daz ich niht vergizze sîn.
Wîp mit güeten sol ir êre hüeten
schône z'allen zîten,
wider ir vriunt niht strîten,
alsô wil ich sîn mit êren bîten.

6 Zuo dem scheiden, daz uns beiden
manege vröide hât erwert,
gotes güete mir'n behüete,
swar er in der werlde vert.
Alsô schône man nâch wîbes lône
noch geranc nie mêre.
Daz ich sîner êre
weiz sô vil, daz ist mîn herzesêre."

---

4 MF 200.19–29. 4.1 *lîp* stm. umschreibend für ‚Mensch', ‚Mann'. 4.3 *verteilen* swv. ‚zum Unglück bestimmen', ‚verdammen'. 4.6 *vrömde* adj. ‚ungewohnt'. 4.8 *schimph* stm. ‚Scherz'.

5 MF 200.30–40. 5.3 *den minnen:* der Artikel hat eine demonstrative Nuance, ‚mit solcher Minne, daß . . .'. 5.8 *bîten* stv. I ‚warten' (+Gen. *sîn* ‚auf ihn').

6 MF 201.1–11. 6.1 *zuo* Präp. ‚im Hinblick auf'. 6.7–8 Bedeutung: Das Wissen um seine Qualitäten macht den Liebeskummer nur stärker. *herzesêre* stn. ‚Herzeleid', ‚Kummer'.

1 *„Ich könnte eine Frau ohne Sorgen sein,*
wenn nicht dies eine wäre, daß sich
meine Seele nach seiner Stärke sehnt,
an die ich mich so wohl gewöhnt hatte.
Soll ich nun von seiner Seite langes Ausbleiben ertragen,
das tut mir allerdings weh;
ich verlange von ihm doch weiter nichts,
als mich zu sehen, und das schuldet er doch auch seiner Ehre!

2 *Mein Freund – was er auch will,*
das soll er von mir bekommen.
Einen so guten, vernünftigen Mann
habe ich kaum mehr je gesehen,
der ihm gleich wäre, auch keinen so fröhlichen,
bei dem man gegen Kummer
besser Freude finden könnte:
immer hörte ich gern seine Reden.

3 *Meine Hoffnung ist kräftig,*
so lange ich ihn lebendig habe!
Wer ihn rühmt und sein Glück mehrt,
der tut es auch mir.
Was er auch wollte, daß ich es unterließe,
darauf könnte ich verzichten.
Schlechter Menschen Neid
will ich um seinetwillen gerne erleiden.

4 *Wohl ihm, der einer Frau*
solche Freude machen kann!
Mein Heil ist verloren,
wenn mich der beste Mann meidet.
Was er tat, wenn er bei mir lag,
mit solchen wunderbaren Dingen
würde er es wieder erreichen,
daß ich über seine Scherze lachen müßte!

5 *Ich würde treu sein, was immer er täte,*
wenn er nur an mich dächte.
Er schied hinweg mit solcher Liebe,
daß ich ihn nicht vergesse.
Eine Frau mit Charakter soll immer streng
auf ihre Ehre achten,
gegen ihren Freund nicht vorwurfsvoll sein –
so will ich auf ihn in Ehren warten.

6 *Während der Trennung, die uns beiden*
so manche Freude verwehrt hat,
möge Gott ihn mir behüten,
wo immer er in der Welt auch ist.
So wunderbar hat nie wieder ein Mann
um den Lohn einer Frau gekämpft.
Daß ich so viel von seiner Anziehungskraft kenne,
das ist mein Herzenskummer.“

8

1 Spraechẹ ich nu, daz mir wol gelungen waere,
sô verlürẹ ich beide sprechen unde singen.
Waz touc mir ein alsô verlogenz maere,
daz ich ruomde mich von alsô vremeden dingen?
Daz wil ich den hôchgemuoten lân,
den dâ wol geschiht; die nemen sich des an.
Ich klage iemer mînen alten kumber,
der mir iedoch sô niuwer ist,
den sî mir gap, dô sî mir vröide nan. Wê, ich vil tumber!

2 Wil diu vil guote, daz ich iemer singe
wol nâch vröiden, mac sî mich danne lêren
alsô, daz sî mir mîne nôt geringe.
Ân ir helfe triuwẹ ich niemer sî verkêren.
Mac si sprechen eht mit triuwen jâ,
als si ê sprach nein, sô wirt mîn wille dâ,
daz ich singe vrô mit hôhem muote.
Dâ bî sô ist diu sorge mîn,
daz man ze lange beitet, daz kumẹt niht wol ze guote.

REI 8: MF 189.5–190.2 (1–3 A; 1–4 C; 1 e).

1 MF 189.5–13. 1.2 *verlüre* (1. Sg. Prät. Opt.) *ver-liesen* stv. II ‚verlieren‘. 1.3 *touc* (3. Sg. Präs. Ind.) *tugen* prpr. ‚taugen‘, ‚nützen‘. *verlogenz* = *verlogenez.* 1.4 *ruomde* (1. Sg. Prät. Opt.) *rüemen* swv. 1.6 *nemen* (3. Sg. Präs. Opt.). 1.8 *niuwer* (Sg. Nom.) adj., auch prädikativ oft stark flektiert. 1.9 *nan* = *nam*

2 MF 189.14–22. 2.3 *geringe* (3. Sg. Präs. Opt.) *ge-ringen* swv. ‚leichter machen‘. 2.4 *ân* = *âne* Präp. ‚ohne‘. *ir* Possessivpron. bezieht sich auf *diu vil guote* 2.1. *triuwe* (1. Sg. Präs. Ind.) *triuwen, trûwen* swv. ‚sich getrauen‘. *sî* Personalpron. bezieht sich auf *nôt* 2.3. 2.5 *eht* adv. ‚nun‘. 2.9 *daz* Demonstrativpron. ‚das, worauf . . .‘

3 Ich bin niht tump mit alsô wîsem willen,
daz ich sô reine noch sô staete minne;
wan daz si sint vil lîhte ze stillen,
den dâ liep ânẹ leit geschiht, als ich es sinne.
Sô verlius ich niemer vröiden vil,
sît diu guote mich niht sanfte stillen wil.
Sol mîn dienest alsô sîn verswunden,
sô sîn doch gêret elliu wîp,
sît daz mich einiu mit gedanken vreut an manegen stunden.

4 Ez bringet mich in zwîvel eteswenne,
daz ich lônes bîtẹ in alsô langer mâze.
An der ich aber triuwẹ und êrẹ erkenne,
waenẹ ich des, daz mir diu ungelônet lâze,
sô geschaehẹ an mir, daz nie geschach.
Guot gedingẹ ûz lônes rehte nie gebrach.
Des habẹ ich hin z'ir hulden ie gedinget.
Ouch ist ez wol genâden wert,
swâ man nâch liebẹ in alsô lûterlîcher staete ringet.

1 *Würde ich nun sagen, ich hätte Erfolg gehabt,*
so wäre mein Sprechen und mein Singen gleichermaßen falsch.
Wozu nützt mir eine so verlogene Geschichte,
mich nie erfahrener Erlebnisse zu rühmen?
Das will ich den Glücklichen überlassen,
denen es wohl ergeht, die mögen sich damit befassen.
Ich klage immer noch meinen alten Kummer,
der für mich allerdings so neu wie je ist,
den sie mir gab, als sie mir die Freude nahm, o weh, ich Narr!

---

3 MF 189.23–31. 3.2 *reine* substantiviertes Adj. ‚reine Frau'. *staete* adv. 3.3 *wan daz* Konj. ‚denn' (logisch sehr locker gefügt). 3.5 Er kann keine Freude verlieren, weil er von der Dame nie welche bekommen hat. 3.7 *verswunden* (Part.) *ver-swinden* stv. III ‚unnütz verschwinden' (Nuance: ‚verschwendet werden'). 3.8 *sîn* (3. Plur. Präs. Opt.). *gêret* = *ge-êret*. *elliu* (n. Plur. Nom.) bezieht sich auf *wîp* stn., Plural. 3.9 *einiu* (f. Sg. Nom.). *mit gedanken:* nicht sie denkt, sondern er an sie.
4 MF 189.32–190.2. 4.1 *eteswenne* adv. ‚zuweilen'. 4.2 *bîte* (1. Sg. Präs. Opt.) *bîten* stv. I ‚warten'. 4.3 *an der:* vorausgenommenes Relativpronomen, bezieht sich auf das Demonstrativpronomen *diu* (f. Sg. Nom.) 4.4. *aber* adv. ‚wiederum'. 4.6 *gedinge* stn. ‚Hoffnung'. 4.9 *ringet* (3. Sg. Präs. Ind.) *ringen* stv. III ‚kämpfen', ‚ringen'.

2 *Wenn die Gute will, daß ich irgend wieder singe*
im Ton der Freude, dann muß sie mich so lehren,
daß sie mir meine Not erleichtert.
Ohne ihre Hilfe traue ich mir nicht zu, sie zu überwinden.
Wenn sie einmal treuherzig ja sagen kann,
Wie sie ehedem nein sagte, dann wird es sogleich mein Wille sein,
fröhlich mit frohem Herzen zu singen.
Hierbei ist meine Sorge, daß etwas,
was man zu lange hinauszieht, nicht recht gelingen möchte.

3 *Ich bin nicht unvernünftig bei meinem so weisen Willen,*
eine so feine Dame immer noch so treu zu verehren.
Denn jene sind freilich leicht zufriedenzustellen,
denen Liebe ohne Leid zustößt, wie ich es mir vorstelle.
Auf diese Weise werde ich nie viel Freude zu verlieren haben,
da ja die Gute mich nicht freundlich zufriedenstellen will.
Wenn mein Dienst denn auch so zunichte wird,
sollen doch alle Frauen dadurch geehrt werden,
weil eine mich viele Stunden lang erfreut, wenn ich an sie denke.

4 *Es bringt mich manchmal in Zweifel,*
daß ich so maßlos lange auf Lohn harre.
Sie, bei der ich wieder und wieder Treue und Ehre finde,
erwäge ich, daß sie mich unbelohnt lassen könnte,
so würde mir geschehen, was noch nie geschehen ist.
Zuversichtliche Hoffnung hat nie ihr Recht auf Lohn verloren,
darum habe ich immer auf ihre Huld gehofft.
Überdies ist es wohl der Gnade wert,
wenn jemand nach Liebe in so lauterer Treue strebt.

9

1 Niemen seneder suochẹ an mich deheinen rât:
ich mac mîn selbes leit erwenden niht.
Nu waenẹ ich, iemen groezer ungelücke hât,
und man mich doch sô vrô dar under siht.
Dâ merkent doch ein wunder an.
Ich soltẹ iu klagen die meisten nôt,
niuwen daz ich von wîben niht übel reden kan.

2 Spraechẹ ich nû, des ich si selten hân gewent,
dar an begiengẹ ich grôzẹ unstaetekeit.
Ich hân lange wîlẹ unsanfte mich gesent
und bin doch in der selben arebeit.
Bezzer ist ein herzesêr,
dannẹ ich von wîbe misserede.
Ich tuon sîn niht, si sint von allem rehte hêr.

3 In ist liep, daz man si staeteclîchen bite,
und tuot in doch sô wol, daz sî versagent.
Hei wie manigen muot und wunderlîche site
si tougenlîche in ir herzen tragent!
Swer ir hulde welle hân,
der wesẹ in bî und sprechẹ in wol.
Daz tet ich ie: nu kan ẹz mich leider niht vervân.

4 Dâ ist doch mîn schuldẹ entriuwen niht sô grôz,
alse rehtẹ unsaelic ich ze lône bin.
Ich stân aller vröiden reht alsẹ ein hant blôz
und gât mîn dienest wunderlîche hin.
Daz geschach nie manne mê.
Volendẹ ich eine senede nôt,
si getuot mir niemer, mac ich'z bẹhüeten, wol noch wê.

5 Ich bin tump, daz ich sô grôzen kumber klage
und ir des wil deheine schulde geben.
Sît ich si ânẹ ir danc in mînem herzen trage,
waz mac si des, wil ich unsanfte leben?
Daz wirt ir iedoch lîhte leit.
Nu muoz ich'z doch alsô lâzen sîn.
Mir machet niemen schaden wan mîn staetekeit.

REI 9: MF 170.36–171.31 (1–5 b C).
1 MF 170.36–171.3. 1.1 *seneder* substantiviertes Adj. *rât* stm. ‚Hilfe'. 1.2 *selbes* (Sg. Gen.) adj., Attribut zu *mîn* (1. Sg. Gen.) Personalpron. *erwenden* swv. ‚abwenden'. 1.3 *iemen* Pronomen (mit negativer Bedeutung in abhängigen Sätzen) ‚niemand'. 1.5 *merkent* = *merket.*
2 MF 171.4–10. 2.1 *gewent* (Part.) *wenen* swv. „gewöhnen'. *selten:* ironisch für „nie' (– er hat sie eben gar nicht daran gewöhnt, Tadel zu hören). 2.7 *sîn* = *es* (n. Sg. Gen.) Pronomen ‚nichts davon'.
3 MF 171.11–17. 3.3 *site* (Plur. Akk.) *site* stm.
4 MF 171.18–24. 4.1 *entriuwen* adv. ‚wahrlich'. 4.2 *ze lône* ‚im Hinblick auf Belohnung'. 4.6 *eine* ‚diese eine' (– es war vielleicht *eines* ‚einst' gemeint).
5 MF 171.25–31. 5.2 *des* (n. Sg. Gen.) Personalpron. ‚dafür'. 5.3 *âne ir danc* (idiomatisch) ‚ohne ihre Zustimmung', ‚gegen ihren Willen'.

1 *Kein Leidender suche bei mir irgend Hilfe:*
ich kann mein eigenes Leid nicht überwinden.
Nun glaube ich, daß keiner ein größeres Unglück hat,
und doch sieht man mich darunter so froh!
Daran könnt ihr doch ein Wunder erkennen.
Ich sollte euch eigentlich die schlimmste Not vorklagen –
nur kann ich von Frauen nichts Böses sagen.

2 *Würde ich nun etwas sagen, woran ich sie noch nie gewöhnt habe,*
so würde ich eine große Treulosigkeit begehen.
Ich habe mich lange qualvoll gesehnt
und bin immer noch in diesem mühseligen Zustand.
Besser ist noch Herzeleid,
als daß ich von einer Frau schlecht rede.
Das tue ich nicht; sie sind zu Recht erhaben.

3 *Ihnen ist es lieb, daß man sie beständig bittet,*
und dabei tut es ihnen doch so wohl, die Bitten abzuschlagen.
Ach, wie viele Stimmungen und befremdliches Verhalten
sie heimlich im Herzen tragen.
Wer ihre Huld gewinnen will,
der halte sich zu ihnen und spreche freundlich über sie.
Das tat ich immer: leider kann auch das mir jetzt nicht helfen.

4 *Meine Schuld ist aber wahrlich nicht so groß*
im Vergleich zu meinem Unglück, keinen Lohn zu bekommen.
Ich stehe ohne Freude da, entblößt wie die Hand,
und mein Dienst verläuft in völlig ungewöhnlicher Weise.
Das ist noch nie einem Manne geschehen.
Komme ich ans Ende dieser schmerzlichen Entbehrung,
so soll sie mir nie wieder – kann ich's verhindern – wohl noch weh tun!

5 *Ich bin ein Narr, daß ich über so großen Kummer klage*
und will ihr dafür keine Schuld geben.
Da ich sie ohne ihre Zustimmung in meinem Herzen trage,
was kann sie dann dafür, wenn ich unter Qualen lebe?
Das wird aber doch auch vielleicht für sie schmerzlich.
Jetzt muß ich mich jedenfalls damit abfinden.
Mir fügt niemand Schaden zu als meine eigene Beständigkeit.

Die ‚Zyklus-Idee'

Wir verdanken Friedrich Maurer eine grundlegende Untersuchung über das dichterische Werk Reinmars, in der die methodologischen Grundlagen der älteren Minnesangforschung, insbesondere die biographisierende Methode von Carl von Kraus, der Kritik unterzogen werden. Er schafft so „Grundlagen für ein neues Reinmar-Bild" und fördert das Verständnis des Minnesangs als einer Formkunst. Dieser Begriff hat vielleicht nur den Nachteil, für manchen modernen Leser einen negativen Beigeschmack zu besitzen, nämlich als ‚bloße Formkunst' mißverstanden zu werden. Vielleicht können uns aber gerade die Texte des Minnesangs darüber belehren, wie sehr der poetische Ausdruck an sich ein Inhalt ist, der von seiten der Dichter ein persönliches Engagement von höchstem Ernst fordert. Es ist insofern befreiend, in den Liedern eines Reinmar den Glanz des künstlerischen Gelingens selber zu erkennen, ohne ihn für den bloßen Abglanz einer uns schließlich doch gleichgültigen Biographie zu halten. Maurers Rehabilitierung der ‚Pseudoreimare' öffnet auch den Blick für größere Traditionszusammenhänge: Reinmar erscheint so auch als ein genialer Nachfolger der Generation Kürenbergs und des Donauländischen Minnesangs.

Von den Liedern unserer Sammlung waren REI 6 und 7 von Carl von Kraus ausgeschieden worden. Die neun Lieder Reinmars sind hier etwa in chronologischer Folge wiedergegeben, wie sie Maurer für wahrscheinlich hält:
REI 1: etwa im ersten Jahrzehnt von Reinmars Dichten (ab 1180).
REI 2 bis 4: im zweiten Jahrzehnt.
REI 5 bis 9: im letzten Jahrzehnt.

Friedrich Maurer: Die „Pseudoreimare"[46]

Reinmar der Alte galt seinen Zeitgenossen als der bedeutendste lyrische Künstler. [. . .] Gleichwohl ist für die moderne Philologie und für uns heute diese Hochschätzung immer noch nicht ganz verständlich. Man braucht dazu nur die Interpreten seiner Kunst von Erich Schmidt bis zu Carl von Kraus oder auch Charakteristiken in den neueren Handbüchern zu vergleichen; ihr Reinmar-Bild ist von der Vorstellung der „Monotonie" gekennzeichnet; so schreibt C. v. Kraus: „Auch ich habe lange Zeit statt der an ihm von Gottfried gerühmten Kunst der Variation vorwiegend Monotonie gefunden" (Die Lieder Reimars des Alten I, 5; 1919).

Im übrigen ist unser Reinmar-Bild bis zum heutigen Tag entscheidend von der großen These bestimmt, die Carl von Kraus bereits 1919 formuliert hat und mit der er glaubte, endlich dem bis dahin verkannten Reinmar gerecht zu werden, jenen Vorwurf der Monotonie überwunden und jenen Preis Gottfrieds der Reinmarschen Kunst der *wandelunge* verstanden zu haben: mit seiner Theorie des

„Liederzyklus". „Der zarte Lyriker", so sagt Kraus, „wird zum Schöpfer eines großen Liebesromans" (II, 3), wenn man nämlich mit Kraus ansetzt, daß fast alle echten Lieder, ich zitiere wörtlich: „nicht weniger als 31 von den 35 echten Liedern [...] durch mehr oder minder deutliche Bezüge miteinander zu einer Einheit höherer Ordnung verbunden (sind)." Diese höhere Einheit ist der sogenannte Zyklus, eben jener Liebesroman.

Das bedeutet, daß diese Neuwertung Reinmars erkauft ist mit der Ausscheidung fast der Hälfte der unter seinem Namen überlieferten Lieder; und ferner mit dem Ansatz, daß alle als echt akzeptierten Lieder, durch inhaltliche Bezüge miteinander verbunden, in einen einzigen Liederkreis gestellt werden, der im Grund wieder nur ein Thema kennt: die Hoffnungen und Klagen seiner immer wieder erneuten und immer wieder vergeblichen Liebeswerbung. Alle übrigen (d.h. etwa 40) unter Reinmars Namen überlieferten Lieder, die etwa das Thema der Liebesfreude oder des Liebeserfolgs u.ä. gestalten, scheiden als unecht aus bis auf eine Klage auf den Tod des Herzogs Leopold und drei Lieder, die einer früheren Zeit der *unstaete*, der Zeit, „in der er anderen Frauen als der späteren Herrin seine Lieder darbrachte" (II, 5), angehören sollen. Es ist bemerkenswert, daß trotz vereinzelter Kritik und gelegentlichen Widerspruchs diese Vorstellungen Carls von Kraus bis heute, man darf sagen, fast uneingeschränkt gelten. [...]

Die These von Carl von Kraus steht und stand (wie jede These) in der Gefahr der Übersteigerung und Übertreibung. Kraus ist ihr nicht entgangen. Nachprüfende Kritik hat alsbald Zweifel geäußert. Setzt man diese kritische Prüfung mit neuen Methoden fort, so ergibt sich, daß nach zwei Richtungen schwere Einwände zu erheben und bedeutende Abstriche zu machen sind. Es ergibt sich erstens, daß keineswegs alle Reihungen auf überzeugenden Argumenten ruhen; mehrere sind mit Sicherheit als falsch zu erweisen. Es ergibt sich zweitens, daß die Ausscheidung der angeblich unechten Lieder zu willkürlich, zum Teil offenbar unter dem Druck jener Vorstellung vom totalen Zyklus erfolgt ist. Ganz gewiß unbewußt, ist doch Kraus offenbar der Gefahr erlegen, solche Lieder leichter als unecht Reinmar abzusprechen, die sich nicht in den Zyklus fügen; andere aber, bei denen man nicht mehr für Reinmars Autorschaft vorbringen kann, ihm zu belassen, wenn sie in den Zyklus passen. [...]

Setzt man zur Kritik an, so sind drei Möglichkeiten. Es läßt sich erstens zeigen, daß der Zyklus [...] in sich brüchig ist; daß er ganz schwache Stellen hat, die der spätere Kraus zum Teil selbst erkannte. Es ist ferner zu zeigen, daß die Zyklus-Ordnung nicht mit der Entwicklung von Reinmars Formkunst harmoniert, die nicht ausreichend beachtet worden ist. Entscheidend ist schließlich, daß neuere Erkenntnisse von Wesen und Art des Minnesangs die Herausarbeitung biographischer und pseudobiographischer Beziehungen außerordentlich einschränken und weithin unmöglich machen. [...]

Wie weit dürfen wir überhaupt in diesen Liedern der Minnesänger „Erlebnisse" suchen? Wie weit können wir Biographisches und Individuelles in ihnen finden? Ich glaube, wir müssen antworten, daß das nur in sehr eingeschränktem Maß der Fall ist; wir können erweisen, daß der Minnesang um 1200 vorwiegend Formkunst ist und in seinen Inhalten und Themen aus der Tradition lebt, die jedes Thema jeder Zeit zur Verfügung stellt. Diesen Nachweis habe ich zuerst für die Lieder Friedrichs von Hausen [...] geführt (*Zu den Liedern Friedrichs von*

Hausen, 1952, in: Dichtung und Sprache des Mittelalters, 1963, 80 ff.); in seinem Falle läßt sich absolute Sicherheit darüber gewinnen, daß die thematisch-inhaltliche Ordnung in die Irre führt, weil das Wachsen der Formkunst anderes lehrt. Ich wiederhole hier nur das Wichtigste.

In dem uns überlieferten umfangreichen Liederbuch Friedrichs von Hausen scheinen sich von den Themen her drei große Gruppen von Liedern in einer klaren Abfolge herauszuheben: Da sind die Lieder, die in der konventionellen Weise die Dame verherrlichen, um sie werben und über die erfolglose Werbung klagen. Da sind weiter die erschütternden Lieder, in denen sich der Dichter unter der doppelten Verpflichtung des Ritters zu Frauendienst und Gottesdienst abmüht und quält; in denen sich aber keine Lösung in diesem Hin- und Hergerissensein andeutet; und da sind schließlich die Lieder, die eine solche Lösung finden, die also etwa auf die Frauenminne verzichten und sich Gott zuwenden, oder die doch wenigstens in dieser gradualistischen Stufung der Gottesminne und dem Gottesdienst den ersten Platz zuweisen.

Es lag gewiß nahe, diese Situation biographisch-chronologisch auszuwerten: die unproblematischen Lieder der Frauenminne als die frühen; die Lieder des ungelösten Konflikts und der Zerrissenheit als die späteren; die Lieder des erreichten Ausgleichs aber als die letzten zu betrachten. [...] Sieht man aber zunächst einmal von den Themen der Lieder ab und sieht auf schlüssige Kriterien, etwa formaler Art, so führt das zu einem anderen Ergebnis.

Hausens Liedkunst ist für einen solchen Versuch besonders ergiebig, viel ergiebiger als die Reinmars, weil die Lieder Hausens gerade in den Jahren entstehen, in denen sich die Formkunst des Minnesangs erst festigt; von früherer Freiheit und Einfachheit zu strenger Regel kommt, so etwa besonders in der Kunst des Reims, seiner Genauigkeit und der Form der Reimschlüsse [...] Mindestens ein Lied der angeblichen Spätgruppe *Sî darf mich des zîhen niet* [HAU 2], das die gradualistische Lösung jenes Konflikts verkündet, muß nach seinen formalen Eigentümlichkeiten zu den frühesten gehören; andererseits sind die beiden angeblich frühesten Lieder aus ähnlichen Gründen unter die späten zu stellen. Wie ist das möglich? Wie zu erklären?

Hausen gehört zu den frühen rheinischen Minnesängern, die die neuen Formen und Ideen im Westen erlebt, von den Romanen übernommen haben, wie wir bei einigen Liedern, ihren Themen und ihren Melodien direkt beobachten können. Das bedeutet, daß diese Themen bereits vorher gegeben und geformt sind. [...]

Das heißt aber, daß diese Lieder des Minnesangs anders zu verstehen sind denn als Ausdruck unmittelbaren Erlebens. Sie sind in erster Linie Formkunst. Die Themen, die Problemstellungen und Problemlösungen, ja weithin auch die einzelnen Vorstellungen und Bilder sind traditionell, sind vorgegebene Topoi, über die der Dichter verfügt, die er immer wieder neu gestaltet. Seine eigentliche Leistung ist nicht ihre Erfindung, sondern sie besteht darin, die bereits vorgegebenen Themen in Melodie und Wort neu zu formen. Der Minnesänger kann zu jeder Zeit in der gleichen Weise über die Themen „Hoffnungsloses Werben" oder „Gnädige Herrin" oder „Liebesfreude" und „Liebesklage" oder „Gottesminne und Frauenminne" verfügen; er kann ebenso über die verschiedenen Möglichkeiten der Lösungen dieser Problematik verfügen, so daß etwa die gradualistische

Lösung „erst Gottesdienst, dann Frauendienst" oder die schmerzvolle Zerrissenheit in der Unfähigkeit, zu einer Lösung zu kommen, oder der entsagende Verzicht, als Themen vorgegeben und tradiert, jederzeit vom Dichter gewählt werden können, jederzeit von ihm neu formbar sind. [. . .]

Diese Erkenntnis gilt für die Kunst des Minnesangs allgemein und läßt sie uns erst richtig verstehen. Sie ist Formkunst, die in der Neu- und Wiedergestaltung überlieferter Themen lebt. Je größer der Künstler, um so freier und eigenartiger ist sein Gebrauch des überlieferten Repertoires; aber unter der Tradition stehen auch die größten Minnesänger wie Walther von der Vogelweide.

Dieser letzte Gedanke Friedrich Maurers müßte allerdings überprüft werden. Daß die Größe des Dichters mit seiner Freiheit und Eigenartigkeit gegenüber der Tradition identisch sein soll, scheint eine sehr moderne Vorstellung zu sein. Nimmt man Maurers Position in bezug auf die Tradition ernst, so ließe sich eher denken, daß der größte Minnesänger gerade jener ist, der in völliger Treue die Tradition fortsetzt, ohne frei und eigenartig damit zu schalten. Diese Position nähert sich ziemlich derjenigen von Paul Zumthor in bezug auf den französischen Minnesang; die umfangreichste Untersuchung über die poetische Technik der Trouvères (von Roger Dragonetti, 1960) behandelt das ganze Corpus überlieferter Minnelieder wie ein Gesamtwerk. In dieser Perspektive ist es für die französischen Dichter typisch, daß sie in ihrer Tradition aufgehen, die sich ja auch beinahe unproblematisch nach rückwärts zu den Troubadours verlängern ließ. Maurers Bild von der Größe des Künstlers in Freiheit und Eigenart ist zwar nicht methodologisch reflektiert und steht auch im Widerspruch zu seiner Vorstellung von der ‚Formkunst', es trifft aber doch recht wesentlich für mehrere deutsche Dichter zu, die eben die Tradition weniger als Medium denn als fremdes und problematisches Material erlebt haben.

VII. Walther von der Vogelweide

Walther von der Vogelweide erscheint in einem einzigen historischen Zeugnis: am 12. November 1203 wird *walthero cantori de vogelweide* vom Bischof von Passau, Wolfger von Erla, ein Geldgeschenk für einen Pelzrock gemacht. Der Dichter wird weder ritterlich noch adelig genannt und gehört zu den Spielleuten, die bei dem Bischof für Unterhaltung sorgten. Es ist nicht sicher, aus welcher Gegend Walther stammt; vielleicht ist er aus Franken, wo er als Nachkomme eines (Reichs-)Ministerialen zunächst leer ausgegangen und zu einem Dienst- bzw. Wanderleben an verschiedenen Höfen gezwungen gewesen wäre. Seine Geburt kann man um 1170 ansetzen. Wohl beim Hoftag zu Würzburg 1216 wäre der alternde Dichter von König Friedrich II. mit einem Lehen in Würzburg versorgt worden, worauf er auf Grund seiner Herkunft wohl keinen Anspruch, aber ein gewisses Vorrecht gehabt haben könnte. Dort in Würzburg ist er zufolge der Nachricht des Protonotars Michael de Leone (der auch um 1350 die Liedersammlung E veranstaltet hat) gegen 1230 gestorben und im Neumünster beigesetzt worden. Sein Dichten aber hat er am Babenberger Hof in Wien und Klosterneuburg begonnen, wo er auch bis 1198 gelebt hat. Nach dem Tod seines Gönners, Herzog Friedrichs, auf dem Kreuzzug (April 1198) beginnt für ihn das Wanderleben, auf dem er viele Orte und Höfe berührt, die wechselnden Residenzen der Könige Philipp (1198, 1201), Otto IV. (1212/13) und Friedrich II. (1215/16), die Höfe des Landgrafen Hermann von Thüringen und des Markgrafen Dietrich von Meißen sowie mehrfach den österreichischen Herzogshof Leopolds VI., wo Walther sich um dauernden Aufenthalt vergeblich bemühte. Neben seinen Liedern haben ihn vor allem seine politischen Sprüche berühmt gemacht. Walthers Verhältnis zum klassischen Minnesang ist durchaus problematisch. Das Element feudaler Stabilisierung im idealen, über jeden Lohn erhabenen erotischen Dienstverhältnis findet wohl gerade auf Grund seiner Empfindlichkeit gegenüber der eigenen Standesinferiorität und der damit zusammenhängenden wirtschaftlichen Lage bei ihm keine spontane Zustimmung. Er wird der Sänger der ‚Gemeinsamkeit' in der Liebe, er wertet die ‚Frau' gegenüber der adeligen ‚Dame' auf und rühmt an seinem Lehrer und Konkurrenten Reinmar gerade jene Zeile *Sô wol dir, wîp, wie rein ein nam* (REI 4, 3.1), die aber bei Reinmar durchaus nicht polemisch gegen die adligen Damen gewendet wird.[47]

I

1 Vrouwe, vernemt durch got von mir diz maere:
ich bin ein botẹ und sol iu sagen,
ir sült wenden einem ritter swaere,
der si lange hât getragen.
Daz sol ich iu künden sô:
ob ir in welt vreuden rîchen,
sicherlîchen
des wirt manic herze vrô.

2 Vrouwẹ, enlât iuch des sô niht verdriezen,
ir engebet im hôhen muot.
Des muget ir und alle wol geniezen,
den ouch vreude sanfte tuot.
Dâ von wirt sîn sin bereit,
ob ir in ze vreuden bringet,
daz er singet
iuwer êrẹ und werdekeit.

3 Vrouwe, sendet im ein hôchgemüete,
sît an iu sîn vreude stât.
Er mac wol geniezen iuwer güete,
sît diu tugent und êre hât.
Vrouwe, gebet im hôhen muot.
Welt ir, sîn trûren ist verkêret,
daz in lêret,
daz er daz beste gerne tuot.

4 „Jâ möhtẹ ich mich's an in niht wol gelâzen,
daz er wol behüete sich.
Krumbe wege, die gênt bî allen strâzen:
dâ vor, got, behüete mich.
Ich wil nâch dem rehten varn,
ze leidẹ im, der mich anders lêre.
Swar ich kêre,
dâ müeze mich doch got bewarn!“

WAL I: L. 112.35–113.30 (1, 2, 4, 3 C).

1 L. 112.35–113.6. 1.6 *ob* Konj. ‚wenn'. *vreuden* (Plur. Gen.) *vreude* stf., abhängig von *rîchen* swv. ‚reich machen an Freuden'.

2 L. 113.7–14. 2.1 *verdriezen* stv. II + Akk. der Person (*iuch*) + Gen. der Sache (*des*). 2.2 *en-gebet* (2. Plur. Präs. Opt.) konjunktionsloser Anschluß an *verdriezen*. 2.4 *den* (Plur. Dat.) Relativpron. ‚denen'. 2.5 *sin* stm. ‚Verstand', ‚Klugheit'. 2.7 *singet* (3. Sg. Präs. Ind.) *singen* stv. III hier transitiv ‚besingen'.

1 *Herrin, hört um Gotteswillen von mir diesen Auftrag:*
ich bin ein Bote und soll euch sagen,
ihr sollt einem Ritter den Kummer nehmen,
den er lange getragen hat.
Das soll ich euch so mitteilen:
wenn ihr ihn reich machen wollt an Freuden,
gewiß
wird dadurch so manches Herz froh.

2 *Herrin, laßt euch doch das nicht schwer werden,*
ihm hohen Mut zu geben.
Daran könnt ihr selber und alle teilhaben,
denen Freude ebenfalls lieb ist.
Dadurch wird sein Talent geweckt –
wenn ihr ihn in Freude versetzt,
daß er singt
Eure Ehre und Erhabenheit.

3 *Herrin, schickt ihm doch ein Stück Frohsinn,*
da an euch seine Freude hängt.
Er kann sich doch an eurer Güte erfreuen,
da sie tugendhaft und ehrenvoll ist.
Herrin, gebt ihm hohen Mut.
Wenn ihr es wollt, ist seine Trauer verwandelt,
die ihn lehrt,
das Beste gern zu tun.

4 *„Allerdings möchte ich mich nicht recht auf ihn verlassen,*
daß er sich zurückhält.
Krumme Wege gehen neben allen Straßen,
davor, Gott, behüte du mich!
Ich will so leben, wie es recht ist –
ihm zu Leide, der mich etwa anders lehren möchte.
Wohin ich mich auch wende,
da möge mich doch Gott behüten!"

---

3 L. 113.15–22. 3.4 *diu* (f. Sg. Nom.) Demonstrativpron., bezieht sich auf *güete* 3.3. 3.7 *daz* (n. Sg. Nom.) Relativ-/Demonstrativpron., bezieht sich auf *trûren* 3.6. 4 L. 113.23–30. 4.1 *'s* = *es* (n. Sg. Gen.) Personalpronomen ‚hierin', ‚in dieser Sache'. *sich gelâzen an* stv. VII ‚sich verlassen auf'. 4.5 *nâch dem rehten* substantiviertes Adj., schwach flektiert. 4.8 *müeze* (3. Sg. Präs. Opt.) *müezen* prpr., zum Ausdruck des Wunsches ‚möge'.

2

1 Muget ir schouwen, waz dem meien
wunders ist beschert?
Seht an phaffen, seht an leien,
wie daz allez vert.
Grôz ist sîn gewalt.
Ich ẹnweiz ob er zouber künne:
swar er vert in sîner wünne,
dâ ẹnist niemen alt.

2 Uns wil schiere wol gelingen,
wir suln sîn gemeit,
tanzen, lachen unde singen
âne dörperheit.
Wê, wer waerẹ unvrô?
Sît die vogelẹ alsô schône
singent in ir besten dône,
tuon wir ouch alsô!

3 Wol dir, meie, wie dû scheidest
allez âne haz!
Wie dû walt und ouwe kleidest
und die heide baz!
Diu hât varwe mê.
„Dû bist kurzer, ich bin langer“,
alsô strîtent sị ûf dem anger,
bluomen unde klê.

4 Rôter munt, wie dû dich swachest!
Lâ dîn lachen sîn.
Scham dich, daz dû mich an lachest
nâch dem schaden mîn.
Ist daz wol getân?
Ouwê, sô verlorner stunde,
sol von minneclîchem munde
solh unminnẹ ergân!

WAL 2: L. 51.13–52.22 (1–6 C, 2, 1, 3, 6 A; 3, 4 M; 5 s).

1 L. 51.13–20. 1.1 *muget* (2. Plur. Präs. Ind.) *mugen* prpr. ‚können', hier eher ‚mögen', ‚wollen'. 1.5 *sîn* possessives Adj., bezieht sich auf den Mai. 1.6 *künne* (3. Sg. Präs. Opt.) *kunnen* prpr. ‚wissen', ‚können'.

2 L. 51.21–28. 2.1 *gelingen* stv. III intrans. ‚wohl ergehen'. 2.2 *gemeit* adj. ‚lustig'. 2.4 *dörperheit* stf. ‚Tölpelhaftigkeit', ‚Grobheit' (Charakter der unhöfischen Bauern). 2.7 *dôn* stm. ‚Melodie', ‚Weise'.

5 Daz mich, vrouwẹ, an vreuden irret,
daz ist iuwer lîp.
An iu einer ez mir wirret,
ungenaedic wîp.
Wâ nemt ir den muot?
Ir sît doch genâden rîche:
tuot ir mir ungnaedeclîche,
sô sît ir niht guot.

6 Scheidet, vrouwe, mich von sorgen,
liebet mir die zît:
oder ich muoz an vreuden borgen.
Daz ir saelic sît!
Muget ir umbe sehen?
Sich vreut al diu werlt gemeine:
möhte mir von iu ein kleine
vreudelîn geschehen!

1 *Wollt ihr sehen, was dem Mai*
für Wunder widerfahren sind?
Schaut die Geistlichen, schaut die Laien,
wie sich das alles tummelt.
Seine Macht ist groß:
Ich weiß nicht, ob er zaubern kann.
Wo er in seiner Wonne erscheint,
da ist niemand alt.

2 *Auch uns wird es bald besser gehen,*
wir werden fröhlich sein,
tanzen, lachen und singen,
ohne Grobheit.
Ach, wer könnte da noch unlustig sein?

---

3 L. 51.29–36. 3.1 *scheidest* (2. Sg. Präs. Ind.) *scheiden* stv. VII ‚(Streitende) scheiden', ‚richten'.

4 L. 51.37–52.6. 4.1 *swachen* swv. ‚schlecht machen', *sich swachen* ‚sich kompromittieren'. 4.4 *nâch* Präp. hier ‚im Hinblick auf'.

5 L. 52.7–14. 5.1 *irret* (3. Sg. Präs. Ind.) *irren* swv. ‚irr machen', ‚fern halten'. 5.3 *wirret* (3. Sg. Präs. Ind.) *werren* stv. III ‚stören'.

6 L. 52.15–22. 6.2 *liebet* (2. Plur. Präs. Ind. – Imp.) *lieben* swv. ‚lieb machen'. 6.7 *kleine* (n. Sg. Nom.) *klein* adj., zu *vreudelîn* stn., hier schwach dekliniert (sonst meist *ein kleinez* . . .).

Wenn die Vögel schön
in ihren besten Weisen singen,
tun wir's ihnen gleich!

3 *Wohl dir, Mai! Wie du alles versöhnst*
ohne Mißgunst!
Wie du Wald und Aue kleidest
und die Heide noch besser,
sie ist noch farbenprächtiger.
„Du bist kürzer, ich bin länger",
so streiten sie auf dem Anger,
die Blumen und der Klee.

4 *Roter Mund, wozu du dich hergibst,*
laß dein Lachen sein!
Schäme dich, daß du mich anlachst,
um mich zu verletzen!
Ist das etwa eine gute Tat?
Weh und Ach über die verlorene Zeit,
wenn ein so lieblicher Mund
falsche Liebe verspricht.

5 *Was mich, Herrin, von der Freude abhält,*
das seid allein ihr.
An euch allein störe ich mich,
erbarmungslose Frau.
Woher nehmt ihr nur diese Haltung?
Ihr seid doch mitleidsvoll;
wenn ihr mit mir so mitleidslos umgeht,
dann seid ihr nicht gut.

6 *Trennt mich, Herrin, von Sorgen,*
macht mir die Zeit lieb.
Sonst muß ich eine Freuden-Anleihe aufnehmen!
Mögt ihr glücklich sein!
Könnt ihr euch einmal umschauen?
Alle Welt freut sich insgemein –
könnte ich nicht von euch auch eine winzigkleine
Freude bekommen?

3

1 Ir sult sprechen willekomen:
der iu maere bringet, daz bin ich.
Allez daz ir habet vernomen,
daz ist gar ein wint: nû vrâget mich.
Ich wil aber miete:
wirt mîn lôn iht guot,
ich gesagẹ iu lîhte, daz iu sanfte tuot.
Seht, waz man mir êren biete!

2 Ich wil tiuschen vrouwen sagen
solhiu maere, daz si deste baz
al der werlte suln behagen:
âne grôze miete tuon ich daz.
Waz woldẹ ich ze lône?
Si sint mir ze hêr.
Sô bin ich gevüegẹ und bite sie nihtes mêr,
wan daz sie mich grüezen schône.

3 Ich hân lande vil gesehen
unde nam der besten gerne war:
Übel müeze mir geschehen,
kundẹ ich ie mîn herze bringen dar,
daz im wol gevallen
wolde vremeder site.
Nû waz hulfe mich, ob ich unrehte strite?
Tiuschiu zuht gât vor in allen.

4 Von der Elbẹ unz an den Rîn
und her wider unz an Ungerlant
mugen wol die besten sîn,
die ich in der werlte hân erkant.
Kan ich rechte schouwen
guot gelâz und lîp,

WAL 3: L. 56.14–57.22 (1–5 A; 1, 2, 5, 3, 4, 6 C; 1, 2, 4, 5, 3 E; 1 L; 1, 2, 4, 5 U).

1 L. 56.14–21. 1.6 *iht* adv. ‚etwa'.

2 L. 56.22–29. 2.7 *gevüege* adj. ‚fügsam'. *nihtes* (Gen.) Pronominalsubst., Gen. abhängig als Objekt von *bitten:* ‚um nichts weiter'.

3 L. 56.30–37. 3.6 *site* stm. 3.7 *strite* (1. Sg. Prät. Opt.) *strîten* stv. I ‚behaupten', ‚diskutieren'. 3.8 *zuht* stf. gemeint ist ‚höfischer Anstand'. *vor in allen* (Plur. Dat.): gemeint sind alle Länder (3.1).

4 L. 56.38–57.6. 4.3 *die besten:* bezieht sich auf *vrouwen* (2.1). 4.6 *gelâz* stn. ‚Ge-

sem mir got, sô swüerẹ ich wol daz hie diu wîp
bezzer sint dan ander vrouwen.

5 Tiusche man sint wol gezogen,
rehtẹ als engel sint diu wîp getân.
Swer si schiltet, der'st betrogen:
ich enkan sîn anders niht verstân.
Tugent und reine minne,
swer die suochen wil,
der sol komen in unser lant: dâ ịst wünne vil.
Lange müezẹ ich leben dar inne!

6 Der ich vil gedienet hân
und iemer mêre gerne dienen wil,
diu'st von mir vil unerlân:
iedoch sô tuot si leides mir sô vil.
Si kan mir versêren
herze und den muot.
Nû vergebe'z ir got, daz sị an mir missetuot.
Her nâch mac si sich's bekêren.

1 *Ihr sollt ‚willkommen' sagen,*
wer euch Nachricht gibt, das bin ich.
Alles, was ihr bisher gehört habt,
das ist nichts als Wind: jetzt fragt mich!
Ich will allerdings Bezahlung.
Fällt meine Vergütung reichlich aus,
dann sage ich euch gern, was euch angenehm ist.
Seht einmal zu, was für Ehren man mir bieten kann!

2 *Über deutsche Damen werde ich*
so sprechen, daß sie
aller Welt umso lieber sein werden.
Das tue ich auch ohne viel Bezahlung.
Was für einen Lohn wollte ich dafür verlangen?

---

stalt', ‚Benehmen'. 4.7 *sem mir got* (idiomatische Redensart) ‚so mir Gott helfe', ‚bei Gott'. *swüere* (1. Sg. Prät. Opt.) *swern* stv. IV ‚schwören'.

5 L. 57.7–14. 5.3 *schiltet* (3. Sg. Präs. Ind.) *schelten* stv. III ‚schmähen', ‚beschimpfen'. 5.8 *müeze* (1. Sg. Präs. Opt.) *müezen* prpr., zum Ausdruck des Wunsches.

6 L. 57.15–22. 6.3 *unerlân* (Part.) ‚nicht freigelassen'.

Sie sind mir zu edel.
So bin ich bescheiden und bitte sie um nichts weiter,
als daß sie mich freundlich grüßen.

3 *Ich habe viele Länder gesehen*
und die besten gern besucht.
Unglück komme über mich,
wenn ich jemals mein Herz dazu bewegen könnte,
daß ihm fremde Sitte
wohlgefallen möchte.
Was würde es mir nützen, falsche Behauptungen aufzustellen?
Deutsche höfische Zucht ist allen voraus.

4 *Von der Elbe bis an den Rhein*
und wieder her bis nach Ungarn
findet man wohl die besten,
denen ich in der ganzen Welt begegnet bin.
Wenn ich Anstand und Schönheit
recht beurteilen kann,
bei Gott, dann würde ich schwören, daß hier einfache Frauen
besser sind als anderswo die Damen der Gesellschaft.

5 *Deutsche Männer sind wohlerzogen,*
recht wie Engel sind die Frauen beschaffen.
Wer sie beschimpft, der täuscht sich,
anders kann ich mir das nicht erklären.
Tugend und reine Minne,
wer die suchen will,
der soll in unser Land kommen: da ist viel Freude.
Lange möchte ich darin leben!

6 *Diejenige, der ich viel gedient habe*
und auch gerne noch immer mehr dienen möchte,
die ist von mir nie freigegeben worden,
und doch tut sie mir so viel Leid an.
Sie versteht es, mir Herz und Seele zu verwunden.
Nun vergebe ihr Gott, daß sie sich an mir so versündigt!
Später kann sie ja immer noch ihre Meinung ändern.

4

1 Lange swîgen, des hâtẹ ich gedâht:
nû wil ich singen aber als ê.
Dar zuo hânt mich guote liute brâht,
die mugen mir wol gebieten mê.
Ich sol singen unde sagen,
und swes si gern, daz sol ich tuon: sô suln si mînen kumber klagen.

2 Hoeret wunder, wie mir ist geschehen
von mîn selbes arebeit:
mich enwil ein wîp niht an gesehen,
die brâhtẹ ich in die werdekeit,
daz ir muot sô hôhe stât.
Jô ẹnweiz si niht, swennẹ ich mîn singen lâze, daz ir lop zergât.

3 Herre, waz sie vlüeche lîden sol,
swennẹ ich nû lâze mînen sanc!
Alle die nû lobent, daz weiz ich wol,
die scheltent dannẹ ân mînen danc.
Tûsent herze wurden vrô
von ir gẹnâden: diu's engeltent, lât si mich verderben sô.

4 Dô mich dûhte, daz si waere guot,
wer was ir bezzer dô dan ich?
Dêst ein ende. Swaz si mir getuot,
des mac ouch si verwaenen sich.
Nimet sie mich von dirre nôt,
ir leben hât mînes lebennes êre: stirbẹ aber ich, sô ist si tôt.

WAL 4: L. 72.31–73.22 (1–5 AC; 1, 2, 5, 4, 3 E; 1, 2, 5 b; 1, 5 xy).

1 L. 72.31–36. 1.6 Sinn: sie klagen seinen Kummer durch Mitleid, wenn sie seinen Gesang anhören. Wenn man an die folgenden Strophen denkt, sind sie auch Mitankläger und Urteilsvollstrecker.

2 L. 72.37–73.4. 2.2 *selbes* (Sg. Gen.) adjektivisches Pronomen, Apposition zum Personalpronomen *mîn* (Sg. Gen.) ‚meiner selbst' (= ‚meine eigene Mühe').

3 L. 73.5–10. 3.4 *ân mînen danc* (idiomatisch) ‚ohne mein Wissen, meine Absicht'. 3.6 *diu* (n. Plur. Nom.) Demonstrativ-/Relativpronomen (Subjekt) bezieht sich auf *herze* 3.5 (*herze* swn. bildet den normalen Plural *herzen,* oft aber auch in Analogie zu der starken Deklination wie hier den Plural *herze,* Nom. und Akk.). *'s = es* (n. Sg. Gen.) Personalpronomen ‚dafür'.

4 L. 73.11–16. 4.3 *dêst = des ist.* 4.4 *sich verwaenen* swv. ‚sich gefaßt machen auf'. 4.6 Sinn: ihre Ehre (Ansehen) wird in seinem Liede leben.

5 Sol ich in ir dienste werden alt,
die wîle junget si niht vil.
3 Sô ist mîn hâr vil lîhtẹ alsô gestalt,
daz sị einen jungen danne wil.
Sô helfẹ iu got, her junger man,
6 sô rechet mich und gêt ir alten hût mit sumerlaten an.

1 *Lange zu schweigen, darauf hatte ich mich eingestellt:*
jetzt will ich wieder singen wie früher.
3 *Dazu haben mich gute Freunde gebracht;*
die dürfen auch noch mehr von mir verlangen.
Ich werde singen und sagen,
6 *und was immer sie wünschen, das werde ich tun: so werden sie auch meinen Kummer klagen.*

2 *Hört diese seltsame Geschichte, wie es mir gegangen ist*
durch mein eigenes Zutun.
3 *Mich will eine Frau nicht mehr ansehen,*
die ich überhaupt erst so berühmt gemacht habe,
daß sie sich so erhaben fühlen kann.
6 *Aber sie weiß nicht, daß – wenn ich mein Singen einstelle – ihr Ruhm dahinschwindet.*

3 *Gott, wie viele Flüche wird sie ertragen müssen,*
wenn ich jetzt aufhöre zu singen.
3 *Alle, die sie jetzt loben, da bin ich ganz sicher,*
die werden sie dann schmähen, und das ohne meine Schuld.
Tausend Herzen sind durch ihre Huld erfreut worden:
6 *sie müssen's entgelten, wenn sie mich so verderben läßt.*

4 *Als ich noch glaubte, sie wäre gut,*
wer war ihr da besser gesonnen als ich?
3 *Das ist jetzt zu Ende. Was sie mir antut,*
damit muß sie nun auch selber rechnen.
Erlöst sie mich aus dieser Qual,
6 *so genießt ihr Leben die Ehre des meinigen; sterbe ich aber, so ist sie tot.*

---

5 L. 73.17–22. 5.2 *jungen* swv. ‚jung werden'. 5.6 *hût* (Sg. Akk.) stf. ‚Haut'. *alten* adj. sw. (f. Sg. Akk., Attribut zu *hût*). *sumerlate* stf. ‚einjähriger Schößling', ‚Rute'.

5 *Werde ich in ihrem Dienste alt,*
so wird sie unterdessen auch nicht viel jünger.
Dann wird mein Haar vielleicht bald so,
daß sie lieber einen jungen Mann haben möchte.
Gott helfe euch dann, junger Herr,
rächt mich und geht über ihre alte Haut mit frischen Ruten her!

5

1 Herzeliebez vrouwelîn,
got gebe dir hiutẹ und iemer guot.
Kundẹ ich baz gedenken dîn,
des hetẹ ich willeclîchen muot.
Waz mac ich dir sagen mê,
wan daz dir nieman holder ist? ouwê, dâ von ist mir vil wê.

2 Sie verwîzent mir, daz ich
sô nidere wende mînen sanc.
Daz si niht versinnent sich,
waz liebe sî, des haben undanc!
Si getraf diu liebe nie,
die nâch dem guotẹ und nâch der schoene minnent; wê wie minnent die?

3 Bî der schoenẹ ist dicke haz:
zer schoene niemen sî ze gâch.
Liebe tuot dem herzen baz,
der liebe gêt diu schoene nâch.
Liebe machet schoene wîp:
des enmac diu schoene niht getuon, si ẹnmachet niemer lieben lîp.

WAL5: L. 49.25–50.18 (1–5 AEG; 1, 2, 4, 3, 5 C; 1, 4, 2, 3, 5 O).
1 L. 49.25–30.
2 L. 49.31–36. 2.1 *verwîzent* (3. Sg. Präs. Ind.) *ver-wîzen* stv. I ‚vorwerfen'. 2.2 *nidere* adv. ‚niedrig' (die soziale Stellung betreffend). 2.4 *undanc* stm. ‚Vorwurf', ‚Tadel'. 2.5 *si* (*sie*, m./f. Plur. Akk.).
3 L. 50.1–6. 3.2 *zer* = *ze der.* 3.4 *nâch gên* (im Werte oder in der Zeit). 3.5 *schoene* adj., hier prädikativ zu verstehen ‚macht Frauen schön' (attributiv ‚schöne Frauen': *schoeniu wîp!*).
4 L. 50.7–12. 4.1 *vertragen* stv. VI ‚sich gefallen lassen'.
5 L. 50.13–18. 5.1 *hâstû* = *hâst dû.* 5.2 *dîn* (2. Sg. Gen.) Personalpronomen ‚dich betreffend'. 5.6 *enmüezestû* = *en-müezest dû* (2. Sg. Präs. Opt.) *müezen* prpr. (Ausdruck des Wunsches).

4 Ich vertragẹ als ich vertruoc
und als ich iemer wil vertragen.
Dû bist schoene und hâst genuoc,
waz mugen si mir dâ von gesagen?
Swaz si sagen, ich bin dir holt,
und nim dîn glesîn vingerlîn vür einer küneginne golt.

5 Hâstû triuwẹ und staetekeit,
sô bin ich dîn ânẹ angest gar,
daz mir iemer herzeleit
mit dînem willen widervar.
Hâst aber dû der zweier niht,
sô ẹnmüezestû mîn niemer werden. Ouwê dannẹ, ob daz geschiht!

1 *Herzliebes Mädchen,*
Gott möge dich heute und immer beschenken!
Könnte ich noch fester an dich denken,
das würde ich gern tun.
Was kann ich dir anderes sagen,
als daß mir niemand lieber ist? Ach, das tut mir sehr weh.

2 *Sie werfen mir vor, daß ich*
meinen Gesang solcher Niedrigkeit widme.
Daß sie nicht verstehen,
was Liebe sei, das werfe ich ihnen vor!
Die Liebe hat sie nie getroffen.
Wer Reichtum und Schönheit liebt, ach, wie liebt der schon!

3 *Bei Schönheit ist oft Mißgunst.*
Niemand eile sich zu sehr nach der Schönheit.
Liebe tut dem Herzen wohler,
Liebe geht vor Schönheit,
Liebe macht Frauen schön –
Schönheit kann dies nicht: sie macht jedenfalls keinen lieb.

4 *Ich lasse es mir gefallen, wie ich tat*
und immer tun werde.
Du bist schön und hast alles, was du brauchst –

was können sie darüber schon sagen?
Was sie auch sagen, ich bin dir zugetan.
Für mich ist dein Glasringlein so gut wie das Gold einer Königin.

5 *Hast du Treue und Beständigkeit,*
so fürchte ich nicht,
daß mir je Herzeleid
durch dich geschieht.
Hast du aber diese beiden nicht,
so möchte ich, daß du nie mein wirst. Aber o weh, wenn das wirklich geschieht!

6

1 Bin ich dir unmaere,
des enweiz ich niht: ich minne dich.
Einez ist mir swaere:
dû sihst bî mir hin und über mich.
Daz soltû vermîden.
Ich ẹnmac niht erlîden
solhe liebẹ ân grôzen schaden.
Hilf mir tragen, ich bin ze vil geladen.

2 Sol daz sîn dîn huote,
daz dîn ouge mich sô selten siht?
Tuostû daz ze guote,
sô enwîzẹ ich dir dar umbe niht.
Sô mît mir daz houbet,
daz sî dir erloubet,
und sich nider an mînen vuoz,
sô dû baz enmügest: daz sî dîn gruoz.

3 Swannẹ ich sị alle schouwe,
die mir suln von schulden wol behagen,

WAL6: L. 50.19–51.12 (1–4 C; 1, 4, 2 E; 4, 1 B; 3, 2, 4 s).

1 L. 50.19–26. 1.1 *unmaere* adj. ‚gleichgültig', ‚unbekannt'. 1.5 *soltû* = *solt dû* (2. Sg. Präs. Ind.) *suln* prpr.

2 L. 50.27–34. 2.1 *huote* stf. ‚Bewachung', ‚Aufsicht'; zu verstehen: ‚deine Art, die unerwünschten Aufpasser irrezuführen'. 2.3 *ze guote* ‚in gutem Sinne'. 2.4 *wîzen* stv. I ‚vorwerfen', ‚tadeln'. 2.5 *mît* (2. Sg. Imp.) *mîden* stv. I ‚meiden' (mit Blicken). 2.7 *sich* (2. Sg. Imp.) *sehen* stv. V. 2.8 *enmügest* (Negationspartikel, 2. Sg. Präs. Opt.).

sô bistû'z mîn vrouwe:
daz mac ich wol âne rüemen sagen.
Edel unde rîche
sint si sumelîche,
dar zuo tragent si hôhen muot.
Lîhte sint si bezzer, dû bist guot.

4 Vrouwe, dû versinne
dich, ob ich dir z'ihte maere sî.
Eines vriundes minne
diu'st niht guot, dâ ẹnsî ein ander bî.
Minnẹ entouc niht eine,
si sol sîn gemeine,
sô gemeine, daz si gê
durch zwei herzẹ und durch dekeinez mê.

1 *Ob ich dir gleichgültig bin,*
das weiß ich nicht: ich liebe dich.
Etwas macht mir Kummer:
du schaust an mir vorbei und über mich hinweg.
Das solltest du nicht tun.
Ich kann so eine Liebe
nicht ertragen, ohne großen Schaden zu nehmen.
Hilf mir tragen! Ich bin zu schwer beladen.

2 *Ist das deine Rücksicht auf Beobachtung,*
daß dein Auge so selten auf mich fällt?
Tust du das aus Freundlichkeit,
will ich dir daraus keinen Vorwurf machen.
Dann blicke doch nicht in mein Gesicht
(das will ich dir gern zugestehen),
sondern sieh nieder auf meine Füße,
wenn du nicht besser kannst: das soll dann dein Gruß sein.

3 *Wenn ich sie mir alle ansehe,*
die mir aus so manchem Grunde gefallen sollten,

---

3 L. 50.35–51.4. 3.2 *von schulden* ‚mit Grund', ‚zu Recht'. 3.6 *sumelîche* (f. Pl. Nom.) Indefinitpronomen ‚einige', ‚manche'.

4 L. 51.5–12. 4.1 *sich versinnen* stv. III ‚denken', ‚überlegen'. 4.2 *z'ihte* (*iht* Pronominalsubst.) ‚zu etwas', ‚in irgendeiner Weise'. 4.5 *entouc* (Negationspartikel, 3. Sg. Präs. Ind.) *tugen* prpr. ‚taugen'. 4.8 *herze:* st. Nom./Akk. Plur. (sonst ist *herze* swn.; Nom./Akk. Plur. lauten *herzen*).

so bist du allein doch meine Herrin.
Das kann ich wohl sagen, ohne mich zu rühmen.
Edel und reich
sind ihrer mehrere,
dazu sind sie von stolzer Gesinnung.
Sie mögen besser sein: du allein bist gut.

4 *Herrin, denk darüber nach,*
ob ich dir nicht irgendwie etwas bedeute.
Freundesliebe
taugt nicht, wenn keine zweite dazukommt.
Liebe ist wertlos allein,
sie soll gemeinsam sein,
so gemeinsam, daß sie
durch zwei Herzen gehe – und durch weiter keines.

7

1 „Nemt, vrouwe, disen kranz!“
Alsô sprach ich z'einer wol getânen maget,
„sô zieret ir den tanz
mit den schoenen bluomen, als ir sị ûfe traget.
Hetẹ ich vil edele gesteine,
daz müestẹ ûf iuwer houbet,
ob ir mir's geloubet.
Seht mîne triuwe, daz ich'z meine.“

2 Si nam, daz ich ir bôt,
einem kinde vil gelîch, daz êre hât.
Ir wangen wurden rôt,
sam diu rôse, dâ si bî der liljen stât.
Dô ẹrschamten sich ir liehten ougen,
doch neic si mir schône.
Daz wart mir ze lône –
wirt mir's iht mêr, daz tragẹ ich tougen.

WAL 7: L. 74.20–75.8 (1, 3, 2, 5, 4 A; 1, 3, 2, / 5, 4 C; 1, 3, 2, 5 E).

1 L. 74.20–27. 1.1 *vrouwe:* die Anrede ist also schmeichelhaft und übertrieben ehrenvoll für eine *wol getâne maget.*

2 L. 74.28–35. 2.2 *daz êre hât* ‚wohlerzogen ist' oder ‚geehrt wird'. 2.5 *erschamten* (3. Plur. Prät. Ind.) *sich erschamen* swv. ‚sich schämen'. 2.6 *neic* (3. Sg. Prät. Ind.) *nîgen* stv. I ‚(das Haupt) neigen' (zum Zeichen der Zustimmung). 2.8 *'s = es* (n. Sg. Gen.) Personalpronomen, hier: ‚davon'.

3 „Ir sît sô wol getân,
daz ich iu mîn schapel gerne geben wil,
sô ịch'z aller beste hân.
Wîzer unde rôter bluomen weiz ich vil:
die stênt niht verrẹ in jener heide.
Dâ si schônẹ entspringent
und die vogele singent,
dâ suln wir si brechen beide."

4 Mich dûhte, daz mir nie
lieber wurde, danne mir ze muote was.
Die bluomen vielen ie
von dem boume bî uns nider an daz gras.
Seht, dô muostẹ ich von vreuden lachen.
Dô ich sô wünneclîche
was in troume rîche,
dô tagetẹ ez und muosẹ ich wachen.

5 Mir ist von ir geschehen,
daz ich disen sumer allen meiden muoz
vastẹ under d'ougen sehen:
lîhte wirt mir einiu, sô'st mir sorgen buoz.
Waz ob si gêt an disem tanze?
vrouwe, durch iuwer güete
rucket ûf die hüete.
Ouwê, gesaehẹ ich sị under kranze!

1 *„Nehmt, Herrin, diesen Kranz!"*
sagte ich zu einem hübschen Mädchen,
„damit seid Ihr eine Zierde des Tanzes,
mit den schönen Blumen, wenn Ihr sie auf dem Kopf tragt.
Hätte ich Edelsteine,
die kämen auf Euer Haupt,
wenn Ihr mir glauben wollt.
Seht, wie ehrlich ich das meine."

---

3 L. 75.9–16. 3.2 *schapel* stn. ‚Blumenkranz'. Man kann mit Wapnewski annehmen, daß diese Strophe vom Mädchen gesprochen wird und 1–4 den Traum darstellen. Dieser Kranztausch bekommt dann (wie das Blumenbrechen) eine klare erotische Bedeutung, noch ehe sie ausdrücklich bestätigt wird (in Strophe 4).

4. L. 75.17–24.

5 L. 75. 1–8. 5.3 *d'ougen = diu ougen.* 5.6 *vrouwe:* es ist Pl. gemeint.

2 *Sie nahm an, was ich ihr anbot,*
wie ein Kind, dem man eine Ehre erweist:
3 *ihre Wangen wurden rot,*
wie die Rose, wo sie neben der Lilie steht.
Ihre Augen senkte sie schamvoll,
6 *sie neigte aber anmutig den Kopf.*
Das war mein Lohn.
Bekomme ich einmal mehr, dann behalte ich es für mich geheim.

3 *„Ihr seid so stattlich,*
daß ich Euch mein Kränzchen gern geben will,
3 *das beste, das ich habe:*
weiße und rote Blumen kenne ich viele,
die stehen da nicht weit auf jener Heide.
6 *Wo sie schön sprießen und die Vögel singen,*
da können wir sie gemeinsam brechen.“

4 *Es schien mir, daß mir nie*
wohler gewesen, als mir da zumute war.
3 *Die Blüten fielen beständig*
von dem Baum neben uns hernieder ins Gras.
Seht, da mußte ich lachen vor Freude.
6 *Als ich so liebreich*
im Traum beschenkt wurde,
da ward es Tag, und ich wachte auf.

5 *Sie ist der Grund dafür,*
daß ich diesen Sommer allen Mädchen
3 *fest in die Augen blicken muß.*
Vielleicht ist eine für mich dabei; dann sind meine Sorgen abgewendet.
Ob sie hier beim Tanz ist?
6 *Meine Damen, seien Sie so gut,*
schieben Sie die Hüte ein wenig aus der Stirn.
O, sähe ich sie unter dem Kranze!

8

I Si wunderwol gemachet wîp,
daz mir noch werdẹ ir habedanc!
3 Ich setzẹ ir minneclîchen lîp
vil werdẹ in mînen hôhen sanc.
Gernẹ ich in allen dienen sol:

doch hân ich mir disẹ ûz erkorn.
Ein ander weiz die sînen wol,
die lobẹ er âne mînen zorn.
Habẹ ime wîsẹ unde wort
mit mir gemeine: lobẹ ich hie, sô lobẹ er dort.

2 Ir houbet ist sô wünnenrîch,
als ez mîn himel welle sîn.
Wem soldẹ ez anders sîn gelîch?
Ez hât ouch himelischen schîn.
Dâ liuhtent zwêne sternen abe,
dâ müezẹ ich mich noch innẹ ersehen,
daz si mir sị alsô nâhen habe!
Sô mac ein wunder wol geschehen:
ich jungẹ, und tuot si daz,
und wirt mir gernden siechen seneder sühte baz.

3 Got hâtẹ ir wengel hôhen vlîz,
er streich sô tiure varwe dar,
sô reine rôt, sô reine wîz,
hie roeseloht, dort liljenvar.
Ob ich'z vor sünden tar gesagen,
sô saehẹ ich sị iemer gerner an
dan himel oder himelwagen.
Ouwê, waz lobẹ ich tumber man?
Machẹ ich si mir ze hêr,
vil lîhte wirt mîns mundes lop mîns herzen sêr.

WAL 8: L. 53.25–54.36 (1–5 DN; 1, 3, 4, 5, 2 A; 1, 2, 5, 3, 4 C).
Das Lied scheint für einen Sängerwettstreit komponiert zu sein; darauf spielt die erste Strophe an, indem sie das (wohl vorgegebene) Thema nennt und auf die Tatsache anspielt, daß ein anderer Sänger in der gleichen Melodie zum gleichen Thema dichtet (so kann man vielleicht verstehen, daß er „Melodie und Text – *wîse unde wort* – mit ihm gemeinsam" haben soll). Das Wort *habedanc* bezeichnet überdies den Preis im Turnier, hier also den von der Dame zugesprochenen Preis für das beste Gedicht ebenso wie den konventionell erhofften Minnelohn. Der skandalöse Reiz des Gedichts beruht auf den absichtlich unklar gehaltenen Grenzen zwischen den verschiedenen Ebenen der Fiktion. Die richtige Strophenordnung ist die hier nach DN gegebene: sie entspricht dem Schulmodell der *Descriptio,* das Walther hier anwendet, indem er eine Person ‚vom Scheitel bis zur Sohle' beschreibt.
1 L. 53.25–34. 1.2 *habedanc* stm. (*habe danc!*) ‚Dank', ‚Siegespreis im Turnier'. 1.3–4 das Thema des Liedes. 1.7 *die sînen* (f. Sg. Akk., schwach dekliniert).
2 L. 54.27–36. 2.9 *junge* (1. Sg. Präs. Ind.) *jungen* swv. ‚jung werden'. 2.10 *mir gernden siechen* (Sg. Dat.). *seneder sühte* (Plur. Gen., abhängig von *baz* adv.).
3 L. 53.35–54.6. 3.1 *wengel* stn. (Plur. Gen.).

4 Si hât ein küssen, daz ist rôt.
Gewünnẹ ich daz vür mînen munt,
sô stüendẹ ich ûf von dirre nôt
und waerẹ ouch iemer mê gesunt.
Swâ si daz an ir wengel leget,
dâ waerẹ ich gerne nâhen bî:
ez smecket, sô manz iender reget,
alsam ez vollez balsmen sî.
Daz sol si lîhen mir.
Swie dicke sô si'z wider wil, sô gibẹ ich'z ir.

5 Ir kel, ir hendẹ, ietweder vuoz,
daz ist ze wunsche wol getân.
Ob ich dâ ẹnzwischen loben muoz,
sô waenẹ ich mê beschouwet hân.
Ich hetẹ ungerne „decke blôz!"
gerüefet, dô ịch si nacket sach.
Si sach mich nicht, dô si mich schôz,
daz mich noch stichet, als ez dô stach.
Swannẹ ich der lieben stat
gedenke, dâ si reinẹ ûz einem bade trat.

1 *Welch wunderschön geschaffene Frau;*
könnte ich ein Dankeswort von ihr verdienen!
Ich räume ihrer schönen Gestalt
den Ehrenplatz in meinem Preislied ein.
Gern diene ich weiter ihnen allen,
doch habe ich mir diese auserwählt.
Ein anderer kennt wohl die seine,
er lobe sie ohne meinen Widerspruch.
Er mag Melodie und Text
mit mir gemeinsam benutzen: lobe ich hier, so lobe er dort.

---

4 L. 54.7–16. 4.1 *küssen* stn. ‚Kissen', als substantivierter Infinitiv ‚Küssen'.
5 L. 54.17–26. 5.5 *decke blôz:* Imperativ (*decken* swv.) und substantiviertes Adjektiv *blôz* (n. Akk.). 5.7 *schôz* (3. Sg. Prät. Ind.) *schiezen* stv. II ‚schießen (mit dem Pfeil Amors)'. 5.9–10 *stat – trat:* Walther zitiert hier ein Lied Reinmars (MF 159.1), der in übertragenem Sinne gesprochen hatte:
Ich wirbe umbe allez, daz ein man / ze weltlîchen vröiden iemer haben sol. / Daz ist ein wîp, der ich enkan / nâch ir vil grôzem werde niht gesprechen wol. / Lobe ich si,

2 *Ihr Haupt, das ist so wonnevoll,*
als wollte es mein Himmel sein.
Wem sonst sollte es gleichen?
Es hat ja auch himmlischen Glanz.
Daraus leuchten zwei Sterne hervor,
in denen möchte ich mich noch spiegeln,
so nahe sollen sie bei mir sein!
Alsdann wird gewiß ein Wunder geschehen:
ich werde wieder jung, wenn sie es tut,
und mir schmachtendem Kranken kommt Heilung meiner Sehnsucht.

3 *Gott wandte an ihre Wangen edlen Eifer:*
er strich so kostbare Farbe darüber,
so reines Rot, so reines Weiß,
hier rosig und dort lilienfarben.
Wenn ich mich's unter Sündengefahr zu sagen traue,
so sähe ich sie doch immer lieber an
als Himmel und Himmelwagen.
Ach, was lobe ich Unverständiger?
Mache ich sie für mich zu erhaben,
wird das Lob meines Mundes gar leicht meines Herzens Leid.

4 *Sie hat ein Kissen, das ist rot.*
Bekäme ich das an meinen Mund,
so würde ich von dieser Krankheit sogleich aufstehen
und wäre auch für immer gesund.
Wenn sie es an ihre Wange legt,
wäre ich gern ganz nahe dabei.
Es duftet, sobald man es irgend bewegt,
als wäre es voll Balsam.
Das mag sie mir leihen.
So oft sie es wieder haben möchte, gebe ich es ihr.

---

sô man ander vrouwen tuot, / daz engenimet si niemer tac von mir vür guot. / Doch swer ich des, si ist an der stat, / dâ si ûz wîplîchen tugenden nie vuoz getrat. / Daz ist in mat! /
(Ich bemühe mich um das höchste, was ein Mann / an Freuden in der Welt je besitzen kann. / Es ist eine Frau, die ich gar nicht so / preisen kann, wie sie es verdiente. / Rühme ich sie, wie man andere Frauen rühmt, / so kann sie das von mir keinen Augenblick anerkennen. / Aber ich schwöre, daß sie an einer Stelle ist, / wo sie nie um Fußesbreite von weiblicher Tugend wich. / Das setzt die anderen matt.)

5 *Ihr Hals, ihre Hände, jeder der beiden Füße,*
alles ist so schön wie nur möglich.
Wenn ich auch rühmen soll, was dazwischen ist,
so glaube ich allerdings, noch mehr gesehen zu haben.
Ungern hätte ich „deckt eure Blöße!“
gerufen, als ich sie nackt sah.
Sie sah mich nicht, als sie mich mit dem Pfeil schoß,
so daß es mich noch immer sticht, wie es damals stach,
wenn ich an die liebliche Stelle
denke, wo sie rein aus einem Bade trat.

9

1 „Under der linden
an der heide,
dâ unser zweier bette was,
dâ muget ir vinden
schône beide
gebrochen bluomen unde gras.
Vor dem waldẹ in einem tal,
tandaradei,
schône sanc diu nahtegal.

2 Ich kam gegangen
zuo der ouwe,
dô was mîn vriedel komen ê.
Dâ wart ich empfangen:
‚hêre vrouwe‘,
daz ich bin saelic iemer mê.
Kustẹ er mich? wol tûsentstunt,
tandaradei,
seht, wie rôt mir ist der munt.

WAL 9: L. 39.11–40.18 (1–4 BC).

1 L. 39.11–19. 1.1 *linden* (Sg. Dat.) *linde* swf. 1.5 *schône* adv. (bezieht sich auf *gebrochen* 1.6). *beide* Numerale (bezieht sich auf *bluomen unde gras* 1.6).

2 L. 39.20–28. 2.3 *vriedel* stm. ‚Geliebter‘, ‚Freund‘. 2.5 *hêre vrouwe* hat man auch als Ausruf des Staunens verstanden: ‚heilige Jungfrau‘. 2.7 *kuste* (3. Sg. Prät. Ind.) *küssen* swv.

3 L. 40.1–9. 3.2 *rîche* adj. ‚prächtig‘. 3.6 *pfat* stn. ‚Pfad‘, ‚Weg‘. 3.9 *mir'z* = *mir daz.*

4 L. 40.10–18. 4.2 *wesse* (3. Sg. Prät. Opt.) *wizzen* prpr. 4.3 *schamte* (1. Sg. Prät. Opt.) *schamen* swv. ‚schämen‘.

3 Dô hetẹ er gemachet
alsô rîche
von bluomen eine bettestat.
Des wirt noch gelachet
inneclîche,
kumt iemen an daz selbe pfat.
Bî den rôsen er wol mac –
tandaradei –
merken, wâ mir'z houbet lac.

4 Daz er bî mir laege,
wessẹ ez iemen –
nû ẹnwelle got! –, sô schamtẹ ich mich.
Wes er mit mir pflaege,
niemer niemen
bevinde daz, wan er und ich
und ein kleinez vogellîn,
tandaradei,
daz mac wol getriuwe sîn."

1 *„Unter der Linde*
auf der Heide,
wo unser beider Lager war,
da könnt ihr finden,
schön gepflückt,
Blumen und Gras.
Vor dem Walde in einem Tal,
tandaradei,
lieblich sang die Nachtigall.

2 *Ich kam daher gegangen*
in der Aue,
da war mein Liebster schon da.
Da wurde ich empfangen als
‚erhabene Herrin',
daß ich immer glücklich darüber sein werde.
Küßte er mich? wohl tausendmal,
tandaradei,
seht, wie rot mir der Mund ist!

3 *Da hatte er ein prächtiges*
Lager von
Blumen gemacht.

Darüber freut sich noch
innerlich,
wer denselben Weg entlang kommt.
An den Rosen kann er noch –
tandaradei –
erkennen, wo mein Kopf lag.

4 *Daß er bei mir gelegen hat,*
wüßte es jemand –
was Gott verhüte! –, dann würde ich mich schämen.
Was er mit mir tat,
niemals soll es jemand
erfahren, außer ihm und mir
und einem kleinen Vöglein,
tandaradei,
das wird ja wohl verschwiegen sein.“

10

1 Zwô vuoge hân ich doch, swie ungevüegẹ ich sî,
der hân ich mich von kinde her vereinet.
Ich bin den vrôn bescheidenlîcher vreude bî,
und lachẹ ungerne, sô man bî mir weinet.
Durch die liute bin ich vrô,
durch die liute wil ich sorgen.
Ist mir anders dan alsô,
waz dar umbẹ? Ich wil doch borgen.
Swie si sint, sô wil ich sîn,
daz si niht verdrieze mîn.
Manegem ist unmaere,
swaz einem andern werre:
der sî ouch bî den liuten swaere.

WAL 10: L. 47.36–49.24 (2, 5, 3, 4 A; 2, 3 B; 2, 3, 4, 1, 5 C; 2, 1, 3, 4, 5 e; 4 n).
1 L. 47.36–48.11. 1.1 *vuoge* stf. ‚Schicklichkeit‘. *ungevüege* adj. ‚unartig‘, ‚unanständig‘. 1.2 *vereinen* + Gen. ‚sich verbinden mit‘. 1.3 *bescheidenlîcher vreude* (Gen.): adverbiale Bestimmung ‚mit schicklicher Freude‘. 1.5 *durch* Präp. ‚um ... willen‘. 1.10 *verdrieze* (3. Sg. Präs. Opt.) unpersönlich, + Akk. der Person (*si*) + Gen. der Sache (*mîn*). 1.11 *unmaere* adj. ‚gleichgültig‘, ‚unbekannt‘. 1.12 *werre* (3. Sg. Präs. Opt.) *werren* stv. III + Dat. ‚stören‘, ‚bekümmern‘. 1.13 *swaere* adj.: hier eher ‚lästig‘, ‚beschwerlich‘ als ‚traurig‘.

2 Hie vor, dô man sô rehte minneclîchen warp,
dô wâren mîne sprüche vreuden rîche.
Sît daz diu minneclîche minnẹ alsô verdarp,
sît sanc ouch ich ein teil unminneclîche.
Iemer als ez danne stât,
alsô sol man danne singen.
Swennẹ unvuoge nû zergât,
sô singẹ aber von hövịschen dingen.
Noch kumt vreudẹ und sanges tac:
wol im, der's erbeiten mac!
Der'z gelouben wolte,
sô ẹrkandẹ ich wol die vuoge,
wennẹ und wie man singen solte.

3 Ich sagẹ iu, waz uns den gemeinen schaden tuot:
diu wîp gelîchent uns ein teil ze sêre.
Daz wir in alsô liep sîn übel alse guot,
seht, daz gelîchen nimt uns vreudẹ und êre.
Schieden uns diu wîp als ê,
daz sie sich ouch liezen scheiden,
daz gevrumtẹ uns iemer mê,
mannen unde wîben beiden.
Waz stêt übele, waz stêt wol,
sît man uns niht scheiden sol?
Edeliu wîp, gedenket,
daz ouch die man waz kunnen:
gelîchent sị iuch, ir sît gekrenket.

4 Wîp muoz iemer sîn der wîbe hoehste name,
und tiuret baz dan vrouwẹ, als ich'z erkenne.
Swâ nû deheiniu sî, diu sich ir wîpheit schame,
diu merke disen sanc und kiese denne.

---

2 L. 48.12–24. 2.1 *warp* (3. Sg. Prät. Ind.) *werben* stv. III nicht nur ‚werben', sondern auch ‚umgehen', ‚sich verhalten'. 2.7 *unvuoge* stf.: das Gegenteil von *vuoge* vgl. 1.1. 2.8 *singe = singe ich* (die Nichtbezeichnung des pronominalen Subjekts ist häufiger als im Nhd.). 2.10 *'s = es* (n. Sg. Gen.) Personalpronomen ‚darauf' (warten). 2.12 *erkande* (1. Sg. Prät. Ind.) *er-kennen* swv. ‚wissen', (‚gelernt haben').

3 L. 48.25–37. 3.1 *gemein* adj. ‚gemeinsam'. 3.2 *gelîchent* (3. Pl. Präs. Ind.) *gelîchen* swv. ‚gleich stellen'. 3.3 *alsô (liep)* adv. ‚ebenso'. *übel alse guot* (prädikativ, *alse* adv. ‚wie') ‚als Böse wie als Gute'. 3.5 *schieden* (3. Pl. Prät. Opt.) *scheiden* stv. VII ‚unterscheiden'. 3.7 *gevrumte* (3. Pl. Prät. Opt.) *ge-vrumen* swv. ‚nützen'. 3.12 *kunnen* prpr. ‚wissen', ‚können'; die Männer haben die Möglichkeit, ebenso zu verfahren und alle Frauen gleich zu stellen. 3.13 *krenken* swv. ‚erniedrigen', ‚schwächen'.

Under vrouwen sint unwîp,
under wîben sint si tiure.
Wîbes namẹ und wîbes lîp,
die sint beide vil gehiure.
Swie'z umbẹ alle vrouwen var,
wîp sîn alle vrouwen gar.
Zwîvellop, daz hoenet,
als under wîlen vrouwe:
wîp, dêst ein namẹ, der sị alle kroenet.

5 Ich sanc hie vor den vrouwen umbẹ ir blôzen gruoz,
den nam ich wider mîme lobe ze lône.
Swâ ich des geltes nû vergebene warten muoz,
dâ lobẹ ein ander, den sie grüezen schône.
Swâ ich niht verdienen kan
einen gruoz mit mîme sange,
dar kêrẹ ich vil hêrscher man
mînen nac oder ein mîn wange.
Daz kît „mir ist umbe dich
rehtẹ als dir ist umbe mich".
Ich wil mîn lop kêren
an wîp, die kunnen danken.
Waz hân ich von den überhêren?

1 *Zwei gute Gewohnheiten habe ich doch, wie ungezogen ich sonst auch sein mag,*
die habe ich seit Kindesbeinen in mir vereint:
Ich bin bei den Fröhlichen in angemessener Weise fröhlich
und lache ungern, wenn in meiner Nähe geweint wird.
Um der andern willen bin ich froh,
um der andern willen bin ich bekümmert.
Ist mir selber anders zumute,
was ist dabei? Ich werde meine Stimmung eben borgen.

---

4 L. 48.38–49.11. 4.6 *tiure* adj. ‚teuer', d.h. ‚selten'. 4.8 *gehiure* adj. ‚angenehm'. 4.9 *var* (3. Sg. Präs. Opt.) *varn* stv. VI unpersönlich, ‚es geht, steht'. 4.10 *sîn* (3. Plur. Präs. Opt.). 4.11 *zwîvellop* stn. ‚zweifelhaftes, falsches Lob'. 4.13 *dêst* = *daz ist.*
5 L. 49.12–24. 5.2 *mîme* = *mînem(e).* 5.3 *geltes* (Sg. Gen.) *gelt* stn. ‚Bezahlung', ‚Lohn'. 5.7 *hêrscher* (m. Sg. Nom.) adj. stark flektiert ‚herrenmäßig', ‚stolz'. 5.8 *nac, wange:* er kehrt ihnen den Rücken (Nacken) zu oder eine Wange (Gesichtshälfte), d.h. er wendet sich zur Seite. 5.9 *kît* (3. Sg. Präs. Ind.) *keden, queden* stv. V (*kidet* > *kît*) ‚sprechen'. 5.13 *überhêr* adj. ‚übertrieben vornehm'.

9 Wie sie sind, so will auch ich sein,
daß ich ihnen nicht zur Last falle.
Manchem ist es gleichgültig,
12 was einen anderen betrübt.
Der mag dann auch den Menschen lästig sein.

2 *Vor dieser Zeit, als man sich richtig der Minne gemäß verhielt,*
da waren meine Reden voller Freude.
3 Seit die minnenhafte Minne zergangen ist,
seitdem habe auch ich zum Teil nicht minnemäßig gesungen.
Wie es gerade immer zugeht,
6 so soll man auch singen.
Wenn die Unsitten wieder aufhören,
singe ich auch wieder von höfischen Themen.
9 Der Tag der Freude und des Gesangs wird schon wiederkehren,
wohl ihm, der darauf warten kann.
Wenn es einer glauben möchte –
12 ich wüßte wohl die Kunst,
wann und wie man singen sollte!

3 *Ich kann euch sagen, was uns gemeinsam Schaden tut:*
die Frauen halten uns untereinander für viel zu ähnlich.
3 Daß wir ihnen gleichermaßen lieb sind, bös oder gut,
seht, diese Gleichheit nimmt uns Freude und Achtung.
Würden die Frauen Unterschiede machen wie früher,
6 damit sie auch unterscheidbar wären,
das würde uns dauernd von Vorteil sein,
sowohl Männern als auch Frauen.
9 Was ist böse, was ist gut,
wenn man keine Unterschiede zwischen uns machen will?
Edle Damen, denkt daran,
12 daß auch die Männer einen gewissen Einfluß haben:
machen sie euch alle gleich, dann seid ihr allesamt erniedrigt!

4 *‚Frau' muß immer das höchste Wort für die Frauen sein*
und ehrt mehr als ‚Dame', wenn ich's recht verstehe.
3 Wo nun eine sich schämte, Frau zu sein,
die achte genau auf dieses Lied und entscheide sich dann.
Unter den Damen sind böse Frauen –
6 unter den Frauen sind sie selten!
Sowohl das Wort ‚Frau' wie auch ihre Erscheinung
sind überaus liebenswert.

Wie es auch um die Damen bestellt sein mag,
sie sind schließlich alle doch auch Frauen!
Falsches Lob kann Hohn bedeuten –
wie manchmal das Wort ‚Dame' –
‚Frau' ist ein Wort, das sie alle ehrt!

5 *Ich sang früher vor den Damen um nichts als ihren Gruß,*
den nahm ich für mein Rühmen als Lohn.
Wo ich auf solchen Dank nun vergebens warten muß,
da mag ein anderer rühmen, den sie dafür freundlich grüßen.
Wo ich keinen Gruß
mit meinem Gesang verdienen kann,
da zeige ich als stolzer Mann
den Rücken oder wende mich zur Seite.
Das bedeutet: du bist mir,
gerade wie ich dir bin.
Ich will mein Lob
solchen Frauen schenken, die zu danken verstehen.
Was habe ich von den Übervornehmen?

II

1 Ouwê, hovelîchez singen,
daz dich ungevüege doene
solten ie ze hove verdringen!
Daz die schiere got gehoene!
Ouwê, daz dîn wirdẹ alsô geliget!
Des sint alle dîne vriundẹ unvrô.
Daz muoz eht alsô sîn: nû sî alsô.
Vrô Unvuogẹ, ir habet gesiget.

2 Der uns vreude wider braehte,
diu reht und gevüege waere,
hei, wie wol man des gedaehte,
swâ man von im seite maere!
Ez waer ein vil hovelîcher muot,
des ich iemer gerne wünschen sol.
Vrouwen unde herren zaemẹ ez wol.
Ouwê, daz ez nieman tuot!

WAL II: L. 64.31–65.32 (1–5 C).
1 L. 64.31–38. 1.4 *die* (m. Plur. Akk.) Demonstrativpronomen: = die Töne. *gehoenen* swv. ‚verächtlich machen'.
2 L. 65.1–8. 2.4 *seite* = *sagete*.

3 Die daz rehte singen stoerent,
der ist ungelîche mêre
3 danne die ez gerne hoerent.
Noch volgẹ ich der alten lêre:
ich ẹnwil niht werben zuo der mül,
6 dâ der stein sô riuschendẹ umbe gât
und daz rat sô manegẹ unwîse hât.
Merket, wer dâ harpfen sül.

4 Die sô vrevellîchen schallent,
der muoz ich vor zorne lachen,
3 daz sị in selben wol gevallent
mit als ungevüegen sachen.
Die tuont sam die vröschẹ in eime sê,
6 den ir schrîen alsô wol behaget,
daz diu nahtegal dâ von verzaget,
sô si gerne sunge mê.

5 Swer unvuoge swîgen hieze,
waz man noch von vreuden sunge! –
3 und si abe den bürgen stieze,
daz si dâ die vrôn niht twunge.
Wurden ir die grôzen höve benomen,
6 daz waerẹ allez nâch dem willen mîn.
Bî den gebûren liezẹ ich si wol sîn:
dannen ist sị ouch her bekomen.

1 *Ach, höfischer Gesang,*
daß dich unzüchtige Töne
3 *je vom Hofe haben verdrängen sollen!*
Daß Gott sie schleunig strafe!
Ach, daß deine Würde so daniederliegt!
6 *Darüber sind alle deine Freunde betrübt.*
Das muß wohl so sein – dann sei's also!
Frau Unsitte, ihr habt gesiegt!

---

3 L. 65.9–16. 3.5 *mül* stf. ‚Mühle'. 3.7 *unwîse* stf. ‚Unmelodie', ‚Lärmweise'. 3.8 *harpfen* swv. ‚Harfe spielen'.

4 L. 65.17–24. 4.3 *in selben* (Plur. Dat.) ‚ihnen' (nhd. ‚sich').

5 L. 65.25–32. 5.7 *gebûren* (Plur. Dat.) *gebûre* swm. ‚Bauer'. *si* (f. Sg. Akk.), bezieht sich auf *unvuoge*. 5.8 *dannen* adv. ‚von dort'.

Die resignierende Kritik richtet sich wohl gegen die Poesie Neidharts von Reuental, der in Österreich mehr Glück haben wird als Walther, vgl. das Lied Neidharts im letzten Kapitel, S. 213.

2 *Wer uns die Freude wiederbrächte,*
die maßvoll und gesittet wäre,
wie dankbar würde man seiner gedenken,
wo immer man von ihm erzählen hörte.
Eine wirklich höfische Haltung –
das wäre mein liebster Wunsch –
würde Damen und Herren wohl anstehen.
Leider tut niemand danach.

3 *Jene, die den wahren Gesang stören,*
sind ungleich zahlreicher
als die, welche ihn gern hören.
Ich folge bis jetzt noch der alten Sitte.
Ich will nicht in die Mühle,
wo der Stein so kreischend umläuft
und das Rad so manchen Lärm macht:
hüte sich, wer da harfen will!

4 *Die so frevelhaft lärmen,*
ich muß über sie im Zorn lachen,
daß sie sich selbst so wohlgefallen
mit so grobem Zeug.
Sie tun nicht anders als die Frösche im See,
denen ihr Quaken so gut gefällt,
daß die Nachtigall es lieber aufgibt,
wenn sie gern noch etwas mehr gesungen hätte.

5 *Wenn einer diese Unsitte zum Schweigen brächte –*
wie könnte man alsdann wieder von Freude singen! –
und sie von den Burgen hinabstieße,
damit sie dort nicht die Fröhlichen belästige,
ach, könnte man ihr die großen Höfe nehmen,
das wäre mir nur recht.
Bei den Bauern ließe ich sie ruhig bleiben,
von da ist sie ja auch hergekommen.

12

1 Ouwê, daz wîsheit unde jugent,
des mannes schoene noch sîn tugent
niht erben sol, sô ie der lîp erstirbet!
Daz mac wol klagen ein wîser man,
der sich des schaden versinnen kan,
Reimâr, waz guoter kunst an dir verdirbet!
Dû solt von schulden iemer des geniezen,
daz dich des tages wolte nie verdriezen,
dû ẹnspraechest ie den vrouwen wol mit rehten wîbes siten.
Daz süln sie iemer danken dîner zungen.
Hetest anders niht wan eine rede gesungen:
„Sô wol dir, wîp, wie reine ein nam!“, dû hetest alsô gestriten
an ir lop, daz elliu wîp dir gẹnâden solten biten.

2 Dêswâr, Reimâr, dû riuwest mich
michels harter dan ich dich,
ob dû lebetest und ich waerẹ erstorben.
Ich wil'z bî mînen triuwen sagen,
dich selben woltẹ ich lützel klagen:
ich klage dîn edelen kunst, daz si'st verdorben.
Dû kundest al der werlte vreude mêren,
sô dû'z ze guoten dingen woltest kêren.
Mich riuwet dîn wol redender munt und dîn vil süezer sanc,
daz die verdorben sint bî mînen zîten.
Daz dû niht eine wîle mohtest bîten –
sô leistẹ ich dir geselleschaft: mîn singen ist niht lanc.
Dîn sêle müeze wol gevarn, und habe dîn zunge danc.

1 *Ach, daß doch Weisheit und Jugend,*
des Menschen Schönheit und seine Tugend
sich nicht vererben, wenn der Leib stirbt!
Das muß jeder verständige Mensch beklagen,
der den Schaden ermessen kann.

WAL 12: L. 82.24–83.13 (1, 2 a; 2 C).

1 L. 82.24–36. 1.3 *erben* swv. ‚sich weitervererben‘, ‚vererbt werden‘. 1.5–6 *des schaden:* bezieht sich auf 1.6. 1.7 *von schulden* (idiomatisch) ‚zu Recht‘, ‚mit Grund‘. 1.13 *biten* unr. stv. V; *dir* ‚für dich‘; *gnâden* (Plur. Gen.) ‚um Gnade‘.

2 L. 83.1–13. 2.1 *dêswâr = daz ist wâr. riuwest* (2. Sg. Präs. Ind.) *riuwen* stv. II ‚du dauerst mich‘. 2.2 *michels* adv. (Gen.) ‚um vieles‘. 2.3 *ob* Konj. ‚wenn‘. 2.12 *leiste = leistete* (1. Sg. Prät. Opt.), Funktion: Plusquamperfekt Opt. ‚hätte dir Gesellschaft geleistet‘.

6 Reinmar, was an vollkommener Kunst mit dir dahingeht!
Du wirst zu Recht immer das Verdienst behalten,
daß es dir keinen Tag deines Lebens zu viel geworden ist,
9 lobpreisend über die Damen zu sprechen, wofern sie weiblicher Sitte pflegten.
Das werden sie deiner Zunge ewig danken.
Hättest du nichts anderes als dieses Lied gedichtet:
12 „Wohl dir, Frau, wie rein ist dieses Wort“ – du hättest dich so verdient gemacht
um ihr Lob, daß alle Frauen für dich um die göttliche Gnade beten sollten.

2 *Es ist schon wahr, Reinmar, ich trauere um dich*
viel mehr, als du um mich trauern würdest,
3 wenn du noch lebtest und ich wäre gestorben.
Ich will es ganz ehrlich sagen:
dich selber würde ich nicht viel betrauern,
6 ich beklage deine edle Kunst, daß sie dahingegangen ist.
Du hast es verstanden, aller Welt mehr Freude zu schaffen,
wenn du es im Guten beginnen wolltest.
9 Ich trauere um deinen beredten Mund und deinen schönen Gesang,
daß sie verschwunden sind zu meinen Lebzeiten.
Konntest du nicht ein wenig warten? –
12 ich hätte dir Gesellschaft geleistet: mein Singen dauert nicht sehr lange.
Deine Seele möge in Frieden fahren, und deine Zunge habe Dank!

Talent und vaterländische Gesinnung?

Walthers von der Vogelweide Hochschätzung beruht gewiß zu einem nicht geringen Teil darauf, daß Freiheit gegenüber der Tradition und Eigenart in der Verwendung des vorgegebenen Materials, jene Kriterien, die Friedrich Maurer für die Größe auch des minnesängerischen Dichters genannt hat, bei ihm unübersehbar sind. Sein eigenwilliger Umgang mit der Tradition, im Verein mit seiner gegenüber anderen Minnesängern und vor allem gegenüber Reinmar geringeren sozialen Stellung, ist auch schon zu seinen Lebzeiten nicht einfach als Fortsetzung einer Minnesangkonvention zu verstehen gewesen. Seinen Ruhm bei den Zeitgenossen hat Walther auch nicht nur durch einen neuen Minnesang erworben, sondern durch seine Spruchdichtung, die in unserer Sammlung (den Nachruf auf Reinmar ausgenommen) nicht vertreten ist. Es gelingt ihm, sich selbst zu einer Art Orakel in allerhöchsten politisch-gesellschaftlichen Fragen aufzuwerfen. Daß er dabei auf Huld und Gunst von Mäzenen angewiesen ist, gibt seinem Werk eine dauernde eigentümliche Spannung. Walther scheint immer auch gegen etwas zu singen, dort am meisten, wo er sich ganz höfisch oder ganz idyllisch gibt. Walthers Ruhm gründet sich aber auch, vielleicht sogar noch mehr, auf ein naheliegendes Mißverständnis einiger seiner Lieder und Sprüche, besonders seines ‚Preisliedes' (WAL 3; L. 56.14). Franz Pfeiffer, der in Bettlach bei Solothurn geborene und in Wien lehrende Germanist, eröffnet 1864 seine volkstümliche Reihe *Deutsche Classiker des Mittelalters* mit Walther von der Vogelweide, „der um seines ungemeinen Talentes und seiner vaterländischen Gesinnung willen vor Allen würdig ist, das Banner voranzutragen", wie es im Vorwort heißt.

Alois Kircher versucht zu klären, wie die Rezeption von Walthers *Ir sult sprechen willekomen* auf Abwege geriet:[48]

Walthers berühmtes Preislied ist ein besonders gravierendes Beispiel dafür, in welchem Maße Befangenheit zum Verkennen mittelalterlicher Dichtung führte. Schon im ausgehenden 18. Jahrhundert wurde es als „vaterländische Hymne" betrachtet, und Hoffmann von Fallersleben empfing von ihm die Anregung zu seinem 1841 entstandenen „Deutschlandlied". In der Folgezeit fand es sich in zahlreichen Anthologien und Lesebüchern, mit Überschriften versehen, wie „Deutschlands Ehre" oder „Deutschland über alles".

Hat Walther hier nicht mit dem Preis „deutscher Art" und der Abwertung des Fremden nationalistische, ja chauvinistische Töne angeschlagen, war er nicht gar ein Vorläufer der deutschtümelnden Bewegungen, die, von der verinnerlichten Neuromantik der Jahrhundertwende bis hin zur mystifizierenden Geistesgeschichte der 20er und 30er Jahre, sich um den ideologischen Überbau des Wilhelminischen wie auch des III. Reiches verdient machten? Nun, die Übereinstimmungen erscheinen nur dann frappant, wenn man den historischen Kontext ignoriert. Deutschland war um 1200 ein stammesmäßig gegliederter feudaler Vielvölkerstaat, also ein sehr lockerer Staatsverband, in dem die ethnischen wie gouvernementalen Voraussetzungen für ein modernes Nationalbewußtsein durchaus fehlten. Es müssen daher andere Solidaritätsmerkmale sein, auf die Walther reflektiert.

Versuchen wir zunächst, einigermaßen gesicherte Grundlagen für eine Interpretation zu gewinnen. Walthers Preislied wurde nach einer Rückkehr des Dichters (1200 oder 1203?) am Wiener Hof vorgetragen. Auch dieses Lied ist der Tradition des Minnesangs verpflichtet, wie insbesondere die letzte Strophe beweist. Ferner fallen zwei Bezugnahmen auf: zum einen auf Reinmars Preislied (MF 165.10; REI 4) und zum anderen auf die Herabsetzungen deutscher Hofkultur in Schmähversen provenzalischer Troubadours.

Nur wenn wir von diesen Prämissen ausgehen, offenbart die Struktur des Preisliedes jene besondere Technik des Autors, deren Intentionalität uns hinter der Folie von Aussagestereotypen zumindest in Konturen seine Person sichtbar werden läßt.

In der Eingangsstrophe des Preisliedes setzt Walther sein Ich mit großer odysseeischer Gebärde unübersehbar in Szene. Nichts ist hier zu spüren von höfischer Zurückhaltung. Mit dem bombastischen Auftreten eines Jahrmarkt-Künstlers baut er sich seinem Publikum gegenüber als Bringer unerhörter Nachricht auf: *der iu maere bringet, daz bin ich.* Und rücksichtslos schließt er die unverblümte Lohnforderung an: *ich wil aber miete.* Walther ist hier nicht der umworbene Dichter, sondern der fordernd Werbende, der seinen (unverlangten) Dienst der Wiener Hofgesellschaft „verkaufen“ muß. Die Brutalität eines solchen Abhängigkeitsverhältnisses spiegelt sich in zahlreichen Strophen vagierender Lohnsänger. [...] So beklagt beispielsweise Kelin die schlechte Marktsituation der Spielleute: *êren koufaere ist niht vil, verkoufaere ist genuoc* (Käufer für „Ehre“ gibt es nicht viel, Verkäufer hingegen genug). Der Unerbittlichkeit jener Verhältnisse, die Gunst oder Ungunst zur Existenzfrage erhoben, entspringt es, daß die beschriebene Geste des Eingangs nicht nur ein effektvolles Sich-in-Positur-Werfen, sondern gleichzeitig auch die Herabsetzung des Rivalen zum Ziel hat.

Reinmar hatte in seinem Preislied die für ihn typische Haltung melancholischen Trauerns angenommen:

> *Swaz ich nu niuwer maere sage,*
> *des endarf mich nieman vrâgen: ich enbin niht vrô ...*
> (Niemand soll mich danach fragen, was ich etwa an Neuem zu verkünden hätte: Ich bin unglücklich ...).

Der sublime Reiz dieser manieriert wirkenden Verse wird von Walthers prosaischem Impetus respektlos zerstört. [...]

Die zweite Strophe bedeutet nun keineswegs eine, wie meist angenommen wurde, schickliche Zurücknahme seines fordernden Auftretens, sondern sie transponiert das Thema auf die Ebene der Minne-Konvention, die den Frauenpreis als pflichtmäßige rühmende Übertreibung zum Selbstzweck erhoben hatte. [...] Wichtig ist, die Dialektik der beiden Strophen zu erfassen, die das dichterische Existenzproblem des *guot umb êre* auf zwei Ebenen spiegelt, denn selbstverständlich steht auch hinter dem Minnesang des Lohnabhängigen (anders als bei den adligen Dilettanten!) die Hoffnung auf materielles Entgelt.

Panegyrikus (Lobrede) und minnesängerischer Frauenpreis – diese beiden Ebenen lassen sich durch alle Strophen verfolgen, und hinter beiden wird als Ziel des Dichters die *captatio benevolentiae* (Werben um Wohlwollen) erkennbar. [...]

Strophe I wendet sich, das private Anliegen des Dichters aussprechend, an die Herrschaft des Wiener Hofes. Strophe II leitet als geschickte Kontrafaktur über in den Minnesang. Die III. Strophe rühmt die höfische Herren-Kultur, während IV wieder mit II korrespondiert. Die V. Strophe faßt beide Ebenen verdichtend zusammen.

Einige Rätsel gibt die letzte (Minnesang-)Strophe auf, die deshalb häufig als unecht angesehen worden ist. [...] Es ist uns in der Tat möglich, die letzte Strophe unter Zuhilfenahme anderer Textstellen zu dechiffrieren. Die Strophe 117.15 [nicht in unserer Sammlung] beginnt fast mit den gleichen Worten, nämlich:

> *Ich hân ir gedienet vil,*
> *der werlte, und wolte ir gerne dienen mê,*
> *wan daz si übel danken wil ...*

(Ich habe stets der höfischen Gesellschaft gedient und würde ihr auch in Zukunft gerne dienen, wenn diese sich nicht so schlecht aufs Danken verstünde ...).

Die Identität von „Welt"- und Minnestrophe legt die Vermutung nahe, daß der *gernde* Dichter unter dem Bild der Minneherrin an die Gesellschaft bei Hofe appelliert. [...]

Schon seit langem ist bekannt, daß wenige Jahre bevor Walther mit seinem Lied um Gunst am Wiener Hofe warb, provenzalische Troubadours wie Peire Vidal aus dem Gefühl höfischer Überlegenheit heraus die deutsche Adelsgesellschaft mit Schmähversen beleidigt hatten, die ihr unhöfisches und bäurisches Wesen unterstellten. Wenn Walther sich anschickte, jene „infamen" Angriffe zurückzuweisen (*swer si schildet, derst betrogen*), durfte er der Gunst der Angegriffenen gewiß sein. Und Walthers Technik hierbei ist ebenso simpel wie wirkungsvoll. Er kämpft mit typischer Dichterwaffe und kontert, indem er unter Beweis stellt, daß er besser zu loben versteht als der Angreifer. Die Zeile: *nû waz hülfe mich, ob ich unrehte strite,* läßt das Motiv des Wettstreits deutlich erkennen. „Von der Rhône bis nach Vence und vom Meer bis zur Durance" sei sein Land das höfischste und herrlichste, hatte Peire Vidal geschwärmt. Schon die geographischen Dimensionen des Provenzalen in seiner polemischen Korrespondenz weit übertreffend, schwört Walther, daß in Deutschland bereits *diu wîp* (er verwendet hier bewußt die weniger vornehme Bezeichnung) *bezzer* – und das meint in diesem Zusammenhang höfischer – seien als anderswo die *frouwen.* [...]

Entscheidend ist aber auch hier wieder, daß Walther seinen privaten Wunsch, in dem „gelobten" Land eine sichere Existenz zu finden, als Summe seines Preises wirkungsvoll in der Schlußzeile unterstreicht: *lange müeze ich leben dar inne!*

Es ist also nichts mit der „Deutschen Nationalhymne um 1200". Auch dürfen wir Walther kein patriotisches Empfinden unterstellen. Unser Dichter war in erster Linie ein Anwalt der eigenen Sache, und wenn der Dienst für eine gesellschaftliche Konvention ihm selbst nicht zugute kam, so nahm er keinen Anstand, dieser Konvention abzuschwören und seinen Dienst aufzukündigen. Das ist, vielleicht ein wenig verkürzt, der Hintergrund für Walthers Abwendung vom *hôhen sanc,* zu seiner gegenhöfischen Wendung.

Freilich ist es heute leicht, die nationale Befangenheit der frühen Germanistik zu erkennen und dem Dichter Walther den ohnehin problematischen Ruhmestitel eines Nationaldichters abzusprechen. Wird damit auch sein „ungemeines Talent" bestritten? Gewiß nicht, aber um es zu behaupten, brauchen wir tiefere und vielseitigere Einsicht in sein Werk, als man damals suchte. Max Wehrli hat in seiner Literaturgeschichte, die sich ja nicht in erster Linie an Fachgenossen wendet, die besondere poetische Leistung Walthers in seinen ‚Mädchenliedern' hervorgehoben und den Dichter um seines Dichtens willen gerühmt, ohne alle Volksliedbefangenheit verschämter Bürgerlichkeit, die ja das „tandaradei" nicht weniger goutierte als jenes „Von der Elbe unz an den Rîn"![49]

Wichtiger ist, wie die Weitung des höfischen Horizonts irgendwann einmal zwischen 1198 und 1203 oder gar erst später den konventionellen Gegenstand des lyrischen Dienstes umprägt und ersetzt. [...] die Verehrung der unerreichbaren Dame weicht der gegenseitigen, vielleicht sogar „niederen", glücklich-herzlichen Mädchenliebe. Die naturgemäß nicht genau zu umgrenzende, nicht sehr große Zahl der sogenannten Mädchenlieder bleibt Walthers erstaunlichster Beitrag zur Minnelyrik, nicht denkbar ohne die – teilweise nachweisbaren – vagantischen Vorbilder, vielleicht auch „volkstümlicher", ständisch nicht akzentuierter Liebesdichtung, aber eben durchaus als Eroberung höfischer Kunst, von welcher ebenso kühn wie taktvoll jene Motivik anverwandelt wird. [...] Eine Reihe von Liedern umspielt das Thema innig oder scherzhaft mit den Motiven idyllischer Frühlings- und Sommernatur, wie sie vorzugsweise zum mittellateinischen Liebesgedicht gehören. Im Genre objectif pasturellenhafter Szenerie kommt diese Mädchenlyrik zur abgelöstesten, zauberhaftesten Gestalt. „Under der linden" (39.11; WAL 9) nimmt frühe, vielleicht vorritterliche (Dietmar 34.3) und zugleich vagantische Töne auf, indem er das beglückte Mädchen selber sprechen läßt, in unvergleichlich schwebendem Verhüllen und Andeuten, ergriffen, jubelnd, schamhaft und neckisch zugleich, wobei der Naturlaut des Vogelrufs – *tandaradei* – in der Mädchenrede selber als Refrain wiederkehrt. In welchem Maße ein solches Gedicht „nur" Poesie, hochartifiziell ist, kommt kaum zu Bewußtsein. [...]

Die Mädchenlieder bleiben wohl ein Zwischenspiel, das weder die vorangehende höfische Lyrik ein für allemal überwinden sollte, noch auch vom Dichter programmatisch in einer „Wendung zu neuer hoher Minne" überwunden werden mußte. [...] Dennoch bleibt natürlich das letzte Wort Walthers eine Liebe, in welcher die hohe Idee der Minne und des reinen Namens der Frau weder ins unwahr Verstiegene noch ins genrehaft Anspruchslose entartet. [...] Aber zugleich wird deutlich, daß die Frau die ganze höfische Welt verkörpert, die immer wieder zur Ordnung gerufen und ermahnt, deren Niedergang mit immer neuen Wendungen beklagt wird, [...] doch kündigen sich hier schon, wohl noch in der hohen Zeit Walthers, dicht unter der Oberfläche, mögliche religiöse Konsequenzen an.

Walthers „erstaunlichster Beitrag zur Minnelyrik" (Wehrli) scheint auch schon im Augenblick der Entstehung die Geister erregt zu haben: Volker Mertens hat eine meisterhafte kleine Studie über Reinmars Frauenlied *Âne swaere ein vrouwe ich waere* (REI 7, MF 199.25) veröffentlicht, welches er ausdrücklich als „Gegensang" zu Walthers ‚Lindenlied' interpretiert:[50]

Walther nimmt [...] Elemente aus zwei Typen auf: aus dem Frauenlied-Typus den Rollenmonolog, aus dem Pastourellen-Typus den Stand der Sprecherin, gemeinsame Tradition ist die Liebesvereinigung am locus amoenus. [...] Das „grüne" Mädchen wird durch Anrede als *hêre frouwe* erhöht, die ständische Distanz überbrückt, der Unterschied von Adel und Bauerntum in der Utopie aufgehoben. [...] Indem das Mädchen Züge der Sponsa des Hohen Liedes erhält, gewinnt es im Rahmen der Deutungsmuster dieses biblischen Buches menschliche Exemplarität. Vor dem Hintergrund der Minnedienst-Ideologie mit der unlösbaren Verbindung von unerfüllter Liebe und ethischen Werten hat die Begegnung von Mädchen und Ritter im ‚Lindenlied' utopischen Charakter: Feier der Liebesbegegnung an sich, im gesellschaftsfreien Raum, der behütet wird durch die Verschwiegenheit der Nachtigall. Die Werte der Hohen Minne fehlen: weder ist von der gesellschaftlichen Vorbildlichkeit der Partner die Rede, noch gibt es Indizien für die Dauer der Beziehung: von Treue, Warten, Hoffen, Wiederfinden ist im Unterschied zum Frauenlied-Typus nicht die Rede. Walthers poetischer Kunstgriff, die Pastourelle durch das Frauenlied „aufzuheben", mit der Eliminierung des gattungstypischen Verführungszwangs den gesellschaftsfreien Charakter der Liebesbegegnung zu bewahren ohne die Pastourellen-Frivolität, kann dieser Liebe gleichwohl nicht die Dauer verleihen, die im höfischen Minnelied die ethische Qualität ausmacht. Hier ist der schwache Punkt, hier greift Reinmar ein mit seinem Lied: er setzt ein Beispiel klassischen Minnesangs dagegen.

Programmatisch steht gleich in der ersten Zeile *vrouwe:* da spricht wirklich die adlige Dame, nicht das utopisch so angeredete Mädchen. Das ist bewußter Gegensatz und damit Kritik an Walthers Erweiterung des Minnesangs um die Dimension möglicher Liebeserfahrung. Reinmar stellt dagegen ein Frauenlied im von der Tradition vorgegebenen Rahmen. In diesem ist die Evokation sexueller Erfüllung erlaubt. [. . .] Im Unterschied zu Walthers Lied ist (aber) bei Reinmar die erinnerte Liebesvereinigung eine völlig unmögliche: der adligen Frau ist sie nur im Sprachspiel Minnesang möglich, ein Realitätsbezug bleibt ausgeschlossen. Dafür wird der ganze „Apparat" der höfischen Minne eingesetzt: die ethisch-gesellschaftliche Qualität des Partners ist Bedingung der Liebe: [. . .] der Mann bemüht sich um den Lohn der Frau – darauf läuft es letztlich wieder hinaus. Das ist im Sinne Walthers eine perfekte Antiklimax, für Reinmar jedoch die Garantie des Wertes, dem Dauer zugeschrieben werden kann zum Unterschied von der reinen Vergangenheit und Vergänglichkeit der Linden-Liebe. [. . .]

Reinmars in sich geschlossenes und ausbalanciertes System wirkt heute weniger „poetisch" als Walthers offenere und – brüchige Konzeption, seine Utopie, als könnte die Liebe Schranken niederreißen und Unterschiede aufheben, sei es auch nur für die eine Stunde in Arkadien. Im bewußten Verzicht, Beständigkeit und Dauer zu rühmen, Unvergänglichkeit ohnmächtig zu beschwören, sehen wir den utopischen Charakter der Liebe Gestalt geworden.

Freilich ist auch gerade Reinmars Minne, welche das unwirkliche Glück der Liebe in einer wirklichen Trauer des Gesangs erhalten möchte, mit ihrem ethischen Anspruch eine Utopie. Mertens trägt die künstlerischen und minnetheoretischen Positionen beider Lieder ganz wissenschaftlich vor, aber seine Sympathie für Walthers Traum tritt dem Leser ungeschützt und persönlich entgegen: sie berührt so eigentlich erst unsere moderne Erfahrung, welche beide Utopien in gewandelter Form weiterträumen muß: die Utopie der Schrankenlosigkeit nicht weniger schmerzlich als die der Unverbrüchlichkeit. Ich meine, daß Mertens den beiden Liedern und ihren Dichtern erst dadurch wirklich gerecht wird, daß er ihre mittelalterliche Problematik bis zu dem Punkte verfolgt, wo sie in unserem ästhetischen Urteil in eine moderne umzuschlagen scheint.

VIII. Späte Ritter und frühe Kavaliere: Wolfram und Neidhart, Burkhart von Hohenfels und Gottfried von Neifen

Vielleicht kann man sagen, daß Reinmar als letzter versucht hat, den traditionellen Forderungen des Minnesangs gerecht zu werden, indem er ihn auf eine unüberbietbare, ‚klassische' Höhe führte. Schon Heinrich von Morungen stellt die Voraussetzungen dieser Kunst in Frage, wenn er die Erotik mehr werden läßt als eine verinnerlichte Ordnungsmacht, und Walther von der Vogelweide macht ganz offen die Abweichung vom gesellschaftlich gegebenen Minne-Ideal zu seinem poetischen Stein des Anstoßes. Sein Zeitgenosse Wolfram von Eschenbach, vielleicht der größte Dichter des deutschen Mittelalters, hat nur wenige Lieder hinterlassen, aber auch er wird darin zu einem Überwinder der Tradition, der (wie Morungen) im ‚Tagelied' der Erotik ihre urtümliche Gewalt zugesteht und (wie Walther) soziale Beziehungen reflektiert, wenn er die Rolle des Wächters poetisch analysiert. Neidhart von Reuental, ein bayrischer Ritter wie Wolfram, wird mit seiner parodistischen Minneszenerie auf dem Dorfe den Minnesang auf seine Weise ad absurdum führen und sich selbst als werbenden Ritter zum Gecken oder tragischen Popanz der Dorfjugend stilisieren. Sowohl Wolfram als auch Neidhart steigern die Verskunst dabei zu neuer Virtuosität. Zu Neidharts Liedern sind einige Melodien überliefert, an denen man (im Vergleich etwa zu einer Hausen-Melodie) studieren kann, wie die Musik ihre unaufdringliche begleitende Funktion zugunsten von rhythmischen und melodischen Effekten verliert, d.h. sich vom Text emanzipiert.

Den Schluß dieses Ausblicks auf den Minnesang des 13. Jahrhunderts mögen zwei Lieder von Dichtern bilden, die künstlerisch bemerkenswert sind, aber ihr Interesse eher der feinsinnigen Wiederbelebung der alten Minne in neuem künstlerischen Gewand als den Abgründen von Eros und Gesellschaft widmen: Burkhart von Hohenfels, ein bis 1242 im Umkreis des Stauferhofes (Friedrich II. und Heinrich VII.) bezeugter Ministeriale aus der Bodenseegegend, und Gottfried von Neifen (Hohenneuffen bei Reutlingen) aus edelfreiem, staufertreuem Geschlecht, der bis 1255 bezeugt ist. Hugo Kuhn hat ihre klassizistische Kunst als „Minnesangs Wende" (so der Titel seines Buches) bezeichnet und sie „Kavaliersdichtung" im Gegensatz zur älteren Ritterdichtung genannt.[51] Je perfekter diese Dichter ihre Kunst als systematische Ausbeutung von Motiven und Bildern, als immer neue Aufrufung von vorgefertigten Form- und Inhaltselementen handhaben, desto weniger wollen sie ins Wesen der Minne und ihre gesellschaftliche Problematik eindringen. Ihr Publikum hoher und höchster Kreise genießt die geistreiche Kunst und pflegt sie wohl auch als Statussymbol, aber es braucht sie nicht als Medium seiner Selbstreflexion und Ethik, was der ältere Minnesang auch in seinen konventionellsten Äußerungen noch sein wollte, konnte, mußte. Daß gerade diese Dichtung bei modernen Lesern Gleichgültigkeit, Tadel, ja Verachtung erfahren hat, ist nur zu verständlich. Heute kann man vielleicht weniger streng sein und auch der immerhin höchst gelungenen, spielerischen, ja eleganten und auf eine gewisse Distanz berechneten Poesie ihre Reize abgewinnen, mit denen sie ja nicht geizt, denn gerade durch ihren Formalismus wird sie schließlich neue Perspektiven und neue Inhalte dialektisch aus sich entbinden.

Wolfram von Eschenbach

1 „Sîne klâwen
durch die wolken sint geslagen:
er stîget ûf mit grôzer kraft!
ich sich in grâwen
tegelîch als er wil tagen:
den tac, der im geselleschaft
erwenden wil, dem werden man,
den ich bî naht în verliez.

Die Lieder Wolframs von Eschenbach standen ursprünglich nicht in MF, weil Lachmann sie an die Spitze seiner Wolfram-Ausgabe gestellt hatte. In der neuen Ausgabe von MF steht Wolfram als Nr. XXIV am Schluß (unser Lied: Nr. II, S. 437–439). Da man Wolframs Lieder bisher nach der Ausgabe von Lachmann zitiert findet, gebe ich dessen Zählung (L.) bei. Eine in jeder Hinsicht vorbildliche Ausgabe der Lieder Wolframs (mit neuhochdeutscher Übersetzung) hat Peter Wapnewski vorgelegt, dessen Text hier übernommen und dessen Kommentar benutzt wird: Peter Wapnewski: Die Lieder Wolframs von Eschenbach – Edition, Kommentar, Interpretation. (C. H. Beck) München 1972 (unser Lied steht als Nr. 3 S. 89 ff.).

WOL: L. 4.8–5.15 (4–8 G; G ist die Münchener Parzivalhandschrift der Bayerischen Staatsbibliothek, cgm. 19).

1 L. 4.8–17 (4 G). 1.1 *klâwen* (Pl. Nom.) *klâ, klâwe* swf. 1.3 *kraft* (Sg. Dat.) *kraft* stf.; die ursprüngliche Form lautete im Sg. Gen. und Dat. *krefte.* 1.4 *sich* (1. Sg. Präs. Ind.) *sehen* stv. V. 1.5 *tegelîch* adv.: die gewöhnliche Bedeutung ist ‚täglich', ‚jeden Tag'; für diese Stelle hat man auch eine Wolframsche Rekomposition *tege-lîch* ‚nach Art und Weise des Tages' in Betracht gezogen, etwa wie *ritterlîch* ‚nach Art und Weise eines Ritters'. 1.6 *den tac:* das Pron. *in* nahm diesen Akk. in 1.4 voraus. *geselleschaft* stf., die Bedeutung ist erotisch getönt. 1.7 *er-wenden* swv. ‚wegnehmen'. 1.8 *în*

ich bringe in hinnen ob ich kan:
sîn vil manigiu tugent mich daz leisten hiez."

2 ‚Wahtaer du singest
daz mir manige vröide nimt
unde mêret mîne klage.
maer du bringest
der mich leider niht gezimt
immer morgens gegen dem tage:
diu solt du mir verswîgen gar!
daz gebiut ich den triuwen dîn.
des lôn ich dir als ich getar –
sô belîbet hie der geselle mîn.‘

3 „Er muoz et hinnen
balde und âne sûmen sich.
nu gip im urloup, süezez wîp!
lâz in minnen
her nâch sô verholne dich,
daz er behalte êre und den lîp.
er gap sich mîner triuwen alsô
daz ich in braehte ouch wider dan.
ez ist nu tac: naht waz ez, dô
mit drucken an die brüste dîn kus mir in an gewan."

---

verliez (1. Sg. Prät. Ind.) *în verlâzen* stv. VII ‚hereinlassen‘. 1.10 *manigiu tugent:* bedeutet so viel wie seine durch Stellung und Ritterlichkeit gegebene Autorität. *hiez* (3. Sg. Prät. Ind.) *heizen* stv. VII ‚heißen‘, ‚befehlen‘.

2 L. 4.18–27 (5 G). 2.5 *ge-zimt* (3. Sg. Präs. Ind.) *gezemen* stv. ‚(sich) geziemen‘, ‚passen‘. 2.7 *diu* (n. Pl. Akk.) bezogen auf *maer* 2.4, das also auch als Pl. zu verstehen ist. 2.9 *ge-tar* (1. Sg. Präs. Ind.) *ge-turren* prpr. ‚wagen‘, ‚können‘. 2.10 *geselle* swm.: vgl. 1.6.

3 L. 4.28–37 (6 G). 3.1 *et = eht* adv. ‚doch‘ (hervorhebend). 3.7 *triuwen* (Sg. Dat.) *triuwe* swf. ‚Treue‘, ‚Verantwortung‘ usw. 3.7–8 *alsô daz* ‚in der Absicht‘, ‚unter der Voraussetzung‘. 3.8 *dan* adv. ‚von dannen‘. 3.10 *an gewinnen* stv. III ‚abgewinnen‘, genauer: ‚durch einen Sieg abgewinnen‘. Man kann die Stelle also folgendermaßen verstehen: „Ich habe den Ritter eingelassen und in meine Obhut genommen; du hast ihn (mit meiner Zustimmung) durch die Liebe ganz für dich gewonnen, so lange es Nacht war; aber jetzt muß ich mein Recht auf ihn wieder geltend machen." Wapnewski versteht die Stelle anders (S. 106): „‚Deine liebende Umarmung hat ihn (nicht nur dir, sondern auch) mir, d. h. meiner Wachsamkeit in besonderem Maße anvertraut.‘ *ez ist nu tac,* damit erfüllt sich diese Dienstverpflichtung in ihrer Beendigung."

4 ‚Swaz dir gevalle
wahtaer sinc und lâ den hie,
der minne brâht und minne enpfienc.
von dînem schalle
ist er und ich erschrocken ie.
sô ninder morgenstern ûf gienc
ûf in, der her nâch minne ist komen,
noch ninder lûhte tages lieht:
du hâst in dicke mir benomen
von blanken armen – und ûz herzen niht.‘

5 Von den blicken
die der tac tet durch diu glas,
und dô wahtaere warnen sanc,
si muose erschricken
durch den der dâ bî ir was.
ir brüstlîn an brust si twanc,
der rîter ellens niht vergaz
(des wold in wenden wahtaers dôn).
urloup nâh und nâher baz
mit kusse und anders gap in minne lôn.

1 *„Seine Klauen*
sind durch die Wolken geschlagen:
Er steigt herauf mit großer Kraft!
Ich sehe ihn grauen,
wie er täglich tagt,
den Tag, der ihm das Beisammensein
stehlen will, dem teuren Mann,
den ich zur Nacht einließ.
Ich bringe ihn wieder von hinnen, wenn ich nur kann:
sein großer Edelmut heißt es mich tun.“

---

4 L. 4.38–5.5 (7 G). 4.5 *ie* adv. ‚immer‘, ‚jedesmal‘ (2.6 *immer* und 4.9 *dicke* sind Hinweise darauf, daß die Geliebte an viele frühere Begegnungen erinnert). Die Verse enthalten den Vorwurf an den Wächter, übervorsichtig zu sein. 4.6 *ninder* adv.: ‚nirgends‘, ‚nicht‘. 4.8 *lûhte* (3. Sg. Prät. Ind.) *liuhten* swv.

5 L. 5.6–15 (8 G). 5.1 *blic* stm. ‚Glanz‘, ‚Blitz‘, ‚Blick‘. 5.3 *wahtaere:* Subjekt ‚der Wächter‘ (die artikellose Form ist vielleicht eine gewollte manieristische poetische Freiheit, vgl. auch 4.6 *morgenstern* und 5.8 *wahtaers dôn*). *warnen:* Inf. *sanc* (3. Sg. Prät. Ind.) *singen* stv. III. 5.9 *nâh(e) und nâher baz:* adverbial; zwar ist der Abschied „nah und näher“, aber wie an anderen Stellen in seinen Liedern evoziert Wolfram hier die Liebenden, die sich nah und näher kommen.

2 ‚Wächter, was du singst,
nimmt mir alle Freude
und mehrt meine Klage.
Nachrichten bringst du,
die mir immer ganz widerwärtig sind
am Morgen bei Tagesanbruch.
Verschweig sie mir doch ganz und gar,
das erwarte ich von deiner Treue.
Ich zeige mich dafür erkenntlich, so gut ich kann –
und mein Geliebter bleibt hier.‘

3 „Er muß doch fort,
geschwind und ohne Säumen.
Nimm jetzt Abschied, schöne Frau.
Laß ihn dich
später wieder so heimlich lieben,
damit er Ehre und Leben behalte.
Er hat sich in meine Obhut gegeben,
damit ich ihn auch wieder fortbringe.
Jetzt ist es Tag: Nacht war es, als –
Brust an Brust – dein Kuß ihn mir abgewann.“

4 ‚Was du willst,
Wächter, das sing und laß den hier,
der Liebe gab und Liebe empfing.
Von deinem Schall
ist er und ich jedesmal erschrocken.
Wenn noch kein Morgenstern aufging
über ihm, der um der Liebe willen herkam,
und noch kein Tageslicht leuchtete,
hast du oft ihn mir entrissen
aus meinen weißen Armen – aber aus dem Herzen nicht.‘

5 Von den Strahlen,
die der Tag durch die Scheiben schickte
und als der Wächter seine Warnung sang,
mußte sie in Schrecken geraten
um den, der da bei ihr war.
Ihre kleinen Brüste drängte sie an seine Brust,
auch der Ritter spürte seine Manneskraft,
aber der Gesang des Wächters wollte ihn hindern.
Der Abschied schenkte ihnen, nah und immer näher,
mit Kuß und mehr noch die Erfüllung der Liebe.

Neidhart von Reuental

1 Blôzen wir den anger ligen sâhen,
end uns diu liebe zît begunde nâhen,
daz die bluomen drungen durch den klê
aber als ê.
heide diust mit rôsen nû bevangen:
den tuot der sumer wol, niht wê.

2 Droschel, nahtigal die hoert man singen,
von ir schalle berc unt tal erklingen:
sie vreunt sich gegen der lieben sumerzît,
diu uns gît
vreuden vil und liehter ougenweide.
diu heide wünneclîchen lît.

3 Sprach ein maget: „die wisen wellent touwen.
megt ir an dem sumer wunder schouwen?
die boume, die den winder stuonden val,
über al
sint si niuwes loubes worden rîche:
dar under singent nahtigal.

4 Losâ, wie die vogele alle doenent,
wie sî den meien mit ir sange kroenent!
jâ, waen ich, der winder ende hât.
Wîerât,
sprinc alsô, daz ich dirs immer danke!
diu linde wol geloubet stât.

Neidharts Lieder werden nach der Verszählung von Moriz Haupt zitiert (seine Neidhart-Ausgabe erschien 1858). Auf den Nachweis der Handschriften verzichte ich hier. Eine repräsentative Auswahl aus Neidharts Werk (mit Melodien und einigen bibliographischen Hinweisen) bietet Helmut Lomnitzers Ausgabe: Neidhart von Reuental: Lieder – Auswahl mit den Melodien zu neun Liedern, mittelhochdeutsch und übersetzt von H. L. (Reclam 6927) Stuttgart 1966.

NEI: 26.23–27.38

1 26.23–28. 1.1 *blôzen* (Akk.): das prädikative Adj. wird mhd. öfter dekliniert. *anger* stm. ‚Dorfwiese'. 1.2 *end* Konj. ‚ehe', ‚bevor'. *begunde* (3. Sg. Prät. Ind.) *beginnen* unr. st/swv. 1.4 *aber* adv. ‚wiederum', ‚abermals'. 1.5 *diust* = *diu ist.*

2 26.29–34. 2.2 *erklingen* (Inf.): abhängig von *hoert* 2.1. 2.3 *gegen* (Präp. + Dat.). 2.4 *gît* = *gibet: geben* stv. V. 2.5 *vreuden* (Pl. Gen.); *liehter ougenweide* (Sg. Gen.): beide Genitive sind abhängig von *vil.* 2.6 *lît* = *liget: ligen* stv. V.

3 26.35–27.2. 3.2 *megt* = *mugt, muget: mugen* prpr.

4 27.3–8. 4.1 *Losâ* (verstärkter Imperativ) *losen* swv. ‚horchen'. 4.4 *Wîerât:* Mädchenname.

5 Dâ sul wir uns wider hiuwer zweien.
vor dem walde ist rôsen vil geheien:
der wil ich ein kränzel wolgetân
ûfe hân,
springe ich einem ritter an der hende
in hôhem muote, nû wol dan!“

6 „Tohterlîn, lâ dich sîn niht gelangen!
wil dû die ritter an dem reien drangen,
die dir niht ze mâze ensulen sîn,
tohterlîn,
dû wirst an dem schaden wol ervunden.
der junge meier muotet dîn.“

7 „Sliezet mir den meier an die versen!
jâ trûwe ich stolzem ritter wol gehersen:
zwiu sol ein gebûwer mir ze man?
der enkan
mich nâch mînem willen niht getriuten:
er, waen, mîn eine muoz gestân.“

8 „Tohterlîn, lâ dir in niht versmâhen!
dû wilt ze tumbe ritters künde vâhen:
daz ist allen dînen vriunden leit.
manegen eit
swüere dû: des wis nu âne lougen,
dîn muot dich allez von mir treit!“

9 „Muoter mîn, ir lâzet iuwer bâgen!
ich wil mîne vriunde durch in wâgen,
den ich mînen willen nie verhal.

---

5 27.9–14. 5.1 *sul wir:* = *suln* (das *-n* der 1. Pl. fehlt regelmäßig bei der Inversion). 5.2 *geheien* (Part.) sonst *heien* swv. ‚hegen‘, ‚pflegen‘, ‚gedeihen‘.

6 27.15–20. 6.1 *sîn* Pers. pron. (3. Sg. Gen.) m. = er (der Ritter) oder aber n. = es (das Tanzen); die ältere Form des Gen. n. ist *es*. Vgl. auch *sîn* 9.5.

7 27.21–26. 7.2 *ge-hersen* swv. ‚beherrschen‘. 7.3 *zwiu* = *ze wiu* (Interr. pron. n. Instr.) ‚wozu‘. 7.5 *ge-triuten* swv. ‚lieben‘ (ohne die Aura der hohen Minne!). 7.6 *eine* adv. ‚allein‘, mit Gen.: ‚frei von‘; *mîn* (Pers. pron. 1. Sg. Gen.) ist hiervon abhängig.

8 27.27–32. 8.1 Konstruktion: ‚laß ihn dir nicht verächtlich werden‘. 8.2 *tumbe* stf. ‚Unverstand‘, ‚Unerfahrenheit‘. 8.5 *swüere* (2. Sg. Prät. Ind.) *swern* stv. VI ‚schwören‘. *wis* (Imp.) *wesen* stv. V (defektiv, vgl. *sîn* unrv. ‚sein‘). 8.6 *allez* adv. ‚ganz und gar‘. *treit* = *treget* (*tragen* stv. VI).

9 27.33–38. 9.3 *verhal* (1. Sg. Prät. Ind.) *ver-heln* stv. IV. ‚verhehlen‘, ‚verschweigen‘. 9.5 *müezen* (3. Pl. Präs. Opt.) *müezen* prpr. 9.6 *gein* = *gegen.*

über al
müezen sîn die liute werden inne:
mîn muot der strebt gein Riuwental."

1 *Kahl haben wir den Anger liegen sehen,*
ehe uns die freundliche Jahreszeit wieder nahte
und die Blumen durch den Klee drangen
wie vordem.
Die Heide ist nun mit Rosen bedeckt,
denen tut der Sommer wohl, nicht weh.

2 *Drossel, Nachtigall, die hört man singen*
und von ihrem Schall Berg und Tal erklingen:
sie freuen sich auf die liebe Sommerzeit,
die uns gibt
viele Freuden und strahlende Augenweide.
Lieblich liegt die Heide da.

3 *Es sprach ein Mädchen: „Die Wiesen wollen wieder Tau bekommen,*
wollt ihr die Wunder des Sommers sehen?
Die Bäume, die den Winter über grau dastanden –
ringsherum
sind sie wieder voll von neuem Laub.
Dazwischen singen die Nachtigallen.

4 *Horch, wie die Vögel alle tönen,*
wie sie den Mai mit ihrem Gesang krönen!
Ja, ich glaube, der Winter hat ein Ende.
Wierat,
spring nur, immer will ich dir dankbar dafür sein.
Die Linde steht in schönem Laube da.

5 *Dort werden wir auch dieses Jahr wieder paarweise gehen.*
Am Waldrand sind viele Rosen aufgegangen.
Davon möchte ich ein schöngebundenes Kränzchen
aufhaben,
wenn ich an der Hand eines Ritters tanze
in hohem Mut. Jetzt aber fort!"

6 *„Töchterlein, laß dich danach nicht gelüsten.*
Wenn du dich im Tanz zu den Rittern drängeln willst,
die nicht für deinesgleichen bestimmt sind,
Töchterlein,

so wirst du den Schaden davon haben.
Der junge Meier hält um dich an."

7 *„Heftet mir den Meier an die Fersen,*
ich traue mir zu, mit einem stolzen Ritter fertig zu werden.
Was soll mir ein Bauer zum Mann?
Der kann
mich nicht lieben, wie ich es will.
Er muß wohl, glaube ich, ohne mich auskommen."

8 *„Töchterlein, du solltest ihn nicht verschmähen.*
Du willst aus Unerfahrenheit Ritterbekanntschaften machen:
allen deinen Freunden macht das Sorge.
So manchen Eid
hast du geschworen: das streite jetzt nicht ab!
Dein Trieb führt dich ganz von mir fort."

9 *„Meine Mutter, nun hört auf zu schimpfen.*
Ich werde meine Freunde für ihn aufs Spiel setzen,
denen ich meine Absicht nie verschwiegen habe.
Überall
sollen es die Leute wissen:
Mein Herz sehnt sich nach Reuental."

Melodie

Burkhart von Hohenfels

1 Nâch des aren site ir êre
hôhe sweimet unde ir muot.
schande wenket von ir sêre,
sam vor valken lerche tuot.
swer ir gruoz nimt, derst vor schanden
banden vrî, sist saelden wer.

2 Der wilde visch in dem bêre
nie genam sô mangen wanc
als mîn herze in jâmers lêre
nâch ir; dest mîn vröide kranc.
wan mîn vrîheit sich vür eigen
neigen der vil lieben kan.

3 Swie der affe sî gar wilde,
doch sô vâhet in sîn schîn,

Die Lieder Burkharts von Hohenfels findet man in: Deutsche Liederdichter des 13. Jahrhunderts, hrsg. von Carl von Kraus. Tübingen ^{2}1978. Unser Lied (6.II) steht S. 33 f. Es ist nur in Hs. C (Str. 6–10) überliefert.

1.1–2 *êre, muot:* gemeint ist (äußerer) Ruhm und (innerer) Wert. 1.5–6 Bedeutung: ‚Wer bei ihr Beachtung findet, wird von allen geschätzt werden'. *derst* = *der ist. sist* = *si ist. wer* stf. ‚Bürgschaft', ‚Geldwert' (‚Währung'); man könnte auch an *wer* stf. ‚Verteidigung', ‚Bollwerk' denken. *saelden* (Pl. Gen.) *saelde* stf. 2.1 *bêr* stm. ‚Fischernetz'. 2.3 *lêre* stf. ‚Lehre'. Die manieristische Formel *jâmers lêre* hatte Wolfram von Eschenbach geprägt (Parzival 28.19). 2.5 *eigen* adj. ‚leibeigen', ‚hörig'.

so'r im spiegel siht sîn bilde.
sus nimt mir diu vrouwe mîn
sin lîp herze muot und ougen
tougen, dest mîn ungewin.

4 Einen vürsten hânt die bîen,
swar der vert, si volgent nâch.
mînen gedenken den vrîen
ist sus nâch der lieben gâch.
ir vil vröidenvrühtic lachen
machen kan wol vröide mir.

5 Der einhürne in megede schôze
gît durch kiusche sînen lîp.
dem wild ich mich wol genôze,
sît ein reine saelic wîp
mich verderbet an den triuwen;
riuwen mac si der gerich.

1 *In Adlers Weise schwingen sich ihr Ruhm*
und ihre Gesinnung in die Höhe.
Schande weicht vor ihr heftig zurück,
wie vor dem Falken die Lerche es tut.
Wer ihres Grußes teilhaftig wird, der ist
von den Fesseln der Mißachtung frei; sie ist das Unterpfand des Glücks.

2 *Der unbändige Fisch im Netz*
hat nie so hin und her gezappelt
wie mein Herz in der Schule der Sehnsucht
nach ihr. Davon ist meine Freude krank geworden.
Denn meine Freiheit möchte sich hörig
vor der Hochgeliebten neigen.

3.6 *dest* = *daz ist.* 4.1 *fürste* swm. ‚Fürst' – Fachausdruck für die Bienenkönigin. *bîe* swf. ‚Biene' (auch *bin* stf.). 4.5 *vröidenvrühtic* adj. preziöse Zusammensetzung (das Lachen „trägt" Freude wie der Obstbaum seine Frucht). 5.2 *gît* = *gibet.* 5.3 *wild(e)* (Sg. Dat.) *wilt* stn. ‚Wild', ‚wildes Tier'. *sich genôzen* swv. ‚zugesellen', ‚vergleichen'. 5.4 *reine* (sw., n. Sg. Nom.) *reine* adj. 5.5 *an den triuwen:* eher ‚Vertrauen', ‚Zutrauen' als ‚Treue'. Aus solchem Vertrauen legt das Einhorn vor einer Jungfrau seine Wildheit ab (und kann dann vom Jäger erlegt werden). 5.6 *ge-rich* stm. ‚Rache', ‚Strafe'; hier ist die Strafe so ungerecht wie bei dem betrogenen Einhorn, und die Jungfrau müßte es reuen, daß das ihr erwiesene Vertrauen mißbraucht wird.

3 *Wie unzähmbar auch der Affe sei,*
der Schein hält ihn fest,
wenn er sein Bild im Spiegel erblickt.
So nimmt mir meine Herrin
Verstand, Leben, Herz, Geist und Augen
heimlich weg. Das ist mein Verderb.

4 *Eine Königin haben die Bienen;*
wo sie sich auch hinbegibt, dahin folgen sie.
Meine doch freien Gedanken
folgen ebenso rasch der Geliebten.
Ihr so freude-fruchtbares Lachen
kann mir wirklich Freude schaffen.

5 *Das Einhorn im Schoße der Jungfrau*
gibt sein Leben dahin um der Keuschheit willen.
Diesem wilden Tier kann ich mich zugesellen,
richtet mich doch eine reine glückversprechende Frau
zugrunde durch mein Zutrauen.
Reuen sollte sie diese Strafe!

Gottfried von Neifen

1 Ich hoer aber die vogel singen,
in dem walde suoze erklingen;
dringen   siht man bluomen durch daz gras.
was   diu sumerwunne in leide,
nû hât aber diu liebe heide
beide,   bluomen unde rôsen rôt.
meie kumt mit manger bluot.
tuot   mir wol diu minnenclîche,
seht, sô wirde ich vröiderîche,
sunder nôt   vil manger sorgen vrî.

Gottfrieds von Neifen Lieder stehen (wie die Burkharts von Hohenfels) in: Deutsche Liederdichter des 13. Jahrhunderts, hrsg. von Carl von Kraus. Tübingen ^{2}1978. Unser Lied (Nr. XVI) S. 98 f. Es ist nur in Hs. C (Strophen 69–73) überliefert. Die Anleihen bei Neidhart und den älteren Minnesängern wird man unschwer erkennen. Zuerst drängt sich aber doch dem Leser-Hörer das Klang- und Bedeutungsspiel des virtuosen Poeten auf (vgl. die ‚Schlagreime' *erklingen*:*dringen*, *gras*:*was* usw. sowie die ‚Waisen', d. h. nicht gereimten Strophenausgänge auf *î, ê, â, ô, û*). Meine Übersetzung möchte den originalen Wortlaut verständlich machen (und tut das öfter auf Kosten des Nhd.!).

2 Gunde mir diu saeldebaere
daz ir trôst mir vröide baere,
swaere wolde ich sender siecher lân.
hân ich trôst, der ist doch kleine,
sie entroeste mich aleine.
reine saelic wîp, nu troestet baz.
Minne, hilf: est an der zît.
sît mîn trôst lît an der süezen,
sô mac sie mir swaere büezen.
nû durch waz tuot sie mir alse wê?

3 Obe ir rôter munt mir gunde
daz sîn kus die nôt enbunde,
wunde von der minne wurde heil.
heil gelücke saelde und êre
hete ich sender iemer mêre.
hêre saelic wîp, nu troestet baz.
owê, süezer rôter munt,
wunt wart ich von dînen schulden,
dô ich der lieben muoste hulden.
leit sint daz diu mich noch machent grâ.

4 Wunder kanst du, süeziu Minne.
Minne, in dîner glüete ich brinne;
sinne herze muot hâst dû mir hin.
in mîn herze sunder lougen
sach ein wîp mit spilnden ougen
tougen. dannoch was gemeit mîn lîp.
herzen trût, nu tuot sô wol:
sol ich sender vrô belîben,
sô sult ir von mir vertrîben,
saelic wîp, die nôt, sô wirde ich vrô.

5 Wie zimt nû der süezen hêren
daz si mich kan trûren lêren?

1.4 *was* (3. Sg. Prät. Ind.) *wesen, sîn* unrv.: leitet einen rhetorischen Konditional- oder Konzessivsatz ein (wenn – dann, zwar – aber). 1.7 *bluot* stf. ‚die Blüte', ‚das Blühen'. 2.1–2 *gunde, baere* (3. Sg. Prät. Opt.) *gunnen* prpr., *bern* stv. IV ‚tragen', ‚bringen'. 2.3 *sender siecher* (m. Nom.) prädikativ zu *ich.* 2.5 *si en-troeste:* Kond.satz ‚wenn nicht . . .'. 2.6 *wîp* (Sg., vgl. 3.6 und 4.5). *troestet* (2. Pl. Imp. – Höflichkeitsform). 2.7 *est = ez ist.* 2.8 *lît = liget.* 3.1 *obe* Konj. (konditional) ‚wenn'. 3.2 *en-bunde* (3. Sg. Prät. Opt.) *enbinden* stv. III ‚losbinden'. 3.3 *wunde:* artikellos (wohl wegen des Schlagreims). 3.9 *hulden* swv. ‚huldigen', ‚Treue geloben'. 4.2 *glüete* (Sg. Dat.) *gluot* stf. 5.1 *zimt* (3. Sg. Präs. Ind.) *zemen* stv. IV ‚ziemen'.

mêren möhte sie wol vröide mir.
ir vil minneclîchez lachen
kan mir sendez trûren swachen.
machen möhte sie mich sorgen bar.
owê, süezer rôter munt!
wunt bin ich an hôchgemüete.
rôter munt, dur dîne güete
nû sprich dar: mîn bete wol weistû.

1 *Ich höre wieder die Vögel singen,*
im Walde lieblich erklingen;
dringen sieht man Blumen durch das Gras.
War die Sommerwonne in Leid (erstickt),
so hat jetzt die liebe Heide
wieder beides: Blüten und rote Rosen.
Der Mai kommt mit mannigfaltigem Blühen.
Ist die Liebenswerte freundlich zu mir,
seht, dann bin ich voller Freude,
ohne Entbehrung, vieler Sorgen ledig.

2 *Gönnte mir die Glücksbringerin,*
daß ihr Trost mir Freude gäbe,
die Trauer würde ich Sehnsüchtiger fahren lassen.
Habe ich schon Trost, so ist er doch hinfällig,
wenn sie es nicht ist, die mich tröstet.
Reine, glückbringende Frau, nun tröstet besser!
Minne, hilf: es ist an der Zeit.
Da meine Zuversicht sich nur auf die Liebliche gründet,
kann auch nur sie meine Trübsal heilen.
Aber warum tut sie mir denn so weh?

3 *Wenn ihr roter Mund es mir gönnen würde,*
daß ein Kuß meine Not löste,
so würde die Wunde durch die Minne heil.
Heil, Gelingen, Glück und Ehre
hätte ich Schmachtender dann für immer.

5.3 *möhte* (3. Sg. Prät. Opt.) *mugen* prpr. ‚können', ‚vermögen'. 5.8 *hôchgemüete* stn. ‚edle Gesinnung', die höfische Idealverfassung, wie ein Organ aufgefaßt, das erkranken kann. 5.10 *dar sprechen* ‚dorthin, in diese Richtung sprechen': der rote Mund (erotisches Symbol) wird aufgefordert, die Krankheit des Hohen Muts zu „besprechen". *weistû* = *weist dû.*

Herrliche, glückbringende Frau, nun tröstet besser!
O weh, süßer roter Mund,
krank bin ich deinetwegen geworden,
als ich der Lieben huldigte.
Das sind Leiden, die mich noch grau machen werden.

4 *Wunderdinge kennst du, liebliche Minne;*
Minne, in deiner Glut brenne ich.
Sinne, Herz und Verstand hast du mir geraubt.
In mein Herz – ich lüge nicht –
schaute eine Frau mit leuchtenden Augen,
heimlich. Da war ich noch fröhlich.
Herzgeliebte, nun macht es recht:
wenn ich Schmachtender froh werden soll,
so müßt ihr von mir vertreiben
glückbringende Frau, jene Entbehrung; dann werde ich froh.

5 *Wie paßt das nun zu der Lieblichen, Herrlichen,*
daß sie mich trauern lehrt?
Mehren könnte sie mir dagegen meine Freude!
Ihr so liebenswertes Lächeln
kann meine Sehnsuchtstrauer schwächen.
Sie könnte mich sorgenfrei machen.
O weh, süßer roter Mund!
Krank bin ich am Hohen Mut.
Roter Mund, um deiner Güte willen,
sag etwas dazu: meine Bitte kennst du ja.

Zum Problem einer soziologischen Deutung des Minnesangs

Es ist ein weiter Weg vom „Ritter" Kürenberg bis zum „Kavalier" Gottfried von Neifen! Nimmt man ein wenig Abstand vom ersten Eindruck einer gattungsgebundenen literarischen Entwicklung, den auch diese Sammlung mit ihrem Inhaltsverzeichnis nahelegt, so drängen sich allerdings immer wieder Fragen auf, welche den Rahmen der Literatur sprengen. Über die Frage nach dem poetischen Talent oder der dichterischen Größe unserer Minnesänger ist zwar viel geschrieben worden, doch sind diese Begriffe zu stark an unsere Zeit gebunden und zu ungenau, um einigermaßen gültige Antworten zu gestatten. Aber war es nicht auch oder vor allem die Zugehörigkeit zu einer Gesellschaftsklasse, oder waren es nicht überhaupt reale gesellschaftliche Strukturen, die in jedem Dichter lediglich ein Sprachrohr fanden? Wissenschaftliche Antworten auf diese Frage haben das Verdienst, den modernen Leser auf Zusammenhänge aufmerksam zu machen, die ihm sonst entgehen müssen; sie haben aber auch den Fehler, ihre jeweilige Perspektive so in den Vordergrund zu rükken, daß jeder andere Umgang mit den Texten beinahe als illegitim erscheint, wenn er sich nicht gleichfalls wissenschaftlich rechtfertigen kann.

An Auszügen aus der von Erich Köhler neu entfachten Diskussion über eine soziologische Deutung des Minnesangs möchte ich sowohl die Wichtigkeit als auch die eigentümliche Begrenztheit einer solchen Fragestellung dokumentieren. Gert Kaisers Ausführungen zu diesem Thema seien hier zusammenfassend als Ermutigung zitiert, die poetischen Dokumente nicht auf lösungsheischende wissenschaftliche Aufgaben für Spezialisten zu reduzieren, sondern ihnen immer auch ihre komplexe Historizität einzuräumen, in der sie für uns gerade nicht verstummen, weil sie vollständig erklärt wären, sondern reden, wie fremd ihre Sprache uns auch vorkommen mag.

Erich Köhler: Vergleichende soziologische Betrachtungen zum romanischen und zum deutschen Minnesang[52]

Es liegt auf der Hand, daß die Herstellung einer echten genetischen Beziehung zwischen gesellschaftlicher Wirklichkeit und literarischer Idealität über jene sozialpsychologische Zwischenschicht führen muß, die an beiden Bereichen teilhat, und die bei unserem Gegenstand mehr als bei jedem anderen als eine eminent kollektive zu verstehen ist. [...] Nach Hennig Brinkmann (in: Der deutsche Minnesang, S. 126) hat der Dichter-Liebhaber „den Ort verlassen, von dem seine Wanderung ausging, und kommt nie zum Ziel, das anderen Menschen vor Augen steht, wenn sich in ihnen Liebe regt. So bleibt er in unablässiger Wandlung begriffen, stets unterwegs, ein Mensch ohne Gegenwart, der in eine entweichende Zukunft ausschaut und gelegentlich in das Vergangene zurücksieht, das hinter ihm unwiderruflich versinkt. Den erfüllten Augenblick kennt die höfische Gesellschaft nicht." [...] Verwundert fragen wir uns, wie Brinkmann nach solch scharfsinniger Bestimmung der psychologischen Struktur der Minne noch glauben kann, diese letztere sei eine Schöpfung des Hochadels. Denn seine Bestimmung entspricht nirgends einem Bewußtsein, das man beim Hochadel erwarten könnte, wohl aber in allen wesentlichen Punkten jenen Merkmalen, welche die Sozialpsychologie als typisch für die Kollektivmentalität des sogenannten „marginal man" erkannt hat, der den oberen Rand einer sozialen Schicht erreicht hat, nach der sozial höheren Schicht tendiert, ohne den Übergang vollständig vollziehen zu können. [...] Der „Sitz im Leben" der Trobadordichtung ist die gesellschaftliche Situation jener Schicht, die sich erst auf dem Wege zur definitiven Nobilitierung befindet, in ihrem problematischen Verhältnis zum Hochadel und in der Zuspitzung der aus diesem Verhältnis resultierenden Spannungen im Zusammenleben am Hof. [...] Zutreffender als durch den Begriff „niederes Rittertum" wäre diese Gruppe mit den älteren Trobadors selbst als *Joven* zu bezeichnen, als die Glieder einer „Jugend", die nicht das biologische Alter meint, unter der vielmehr alle diejenigen zusammengefaßt werden, deren Anspruch auf Besitz, Lehen, Rang, kurz Integration in den höheren Stand noch unerfüllt war – der „non casati".

Wie steht es nun mit dem deutschen Minnesang? Zu den zentralen Motiven und Schlüsselbegriffen der Trobadordichtung, für die wir diesseits der Sprachgrenze keine Entsprechung finden, gehört *Joven* – sowohl in seiner konkret-sozialen wie in seiner moralischen Bedeutung – ein, wie mir scheint, deutliches Indiz dafür, daß hier die Verhältnisse wenn zwar nicht grundsätzlich anders, so doch verschieden liegen. Die soziale Gruppe, der wir unter der Bezeichnung *Joven* begegnen, erhebt die ihr eigentümliche Gesinnung zu einem unverzichtbaren Bestandteil des Ideals vom erfüllten Leben: *joi e joven* – so lautet die Formel – sind untrennbar. Mit diesem Begriff und seinem zweifachen Bedeutungsgehalt fehlt dem deutschen Minnesang auch das Element aggressiven sozialen Aufbegehrens, das für *Joven* charakteristisch ist. [...] Der deutsche Minnedichter ist Sprecher einer Gruppe, deren Abhängigkeit vom Adel sehr viel enger ist als diejenige der Trägerschicht, die wir in Frankreich ausfindig machten. [...] Der Adel des Geistes ist bei ihnen, wie man zu sagen pflegt, verinnerlicht und von jeder Nützlichkeitserwägung befreit. Das hat seine Ursache nicht in der tieferen Inbrunst der mittelhochdeutschen Seele, sondern im engeren Käfig der Abhängigkeit. Aus der Not wird eine Tugend. Und die klassische Formulierung Albrechts von Johannsdorf, nach welcher der Minnelohn darin bestehe, *daz ir deste werder sît und dâ bî hôchgemuot* (MF 94.14), schlägt ethisches Kapital aus einer Resignation, die nur noch wenige Auswege sichtet, die Hoffnung jedoch nicht aufgeben kann. [...]

Suchen wir die geschichtliche Wirklichkeit des deutschen Mittelalters nach einer Klasse ab, auf welche die soeben [...] ermittelte Denkstruktur des Minnesängers paßt, so kommt nur eine in Betracht [...]: die Ministerialen. [...] Eine Mißheirat war für ihre Angehörigen das Ende aller Hoffnungen auf Erreichen eines höheren sozialen Ranges. [...] Die soziale Mobilität in einer Gesellschaft, deren Standesgrenzen weder nach unten noch nach oben geschlossen waren, erzeugte einen stets virulenten Drang nach oben, der um so stärker empfunden werden mußte, als – sit venia verbo – das Angebot geeigneter Töchter und Witwen in einem krassen Mißverhältnis zur steigenden Nachfrage stand. Wir finden das diesem Sachverhalt gemäße Bewußtsein, sozialpsychologisch strukturiert, in genauer Entsprechung im Minneverhältnis der Dichtung wieder. [...] Was freilich zu erklären bleibt, ist der Konsensus des Hochadels angesichts einer Dichtung, welche sich als Sublimierung der Aufstiegsambitionen, des Integrationsanspruchs einer aus dem Dienst aufsteigenden Schicht von freien Rittern und Dienstleuten – in Deutschland überwiegend unfreien Ministerialen – darbot. Mehr kann jetzt und hier nicht gesagt werden, als daß es für den Hochadel notwendig war, sich der Dienste dieser Schicht zu versichern, sie zu honorieren, und daß gerade die Moralisierung und Sublimierung ihrer Lebensverhältnisse zu sittlichen Werten es für den Adel möglich, ja zur Verpflichtung machte, diese Werte anzuerkennen und zu den eigenen zu machen.

Für Walther von der Vogelweide, der durch sein Aufbegehren gegen die Minnetradition aus dem Rahmen des deutschen Minnesangs fällt, postuliert Köhler konsequent eine bestimmte gesellschaftliche Position:

es ist diejenige der armen, aber freien Ritter. [...] Die Insistenz auf der freien Wahl, so ausgeprägt im romanischen, so selten und so schüchtern im deutschen Minnesang vor Walther, ist eine Verhaltens- und Denkmöglichkeit nur des freien ungebundenen niederen Rittertums.

Joachim Bumke: Ministerialität und Ritterdichtung[53]

Unter dem Titel „Ministerialität und Ritterdichtung" hat Paul Kluckhohn im Jahre 1910 einen Aufsatz veröffentlicht, der für unser Bild von den gesellschaftlichen Grundlagen der höfischen Literatur bis heute wichtig geblieben ist. Seine These war, daß die höfische Kultur in Deutschland in der Hauptsache von Ministerialen getragen wurde und daß die deutschen Verhältnisse sich darin bedeutsam von denen in Frankreich unterschieden, wo die Repräsentanten der neuen Adelskultur in erster Linie freie Vasallen waren. Zum Beweis für diese Ansicht führte Kluckhohn an, daß die deutschen Minnesänger zur Bezeichnung ihrer Ergebenheit gegenüber den von ihnen besungenen Damen Begriffe aus der Sphäre der Ministerialität verwendeten – vor allem die Begriffe *dienestman* und *eigen* –, während die Troubadours und Trouvères – wie Eduard Wechssler einige Jahre zuvor festgestellt hatte – ihre Terminologie der Minne-Abhängigkeit aus der Rechtssprache der Vasallität entlehnt hatten. Außerdem machte Kluckhohn geltend, daß die meisten deutschen Dichter, die Epiker ebenso wie die Minnelyriker, dem Stand der Ministerialen zugehörten.

Dieser letzte Punkt ist von Bumke in seiner Abhandlung ausführlich untersucht worden. Da es mir hier nur darum gehen kann, seine Position vorzustellen, gebe ich hier einige Stellen aus seinen Schlußfolgerungen wieder:

Wir sind ausgegangen von der These, daß die führende Rolle der Ministerialen als Träger der höfischen Kultur in Deutschland sich am deutlichsten in den Standesverhältnissen der Dichter dokumentiere. Die Beobachtungen zur Rangfolge der Minnesänger in der Handschrift C, zu ihren Wappen und zu ihren Namen haben jedoch gezeigt, wie schwierig es ist, verläßliche Auskünfte über die Lebensverhältnisse dieser Dichter zu erhalten. Wie viele von ihnen waren wirklich Ministerialen? [...] Eine verläßliche Klassifizierung der Minnesänger nach ihren Standesverhältnissen ist offensichtlich nicht durchführbar. [...] Ohne sich dem Vorwurf falscher Verallgemeinerungen auszusetzen, wird man sagen können: nach ihrer sozialen Stellung lassen sich die Minnesänger ganz grob in zwei Klassen teilen: in adlige Herren und Berufsdichter. Das ist nicht neu; aber ich glaube, daß diese Unterscheidung richtiger ist als eine ständische Gruppierung der Dichter unter dem Gesichtspunkt der Ministerialität. [...] Wichtiger als das Nebeneinander von Freiherren und Ministerialen ist für die Sozialgeschichte des Minnesangs, daß es neben den adligen Herren Berufsdichter als Minnesänger gab, genauso übrigens wie in der Provence. Wir haben gesehen, daß diese Berufssänger nicht als ‚bürgerliche' Dichter aufgefaßt werden dürfen und daß es irreführend wäre, in ihnen jüngere Ministerialensöhne zu sehen, die ohne Amt geblieben sind. Ständerechtliche Begriffe haben für diese Personengruppe keine Gültigkeit. [. . .]

Die Untersuchung der Standesverhältnisse vermag nicht das zu leisten, was die Forschung sich davon versprochen hat. Wichtiger als eine Gliederung der Dichter nach Ständegruppen scheint mir ihre Zuordnung zu den Höfen, an denen der Minnesang gesellschaftlich in Erscheinung getreten ist.

Ursula Liebertz-Grün: Zur Soziologie des „amour courtois"[54]

Ursula Liebertz-Grün zeichnet in ihrem Buch die wichtigsten Positionen der neueren Forschung zur historisch-soziologischen Erklärung der altprovenzalischen und mittelhochdeutschen Liebeslyrik nach. Dabei geht es vordringlich um Minnekultur, höfische Liebe, Frauendienst, also um jene Abstraktionen, welche Gegenstand der Forschung geworden sind, nicht um einzelne Lieder oder um einzelne Autoren. Die kritische Darstellung der Forschung gipfelt in einer ziemlich heftigen Zurückweisung der Thesen Köhlers.

Auf welchen Wegen die französische höfische Dichtung und die neuen ritterlich-höfischen Umgangs- und Geselligkeitsformen in Deutschland rezipiert wurden, ist heute im einzelnen noch weitgehend unklar. Die Möglichkeit, es habe sich um einen Kulturaustausch zwischen den ‚marginal men' der französischen und deutschen Feudalhierarchie gehandelt, wird man jedoch ausschließen können, denn es läßt sich leicht nachweisen, daß das Interesse an der französischen Adelskultur in Deutschland von den weltlichen Fürstenhöfen ausging. Ermöglicht wurde die Rezeption durch die internationalen politischen und verwandtschaftlichen Beziehungen des Hochadels. Eine besonders wichtige Rolle haben allem Anschein nach die großen Hoffeste gespielt, an denen nicht nur deutsche und französische Adelige, sondern auch Dichter verschiedener Sprache teilgenommen haben. An der Minnesangproduktion haben sich von Anfang an adelige Herren und Ministerialen in herrenmäßiger Stellung beteiligt. Das gilt für die frühe donauländische Liebeslyrik – erinnert sei an die Burggrafen von Regensburg und Rietenburg – ebenso wie für den romanisierenden höfischen Minnesang. Hier ist neben dem Grafen Rudolf von Fenis und Neuenburg vor allem Friedrich von Hausen zu nennen, der sich als Sohn des Freiherrn Walther von Hausen identifizieren läßt, während er selbst als Reichsministeriale wichtige Funktionen innehatte. Angesichts der Tatsache, daß Friedrich von Hausen und Rudolf von Fenis entscheidend zur Rezeption der provenzalischen Liebeskonzeption beigetragen haben, kann die Vermutung, der deutsche Minnesang sei im wesentlichen von sozial inferioren Ministerialen geprägt worden, nicht als einleuchtend erscheinen.

Gert Kaiser: Minnesang – Ritterideal – Ministerialität[55]

Die Frage nach einer soziologischen Deutung des Minnesangs hat sich mit den Arbeiten von Joachim Bumke und seiner Schülerin Ursula Liebertz-Grün zu einer ausgedehnten wissenschaftlichen Kontroverse entwickelt, die gewiß nicht zufällig erst in den siebziger Jahren mit Scharfsinn und ungewöhnlicher Schärfe geführt worden ist. Köhlers knapp und elegant vorgetragene Hypothese war ja nicht ganz neu, als er sie 1968 formulierte, aber bis dahin hatte der seit dem Beginn unseres Jahrhunderts halb vergessene Deutungsansatz von Eduard Wechssler (Das Kulturproblem des Minnesangs, Halle 1909, Neudruck Osnabrück 1966), auf den Köhler sich bezog, kaum noch wissenschaftliche Begeisterung entfacht. Gert Kaiser möchte sich mit seinem Beitrag zu dieser Kontroverse nicht zum Verteidiger der These oder der Anti-Thesen machen, sondern vorsichtig neue Perspektiven zeigen, die sich aus einer Reflexion über die unscharf gewordenen Begriffe und aus dem Versuch einer Zusammenschau von Forschungsergebnissen verschiedener Disziplinen entwickeln lassen. Er nimmt die Diskussion an jener Stelle auf, wo Ursula Liebertz-Grün eine für ihn überraschende Folgerung aus ihrer Kritik an Köhlers These zieht und unter Absehung von einer soziologischen Deutung zu einer eher geistesgeschichtlichen greift: Da die Analogie zwischen Minnedienst und Gottesdienst so markant ist, daß man beide nicht von einander trennen kann, vermutet sie, daß eine Übertragung aus der religiösen in die weltliche Sphäre stattgefunden haben könnte. Auch Kaiser zweifelt nicht daran, daß die Idealfigur des *miles christianus* das christliche Weltbild entscheidend geprägt hat, doch erkläre diese Tradition nicht, wieso gerade am Ende des 12. Jahrhunderts dieses christliche Dienstideal zum Eckstein der moralischen Selbstdeutung des Adels werden konnte.

Meine These zur Beantwortung dieser Frage lautet: Das Dienstethos der Kirche hatte nur deshalb eine Chance zu solcher Breiten- und Tiefenwirksamkeit in der Laienschaft um 1200, weil die deutsche Ministerialität es in eine offensive und attraktive Selbstinterpretation verwandelt, die zugleich Idealisierung des eigenen Dienststatus als auch moralisch-ästhetischer Anspruch an die Gesamtheit der Herrschaftsträger war.

Kaiser möchte nicht nach der Genese des Minnesangs fragen, sondern nach den Dispositionen für die deutsche Rezeption des Minnesangs. Diese Fragestellung unterscheidet sich von der Köhlers, sie kann aber seine Beobachtungen nutzbar machen, ohne die inzwischen daran geübte Kritik zu vernachlässigen.

Kaiser erläutert den Zusammenhang von Dienst und Gesang, indem er den Minnesang sozusagen beim Wort nimmt und hervorhebt, wie gerade die Kunstausübung in der herrschaftlichen *familia* als Dienst *(dienest, servitium)* aufgefaßt wird. Dafür bietet Walther von der Vogelweide viele Belege, einen besonders deutlichen in seinem sogenannten Preislied *Ir sult sprechen willekomen* (WAL 3, Strophe 6), wo ein ausdrückliches Dienstangebot formuliert wird (vgl. die Interpretation dieses Liedes S. 203 ff.). Freilich erklärt diese Tatsache immer noch nicht, wieso gerade der Dienstgedanke auch für die herrschende Schicht zum Ideal werden konnte. Das war ja die Grundfrage, die schon von Köhler angedeutet und dann als Kritik gegen seine These gewendet worden war. Hier ist nun wichtig, festzustellen, daß in der zweiten Hälfte des 12. Jahrhunderts ein starker sozialer Wandel stattgefunden hat, nämlich der Aufstieg der Reichsministerialen am Stauferhof. Kaiser beruft sich hier auf den Historiker Josef Fleckenstein, der seine Ergebnisse folgendermaßen zusammengefaßt hatte:

> In der Frühzeit Barbarossas nennen die Urkunden [...] unter den Zeugen zwar auch Ministerialen, aber es geschieht doch nur in relativ wenigen Fällen; die weitaus meisten Urkunden kommen zunächst mit der Nennung der anwesenden *principes* aus. Dies ist auch noch im Jahre 1158 der Fall. Dagegen hat sich 1165 das Verhältnis umgekehrt: jetzt beschränken sich nurmehr relativ wenige Urkunden auf die alleinige Nennung der *principes*, während die Mehrheit oft eine beträchtliche Reihe von Ministerialen anfügt. Im Jahre 1180 ist es eine seltene Ausnahme, daß einmal nur *principes* als Zeugen genannt sind. Mittlerweile ist es zur Regel geworden, neben den *nobiles* auch Ministerialen als *testes* anzuführen. 1184, das Jahr des großen Mainzer Hoftages, bietet das gleiche Bild, das demnach eine Verschiebung anzeigt, die sich seit langem vorbereitet hat. [...] Es ist kaum zweifelhaft, daß die verstärkte und schließlich regelmäßige Zeugennennung der Ministerialen neben den *nobiles* zugleich ein Hinweis darauf ist, daß sie seit der Zeit um 1158 am Hofe in zunehmendem Maße an Gewicht gewonnen haben.

Besonders wichtig für Kaisers Frage, wieso die Dienstidee auch eine Tugend für Herrschende werden konnte, ist nun die Tatsache, daß der Aufstieg der Reichsministerialen eine Zwischenkategorie zwischen *nobiles* und *ministeriales* entstehen läßt, den *ordo militum*, dem Angehörige beider Stände zugerechnet werden können. Das scheint nur deshalb möglich gewesen zu sein, weil beide Stände bereits viele Gemeinsamkeiten der Lebensführung besaßen, allen voran den Kampf zu Pferde. *Miles* ist also keine ständische Kategorie, sondern eine funktionale. Diese Ergebnisse der historischen Forschung macht Kaiser nun direkt nutzbar für unsere Ausgangsfrage:

> Das Wort *miles* trägt also keimhaft eine semantische Chance in sich, die sich schließlich in der Propagierung des Ideals vom höfischen Ritter und der Rezeption der höfischen Literatur realisieren wird: die Chance eines programmatischen Begriffs, der – als Leistungsbegriff – die ständischen Unterschiede zwischen Ministerialität und Adel überspielt und damit den Bestrebungen der Ministerialität um Integration in den Adel vortrefflich entgegenkommt.

Gerade Barbarossa hat nun mit dem Ritterideal aktive Integrationspolitik betrieben, und das früher und stärker als die meisten Fürsten des Reiches. Sein Interesse richtete sich dabei ohne Zweifel auf eine Nivellierung der adligen Sonderrechte bei dem lang andauernden Prozeß der Territorialisierung. Es ist also kein Zufall, daß der vom Dienstideal geprägte Minnesang an den staufischen Hof gebunden scheint. Friedrich von Hausen spielt hierbei eine geradezu exemplarische Rolle, die Kaiser prägnant hervorhebt:

> Er hat als erster den romanischen Minnesang den deutschen Verhältnissen anverwandelt – er hat die adlige Lehnsterminologie der Romania in die Dienstterminologie Deutschlands transformiert – und er ist in seiner Person Zeuge für die Attraktivität des Kaiserhofes und seiner Ritteridee. Sein Vater ist eindeutig als Edelfreier bezeugt, so daß wir für Friedrich, der ebenso eindeutig der *familia* des Kaisers angehört, entweder eine reichsministerialische Mutter annehmen müssen (was, dem Prinzip der ärgeren Hand zufolge, einen Ministerialenstatus Friedrichs erklärte) oder aber einen freiwilligen Eintritt in die *familia* Barbarossas. Die Zugehörigkeit zur *familia* erklärt die unterschiedliche Benennung in den Urkunden teils als *ministerialis,* teils als *probissimus miles* bzw. *vir probus et nobilis,* wodurch er sowohl an den ständischen Kategorien (*ministerialis – nobilis*) wie auch an jener sie verbindenden funktionalen Zwischenkategorie teilhat, die für eine kurze Zeitspanne die Kluft zwischen Ministerialen und Adligen verdekken konnte. Insofern ist er, der Minnesänger und *familiaris imperatoris,* der „adlige" Ministeriale, eine paradigmatische Gestalt dieser kurzen Epoche.
>
> Wir erkennen damit deutlich die am Barbarossahof z.T. nebeneinander verlaufenden, z.T. miteinander interferierenden Zeitströmungen: die zunehmende Förderung der Ministerialität nach der Krönung Barbarossas, die wachsende Propagierung des Ritterideals seit jenem ersten „ritterlichen" Hoftag zu Besançon 1155 und die Rezeption und Anverwandlung der Minneidee als die lyrische Ausdrucksform des Ritterideals.

Ganz zu recht spricht Kaiser hier von der ‚Minneidee', nicht vom Minnesang; Friedrich von Hausen ist in seiner ambivalenten sozialen Stellung ein wichtiger Zeuge für die von Kaiser referierte gesellschaftliche Entwicklung, in der die Literatur wie ein besonderer Katalysator gewirkt haben mag. Aber daß Friedrich von Hausen auch gerade jener Dichter geworden ist, dem es gelang, den romanischen Minnesang im beschriebenen Sinn zu verwandeln, das erklärt sich nicht schon durch seine paradigmatische Stellung: es bleibt gerade unter den gegebenen Bedingungen seine eigene und besondere künstlerische Leistung, welche Schule machte und welche von anderen, Zeitgenossen wie Nachgeborenen, nach den verschiedensten Kategorien und Maßstäben beurteilt werden kann. Während man im 19. Jahrhundert gern ‚Leben' und ‚Dichtung' in einem Kurzschluß zusammenführte, hat man in neuerer Zeit aus verständlicher Zurückhaltung beides gar zu vollständig zu isolieren gesucht oder den Dichter und sein ‚Leben' in ‚Gesellschaft' aufgelöst. Freilich kann man den Minnesang bzw. das einzelne Minnelied so gut wie gar nicht aus den biographischen Umständen seiner Entstehung ableiten. Nichtsdestoweniger läßt sich die Frage stellen, welche Rolle die Dichtung im Leben des Minnesängers spielte. In manchen Fällen wird man auf diese Frage fast keine Antwort geben können, in anderen wird sie kurz und undeutlich ausfallen, bei Walther läßt sich viel und kontrovers darüber diskutieren. Für uns ist sein doppelzüngiger und doch entwaffnend respektvoller Nachruf auf Reinmar z.B. ein besonderer Anlaß zu fragen, was Poesie den Sängern bedeutete. Die Frage nach dem Dichter oder nach der Gesellschaft als jenen Instanzen, die ein Werk hervorbringen, geht naivselbstverständlich von der Annahme aus, daß die Dichtung in irgendeiner Weise mit einer Wirklichkeit in Beziehung stehe, und zwar mit einer Wirklichkeit, die nicht selber schon in der Dichtung enthalten ist. Nichts lag dem Leser der sogenannten traditionellen Poesie, insbesondere der romantischen, denn auch näher, als in einem ‚Liebesgedicht' jeden Zeitalters und jeder Kultur den authentischen Ausdruck der glücklich-unglücklichen Verliebtheit des Dichters zu erblicken und im Gefühl der Liebe selber dasjenige Element, das alle Menschen und Zeiten verbindet. Das mag auch heute dem Leser eines Minneliedes gelegentlich noch widerfahren. Die Liebe der höfischen Lyrik drückt sich aber so eigentümlich aus und ihre Haltungen sind so vergesellschaftet, daß diese moderne Erwartungshaltung prinzipiell unangemessen erscheint.

Aber wenn schon keine individuelle ‚Dichterliebe' als Vorwurf für die Poesie auszumachen ist, so doch wenigstens ein Phänomen des kollektiven Bewußtseins, die ‚höfische Liebe' (den Begriff „amour courtois" hat der Romanist Gaston Paris in einem Aufsatz der Zeitschrift *Romania* 1883 geprägt, der sich allerdings nicht mit der Lyrik, sondern mit dem höfischen Roman befaßt). Sie betrifft nicht den Dichter, sondern eher die Gesellschaft, nicht die höfische Poesie, sondern eher sozialpsychologisch begründete Vorstellungen und Verhaltensformen. Um ein solches Phänomen historisch und gesellschaftlich dingfest zu machen, ja schon um seine Existenz zu erweisen, muß man auf Dokumente zurückgreifen, in denen das Phänomen sich manifestiert, also z.B. auf die Literatur und insbesondere den Minnesang, was einem Zirkelschluß doch sehr nahekommt.

Dieser Forschungsansatz ist zwar so alt wie der biographische, aber er hat gerade in den letzten zwei Jahrzehnten und besonders auf Erich Köhlers Anregung hin zu jenen Thesen geführt, die doch Laien und Fachleute unbefriedigt ließen. Ich habe Gert Kaisers Ausführungen an den vorläufigen Schluß dieser Diskussion gestellt, weil er das Risiko einer von vielen Forschern vorbereiteten Synthese eingegangen ist, die mir plausibel und vor allem fruchtbar erscheint, weil sie das Zusammenwirken verschiedener nicht meßbarer kultureller Kräfte voraussetzt und an die Stelle der

Forderung nach einer stringenten kausalen Herleitung des Minnesangs aus gesellschaftlichen Gegebenheiten die Skizze eines offenen Verständnisrahmens setzt. In diesem Rahmen läßt sich die höfische Poesie weiter erforschen und besser verstehen, ohne daß man auf die in unserer Einleitung erwähnte ästhetische Erfahrung des Unwiederhol- und Unüberwindbaren in der Poesie verzichten muß, nur weil diese Poesie immer nahtloser in ihre Zeit und Gesellschaft zu passen scheint. Auch die höfische Poesie bietet, über Erklärung und Verständnis hinaus, ein Mehr: Ich stelle mir vor, daß es die Hochachtung vor dem Gelungenen ist, vor dem Zeugnis einer kreativen Kraft, die man gerade dort aufspüren kann, wo sie in eine historisch gegebene Materialität eindringen muß. Die Bewunderung Walthers für Reinmars Gesang und den Dank an seine tote Zunge dürfen auch wir achthundert Jahre später gerechterweise noch teilen, ja der ganzen höfischen Lyrik zuwenden – und wäre es nur, weil höfischer Gesang denn doch eine ungleich friedlichere Herausforderung ist als der ritterliche Kampf gegen die Heiden.

Anmerkungen

1 Hans Magnus Enzensberger: Gedichte / Die Entstehung eines Gedichts (edition suhrkamp 20). Frankfurt/Main 1962.

2 Erika Essen: Gegenwärtigkeit mittelhochdeutscher Dichtung im Deutschunterricht. Heidelberg 1967, S. 7.

3 Erika Essen: Methodik des Deutschunterrichts. Heidelberg ^{3}1962, S. 265. Der zitierte Satz bezieht sich auf „über alle Zeiten und Völker reichende menschliche Ursymbole, die auch wir alle in uns vorfinden".

4 Theodor W. Adorno: Noten zur Literatur I (Bibliothek Suhrkamp 47). Frankfurt/Main 1958. (Rede über Lyrik und Gesellschaft: S. 73–104), S. 91 f.

5 Helmut Heißenbüttel: 13 Hypothesen über Literatur und Wissenschaft als vergleichbare Tätigkeiten (geschrieben 1965). In: Über Literatur. – Aufsätze (dtv Sonderreihe 84). München 1970, S. 195 ff. (hier S. 202).

6 Theodor W. Adorno: Noten zur Literatur I (Zum Gedächtnis Eichendorffs: S. 105–145), S. 105.

7 vgl. Anm. 4.

8 Des Minnesangs Frühling – Unter Benutzung der Ausgaben von Karl Lachmann und Moriz Haupt, Friedrich Vogt und Carl von Kraus bearbeitet von Hugo Moser und Helmut Tervooren. (S. Hirzel) Stuttgart ^{36}1977. Man zitiert: MF. Das Werk gliedert sich in:
Band I. Texte.
Band II. Editionsprinzipien, Melodien, Handschriften, Erläuterungen.
Band III. Des Minnesangs Frühling – Kommentare.
1. Halbband: Carl von Kraus, Des Minnesangs Frühling – Untersuchungen (Leipzig 1939). (S. Hirzel) Stuttgart 1981. Zitiert als MFU.
2. Halbband: Anmerkungen nach Karl Lachmann, Moriz Haupt und Friedrich Vogt, neu bearbeitet von Carl von Kraus (30. Auflage, Zürich 1950) (S. Hirzel) Stuttgart 1981. Zitiert als MFA.
Die Gedichte Walthers von der Vogelweide – herausgegeben von Karl Lachmann, aufgrund der zehnten von Carl von Kraus bearbeiteten Ausgabe neu herausgegeben von Hugo Kuhn. (Walter de Gruyter) Berlin ^{13}1965. Man zitiert: L. mit Lachmanns Seiten- und Zeilenzahl. Carl von Kraus hat seine textkritische Arbeit 1935 zusammengefaßt: Walther von der Vogelweide – Untersuchungen von Carl von Kraus. (Walter de Gruyter) Berlin ^{2}1966.

So unentbehrlich diese grundlegenden Werke für den Fachmann sind, so abschreckend können sie auf den an der Dichtung interessierten Laien oder den Studienanfänger wirken. Wer sich intensiver mit der mittelhochdeutschen Lyrik vor Walther von der Vogelweide beschäftigen möchte, sei auf folgende neue und neuartige Ausgabe hingewiesen:
Günther Schweikle: Die mittelhochdeutsche Minnelyrik (Band I: Die frühe Minnelyrik). (Wissenschaftliche Buchgesellschaft) Darmstadt 1977. Diese mit Über-

setzungen, Einführung und einem reichhaltigen Kommentar versehene Ausgabe ist auf drei Bände berechnet.

9 Eine ganz kurze und sehr übersichtliche Darstellung der mittelhochdeutschen Grammatik bieten Kurt Gärtner und Hans-Hugo Steinhoff: Minimalgrammatik zur Arbeit mit mittelhochdeutschen Texten (Göppinger Arbeiten zur Germanistik 183). (Kümmerle) Göppingen 1976.
Das Standardwerk zur Grammatik des Mittelhochdeutschen ist: Hermann Paul: Mittelhochdeutsche Grammatik. (Niemeyer) Tübingen [22]1982.
Bei der Lektüre mittelhochdeutscher Texte benutzt man folgendes Wörterbuch: Matthias Lexers Mittelhochdeutsches Taschenwörterbuch. (Hirzel) Stuttgart [37]1983.

10 Kurz und doch umfassend orientiert über mittelalterliche Autoren das Verfasserlexikon (VL): Die deutsche Literatur des Mittelalters – Verfasserlexikon, herausgegeben von Kurt Ruh. (Walter de Gruyter) Berlin 1977 ff. Es sind 6 Bände geplant.

11 Karl Bertau: Deutsche Literatur im europäischen Mittelalter. 2 Bände. (C. H. Beck) München 1972 f. Der Abschnitt „Kreuzzug, Ritterkultur und Minnesangs Frühling in Regensburg" (S. 363–371) stellt den donauländischen Minnesang in europäische Zusammenhänge. Nach Bertau zitiere ich Bernhard von Clairvaux (S. 309) und Heinrich von Melk (S. 364). Über das erste deutsche Turnier schreibt Bertau S. 327. Ruodlieb (Mittellateinisch und Deutsch), hrsg. von Fritz Peter Knapp (Reclam 9846). Stuttgart 1977, S. 114 f.

12 Bertau (vgl. Anm. 11), S. 367.

13 Peter Wapnewski: Des Kürenbergers Falkenlied. Euphorion 53 (1959), S. 1–19; wieder abgedruckt in: Waz ist minne – Studien zur mittelhochdeutschen Lyrik. (Beck'sche Schwarze Reihe 195) München [2]1979, S. 23–46.

14 Rolf Grimminger: Poetik des frühen Minnesangs. (C. H. Beck) München 1969. Dieses Buch (118 Seiten) empfiehlt sich als sorgfältige und methodenbewußte Studie, in der ein Versuch gemacht wird, die historische und die ästhetische Analyse des frühen Minnesangs zu vermitteln. Meine einleitenden Bemerkungen zu den Interpretationen des Falkenlieds sind Rolf Grimmingers Darstellung verpflichtet.

15 Rudolf K. Jansen: Das Falkenlied Kürenbergs – Eine Arbeitshypothese. Deutsche Vierteljahrsschrift für Literaturwissenschaft und Geistesgeschichte 44 (1970), S. 585–594.

16 Weitere Literatur und eine übersichtliche Darstellung der Forschung und ihrer Probleme findet man im Artikel „Kürenberg" von Günther Schweikle im VL (Band 5, 1984, Sp. 454–461).

17 Über die Gesellschaft im europäischen Hochmittelalter orientiert klar und faßlich Johanna Maria van Winter: Rittertum – Ideal und Wirklichkeit. (C. H. Beck) München 1969.

18 Hartmann von Aue: Erec – Mittelhochdeutscher Text und Übertragung von Thomas Cramer (Fischer Taschenbuch 6017). Frankfurt/Main 1972.

19 Verse 13 222 ff. vgl. Karl Bertau: Deutsche Literatur im europäischen Mittelalter (vgl. Anm. 11), Band 2, S. 584.

20 Vgl. über Friedrich von Hausen den Artikel im VL Band 2, Sp. 935–947. Vgl. auch S. 228 f.

21 Das immer noch wichtige Standardwerk der deutschen Metrik ist: Andreas Heusler: Deutsche Versgeschichte (Grundriß der germanischen Philologie 8). Der alt- und mittelhochdeutsche Vers wird im zweiten Band: Der altdeutsche Vers, Berlin und Leipzig 1927 ([2]1956) behandelt. Zu Studienzwecken eignen sich: Otto Paul – Ingeborg Glier: Deutsche Metrik. München [5]1964; Werner Hoffmann: Altdeutsche Metrik (Sammlung Metzler M 64). Stuttgart 1967. Nicht so sehr Kenntnisse vermitteln als Verständnis für die Verssprache wecken möchte Wolfgang Kaysers zuerst 1946 erschienene und noch immer zu empfehlende „Kleine deutsche Versschule".

22 Man identifiziert die Lieder der Trouvères nach den Nummern einer Spezialbibliographie: Hans Spanke: G. Raynauds Bibliographie des altfranzösischen Liedes (Musicologica 1). Leiden 1955. Die Lieder der Troubadours sind bibliographisch erfaßt bei: Alfred Pillet – Henry Carstens: Bibliographie der Troubadours. Halle 1933 (New York [2]1968).

23 Wer sich intensiver mit den Melodien der Troubadours und Trouvères befassen möchte, der greife zu dem schönen Buch von Hendrik van der Werf: The Chansons of the Troubadours and Trouvères – a Study of the Melodies and their Relation to the Poems. Utrecht 1972.

24 Nach solchen Kriterien hat Ursula Aarburg seinerzeit versucht, gewisse Wahrscheinlichkeitsgrade der Entlehnung zu definieren: Melodien zum frühen deutschen Minnesang – eine kritische Bestandsaufnahme; wieder abgedruckt in: Der deutsche Minnesang (Wege der Forschung XV), hrsg. von Hans Fromm. (Wissenschaftliche Buchgesellschaft) Darmstadt 1961, S. 378–423. Hinzuweisen ist in diesem Zusammenhang auf das reichhaltige Buch von István Frank: Trouvères et Minnesänger – Recueil de textes pour servir à l'étude des rapports entre la poésie lyrique romane et le minnesang au XIIe siècle. Saarbrücken 1952.

25 Vgl. Ludwig Wolff und Werner Schröder: Heinrich von Veldeke, VL Band 3, Sp. 899–918.

26 Vgl. S. 104 ff. Kurz und umfassend unterrichtet G. Schweikle über ihn in dem Artikel Kaiser Heinrich (VL 3, Sp. 678–682).

27 Gace Brulé ist ein höchst repräsentativer Trouvère: Holger Petersen Dyggve: Gace Brulé – trouvère champenois, édition des chansons et étude historique (Mémoires de la Société néophilologique de Helsinki – Helsingfors XVI). Helsinki (Helsingfors) 1951.

28 Vgl. Günther Schweikle: Heinrich von Rugge (VL 3, Sp. 869–874).

29 Vgl. Günther Schweikle: Bernger von Horheim (VL 1, Sp. 749–752).

30 Vgl. Herbert Kolb: Bligger von Steinach (VL 1, Sp. 895–897).

31 Vgl. Karl-Heinz Schirmer: Albrecht von Johannsdorf (VL 1, Sp. 191–195).

32 Paul Zumthor: Essai de poétique médiévale. (Edition du Seuil) Paris 1972. Die Auszüge finden sich auf den Seiten 209, 212 und 218.

33 Rainer Warning: Lyrisches Ich und Öffentlichkeit bei den Trobadors. In: Deutsche Literatur im Mittelalter – Kontakte und Perspektiven – Hugo Kuhn zum Gedenken, hrsg. von Chr. Cormeau. (Metzler) Stuttgart 1979, S. 120–159 (Auszüge der Seiten 138–144).

34 MFA (vgl. Anm. 8), S. 381 f.

35 Peter Wapnewski: Kaiserlied und Kaisertopos. In: Waz ist minne (vgl. Anm. 13), S. 50 und 55.

36 Vgl. Christoph Cormeau: Hartmann von Aue (VL 3, Sp. 500–520). Peter Wapnewski: Hartmann von Aue (Sammlung Metzler M 17). Stuttgart 1962. Daß Hartmanns Herr der Kaiser Friedrich I. Barbarossa gewesen sein könnte, vermutet Günther Schweikle (Der Stauferhof und die mittelhochdeutsche Lyrik, in: Stauferzeit, hrsg. von Rüdiger Krohn, Bernd Thum, Peter Wapnewski. Stuttgart 1979, S. 245–259). Gründliche und ausgewogene Information über den Dichter geben Christoph Cormeau und Wilhelm Störmer: Hartmann von Aue. Epoche – Werk – Wirkung (Beck'sche Elementarbücher). (C. H. Beck) München 1985. Nur die Lieder sind nach dem Text von MF mit nhd. Übersetzung und ausführlichem Kommentar erschienen: Hartmann von Aue: Lieder – Mittelhochdeutsch/Neuhochdeutsch hrsg., übersetzt und kommentiert von Ernst Reussner (Reclam 8082). Stuttgart 1985.

37 Peter Wapnewski: Hartmann von Aue (vgl. Anm. 36), S. 12 f.

38 MFU (vgl. Anm. 8), S. 439 ff.

39 Hugo Kuhn: Minnesang als Aufführungsform, in: Text und Theorie. (Metzler) Stuttgart 1969, S. 182–190.

40 Vgl. Helmut Tervooren: Heinrich von Morungen (VL 3, Sp. 804–815). Heinrichs von Morungen Lieder sind mit neuhochdeutscher Übersetzung, Anmerkungen und einem längeren Nachwort als wohlfeiles Taschenbuch erschienen: Heinrich von Morungen: Lieder – mittelhochdeutsch und neuhochdeutsch, Text, Übersetzung, Kommentar von Helmut Tervooren (Reclam 9797). Stuttgart 1975. Dieses Bändchen ist für die weitere Beschäftigung mit Morungen und dem Minnesang sehr zu empfehlen.

41 Vgl. S. 12 ff.

42 Denis de Rougemont: L'Amour et l'Occident. Paris 1972. Das Buch ist zuerst im Jahr des Kriegsausbruchs 1939 erschienen. Die hier in deutscher Sprache zitierte Stelle gehört zu den Erweiterungen der Neuausgabe von 1956. Collection 10/18 Nr. 34, S. 135 f. Deutsche Ausgabe: Die Liebe und das Abendland. (Kiepenheuer & Witsch) Köln und Berlin 1966.

43 Hugo Kuhn: Determinanten der Minne, in: Kleine Schriften 3 – Liebe und Gesellschaft. Stuttgart 1980, S. 58 f. Dieser Aufsatz ist zuerst erschienen in: LiLi – Zeitschrift für Literaturwissenschaft und Linguistik 7 (1977).

44 Gert Kaiser: Narzißmotiv und Spiegelraub – Eine Skizze zu Heinrich von Morungen und Neidhart von Reuental. In: Interpretation und Edition deutscher Texte des Mittelalters, Festschrift für John Asher zum 60. Geburtstag, hrsg. von Kathryn Smits. (E. Schmidt) Berlin 1981.

45 Kurz und doch umfassend wird man sich im VL über Reinmar und sein dichterisches Werk orientieren können. Das Bild des Dichters und seiner Stellung im Minnesang ist auf der Grundlage von Maurers Forschungen neu gezeichnet bzw. korrigiert worden durch William E. Jackson: Reinmar's Women – A Study of the Woman's Song (German Language and Literature Monographs 9). Amsterdam 1981.

46 Friedrich Maurer: Die „Pseudoreimare" (Abh. der Heidelberger Akademie der Wissenschaften, phil.-hist. Klasse 1966, 1). (C. Winter) Heidelberg 1966, S. 15 ff.

47 Die unübersehbare Menge von Literatur zur Person Walthers ist bis heute durch widerstreitende Hypothesen geprägt. Es sei auf den Versuch einer Synthese verwiesen: Kurt Herbert Halbach: Walther von der Vogelweide (Sammlung Metzler

M 40). Stuttgart 1965. Zur weiteren Beschäftigung mit Walther eignet sich vorzüglich die Auswahl von Peter Wapnewski in der Fischer Bücherei: Walther von der Vogelweide: Gedichte – Mittelhochdeutscher Text und Übertragung, ausgewählt und übersetzt von Peter Wapnewski. Frankfurt 1962 (und öfter).

48 Alois Kircher: Walther von der Vogelweide, in: Winfried Frey, Walter Raitz, Dieter Seitz: Einführung in die deutsche Literatur des 12. bis 16. Jahrhunderts, Band 1 (Adel und Hof – 12./13. Jahrhundert). (Westdeutscher Verlag) Opladen 1979, S. 265 ff.

49 Max Wehrli: Geschichte der deutschen Literatur vom frühen Mittelalter bis zum Ende des 16. Jahrhunderts. (Reclam) Stuttgart 1980. Die stark gekürzten Auszüge finden sich S. 379–382.

50 Volker Mertens: Reinmars „Gegensang" zu Walthers ‚Lindenlied'. Zeitschrift für deutsches Altertum 112 (1983), 161–177 (hier 172 f., 175).

51 Hugo Kuhn: Minnesangs Wende. (Niemeyer) Tübingen [2]1967.

52 Erich Köhler: Vergleichende soziologische Betrachtungen zum romanischen und zum deutschen Minnesang, in: Der Berliner Germanistentag 1968, hrsg. von Karl-Heinz Borck und Rudolf Henß. (C. Winter) Heidelberg 1970, S. 61–76.

53 Joachim Bumke: Ministerialität und Ritterdichtung – Umrisse der Forschung. (C. H. Beck) München 1976, S. 58 und 67 ff.

54 Ursula Liebertz-Grün: Zur Soziologie des „amour courtois" – Umrisse der Forschung. (C. Winter) Heidelberg 1977, S. 110 f.

55 Gert Kaiser: Minnesang – Ritterideal – Ministerialität, in: Adelsherrschaft und Literatur, hrsg. v. Horst Wenzel (Beiträge zur älteren deutschen Literaturgeschichte 6). Bern 1980, S. 181–208 (hier zitiert: Auszüge nach S. 190–193 sowie 198–202). Die Studie ist wieder abgedruckt in: Der Deutsche Minnesang II, hrsg. von Hans Fromm (Wege der Forschung 608). Darmstadt 1985.

Glossar

Dieses Glossar enthält alle Wörter, von denen man annehmen kann, daß sie irgendeine Schwierigkeit bieten. Sie werden zwar allesamt bei ihrem ersten Auftreten in den Kommentaren erläutert, aber da diese Erläuterungen an späteren Stellen des Buches nur selten oder gar nicht wiederholt werden, schien es angebracht, sie hier alphabetisch aufzuführen. Wörter, deren Schrift- oder Klanggestalt und Bedeutung dem Neuhochdeutschen sehr nahe kommen, wurden nicht aufgenommen, ebenso die geläufigsten Artikel und Pronomen, Präpositionen und Konjunktionen. Weitere Auskunft bieten die in Anm. 9 genannten Hilfsmittel.

abe Adv.	hinab, fort
aber Adv.	aber, dagegen, wiederum
âhte stf.	Acht, Verfolgung
al Adj.	all
al Adv.	(verstärkend)
alder Konj.	oder
al(l)-eine Adv.	allein
allez Adv.	überhaupt, immer
alre = aller Pl.Gen. →al	(verstärkt Superlative)
alrêst Adv.	zuerst, vor allem
alrôt Adj.	(ganz) rot
als Adv. (= alse, also)	so, ebenso
als Konj.	(so) wie, (immer) wenn, als ob, obgleich
alsam Adv.	so wie
anders Adv.	sonst, übrigens, anders
âne Adv. (+ Gen.)	frei (von)
âne Präp.	ohne
anger stm.	Dorfwiese
angest stmf.	Angst
ar swm.	Adler
arc, -ges Adj.	böse
arebeit stf.	Mühe, Arbeit
bâgen stv. VII	laut schreien
balde Adv.	schnell
bals(e)me swm.?	Balsam
ban, -nnes stm.	Gebot, Strafandrohung, Bannung
bant, -des stn.	Fessel
bar Adj.	nackt, bloß, frei
baz Adv. (Komp. zu wol)	besser
be-durfen Prpr.	brauchen, bedürfen
be-geben stv. V (+ Gen.)	ablassen von, entziehen
be-gên stv. (unrv.)	bewirken, schaffen, begehen
be-hern swv.	mit Krieg überziehen, überfallen
be-hüeten swv.	behüten, schützen, verhüten
beiten swv.	erwarten, warten lassen
be-jehen stv. V	versichern
be-kennen swv.	kennen, erkennen
be-kêren swv.	abwenden, kehren
be-komen stv. IV	kommen, gelangen
be-langen swv.	lang werden, lang dünken
be-lîben stv. I	bleiben
be-nemen stv. IV	wegnehmen
bêr stm.	Fischernetz
bern stv. IV	tragen
be-schehen stv. V	geschehen
bescheidenlîch Adj.	angenehm, gebührlich

be-scheinen swv.	zeigen, zu erkennen geben
be-schern swv.	zuteilen, hingeben
be-schouwen swv.	betrachten, wahrnehmen
be-sehen stv. V	prüfen, ansehen
best, bezzist Adj. (Superl.)	best
be-stân, be-stên unrv.	bestehen, festhalten
besunder Adj.	besonder, vorzüglich
be-swaeren swv.	belasten
be-tagen swv.	den Anfang des Tages erwarten
bete stf.	Bitte
be-triegen stv. II	betrügen, täuschen
be-twingen stv. III	bedrängen, zwingen zu
betwungenlîche Adv.	gezwungenermaßen, wie ein Gefangener
be-vân stv. VII	umfangen, bedecken
be-vinden stv. III	finden, antreffen
be-warn swv.	bewahren, schützen
be-winden stv. III	umwinden, umwickeln
bezzer Adj. (Komparativ)	besser
bî Adv., Präp.	dabei, bei
bîe swf.	Biene
bilde stn.	Bild, Gestalt
bistû = bist dû	
bîten stv. I	warten
biz Konj., Präp.	bis
blanc Adj.	weiß
blî, -wes stn.	Blei
blic, -ckes stm.	Glanz, Blitz, Blick
bliuwen stv. II	schlagen
blôz Adj.	nackt, bloß
bluome swm.	Blume, Blüte
bluot stf.	Blüte
bluot stn.	Blut
boese Adj.	gering, unwürdig
boln swv.	werfen
brinnen stv. III	brennen
brunne swm.	Quell, Brunnen
büezen swv.	bessern
buoz stm.?	Besserung, Abhilfe
burc stf. (Gen. bürge)	Burg

dâ Adv., Konj.	dort, wo
dan, danne, dannen Adv.	fort, von dort, fernhin
danc stm.	Zustimmung, Zutun
danne Adv., Konj.	als (nach Komparativ)
danne Adv.	alsdann
danne, dan Adv.	damals
dannoch Adv.	trotzdem
dar, dâ Adv.	dort
(vor räuml. Adv.)	da(r)-
decken swv.	bedecken
dehein, dekein (negierter unbest. Art., Pron.)	kein, keiner
deich = daz ich	
derst = der ist	
dest = des ist, daz ist	
dêst = daz ist	
deste Adv.	desto
dêswâr Adv. = daz ist wâr	wahrlich
dicke Adv.	oft
dienen swv.	dienen, verdienen
dienest stmn.	Dienst
dienstman, -nnes stm.	Dienstmann, Ministeriale
dinc, -ges stn.	Ding, Sache, Vertrag
dingen swv.	hoffen
dirre = diser	
diust = diu ist	
dô Adv., Konj.	da, als (temp.)
doenen swv.	tönen
dôn stm.	Ton
dorn stm.	Dorn, Dornenzweig

dörperheit stf.	Ungezogenheit, Tölpelei
drangen swv.	drängen, belästigen
drî Zahlw. mf., driu n.	drei
drîstunt Zahlw.	dreimal
driu →drî	
drô stf.	Drohung
droschel stf.	Drossel
drucken swv.	drücken
dur, durch Präp.	um ... willen
durfen Prpr.	dürfen, Ursache haben
ê Konj.	ehe, bis
edel(e) Adj.	edel, adlig
eht Adv.	ja, eben, allerdings
eigen substantiv. Adj.	Eigenmann, Höriger
eine Adv.	allein
einest Adv.	einmal, jemals
einhürne swm.	Einhorn
ellen stn.	Mut, Manneskraft
ellenden swv. (refl.)	sich in die Fremde begeben
elliu →al	
en-, →ne Neg. partikel	
en-, ent- Präfix	
en-bern stv. IV	entbehren, nicht haben
en-bieten stv. II	anbieten, entbieten
en-binden stv. III	entbinden, losbinden
end Konj.	ehe, bevor
ende stn.	Ende
en-decken swv.	aufdecken, entblößen
endelîchen Adv.	endlich, am Ende
enden swv.	beenden, refl. aufhören
engel stm.	Engel
engegen Adv.	entgegen, gegen
en-gên stv. (unrv.)	entgehen, vergehen
en-gelten stv. III	bezahlen, büßen, erstatten
en-pfân stv. VII	empfangen, annehmen
ent-rinnen stv. III	entrinnen, entkommen
entriuwen Adv.	wahrlich, gewiß
ent-springen stv. III	sprießen, aufgehen
enzwischen Adv.	dazwischen
er-beiten swv.	warten, erwarten
erben swv.	vererben
er-blüejen swv.	erblühen, aufleuchten
er-gân unrv.	ergehen, geschehen
er-kiesen stv. II	erwählen
er-korn, er-kôs →erkiesen stv.	
er-lân, er-lâzen stv. VII	freigeben, freilassen
er-lîden stv. I	erleiden
er-nenden swv.	Mut fassen
er-sehen stv. V (refl.)	sich im Anblicken verlieren, sein Spiegelbild sehen
er-slagen stv. VI	erschlagen, töten
er-niuwen swv.	erneuern, erinnern
er-schamen swv.	in Scham geraten
er-schrecken stv. IV, er-schrikken swv.	erschrecken
er-spehen swv.	erforschen, überschauen
êrst Adv.	zuerst, das erstemal
er-sterben stv. III	dahinsterben
er-toben swv.	von Sinnen kommen
er-vinden stv. III	herausfinden
er-weln swv.	erwählen
er-wenden swv.	entziehen, abwendig machen, vertreiben
er-wern swv.	verwehren, hindern
est = ez ist	
et = eht	
eteslîch adjektiv. Pron.	irgendein
eteswenne Adv.	zuweilen, manchmal
gâch Adj.	schnell, eilig
gâhen swv.	eilen

gan →gunnen Prpr.	
gân, gên stv. VII (unrv.)	gehen
gar Adv.	gänzlich
gar, -wes Adj.	bereit, gerüstet
gast stm.	Fremdling, Gast
ge-heien Partizip	gewachsen, gediehen
ge-leit = ge-leget	
ge-lît = ge-liget; geligen stv. V	sich niederlegen
geloubet (Part.)	belaubt
gêret = ge-êret	
ge-seit = gesaget	
getân Part.	beschaffen, gestaltet
ge-torste →turren Prpr.	
ge-zamete →zemen swv.	
gezogen Part.	erzogen
gebaerde stf.	Aussehen, Verhalten
ge-bâren swv.	sich verhalten
ge-bieten stv. II	gebieten
gebite stf.	Verweilen, Warten
gebûre swm.; gebûwer stm.	Bauer
ge-dagen swv.	verschweigen
gedanc, -kes stm.	Gedanke
gedanke swm.	Gedanke, Denken
ge-denken swv. (unrv.)	denken, sich erinnern
gedenken = gedanken	
ge-dienen swv.	dienen, verdienen
gedinge stn., swm.	Hoffnung, Zuversicht
gedulteclîchen Adv.	mit Geduld
gegen, gein Präp.	gegen
ge-haben swv.	festhalten
gehêret Adj. (Part.)	erhaben, hehr gemacht
ge-hersen swv.	beherrschen, Herr werden
gehiure Adj.	angenehm
ge-hoenen swv.	entehren
ge-hoeren swv.	hören, zu hören bekommen
gein = gegen	
ge-langen swv.	gelüsten
gelâz stmn.	Gestalt, Benehmen
ge-lâzen stv. VII	sich verlassen auf
ge-leben stv. V	leben, erleben, am Leben bleiben
ge-legen swv.	legen, festlegen, hinterlegen
ge-leiden swv.	leid machen, verleiden, verderben
gelîch Adj.	gleich
gelîche Adv.	gleich, gleichermaßen
ge-lîchen swv.	gleich stellen
ge-liegen stv. II	lügen
geliep Adj.	einander lieb
ge-ligen stv. V	liegen, daniederliegen, sich legen
ge-liuhten swv.	leuchten
ge-loben swv.	loben, preisen
ge-louben swv.	glauben
ge-louben swv. (refl.)	verzichten
gelt stn.	Bezahlung, Belohnung
gelücke stn.	Glück
gemach stmn.	Ruhe, Zufriedenheit
ge-machen swv.	fertig bringen
gemeine Adj.	allgemein, gemeinsam
gemeit Adj.	vergnügt, froh
gemellîch Adj.	lustig, freudeverbreitend
gemüete stn.	Gemüt, Seelenlage, Stimmung
gemuot Adj.	gesinnt, gestimmt
genâde stf.	Gnade, Gunst
g(e)naedic Adj.	gnädig
ge-nemen stv. IV	einnehmen, annehmen, zu sich nehmen
ge-nesen stv. V	gesunden, heil werden
ge-nieten swv.	sich erfreuen, haben

ge-niezen stv. II	genießen, Nutzen haben
ge-nôzen swv.	vergleichen
genuoc, -ges Adj.	genug
ge-rechen stv. IV	rächen
gerende →gern swv.	
gerich stm.	Rache, Strafe
geringe Adj.	leicht, klein
ge-ringen swv.	leicht(er) machen
gern swv.	begehren
gerne Adv.	gern
ge-ruochen swv.	bedacht sein, geruhen
ge-sagen swv.	sagen, gestehen, berichten
ge-schaden swv.	Schaden zufügen
ge-schehen stv. V	geschehen
ge-scheiden stv. VII	scheiden, sich trennen
ge-schên →geschehen	
geselle swm.	Freund, Geliebter
geselleschaft stf.	Begleitung, Gesellschaft
gesinde stn.	Dienerschaft
ge-sitzen stv. V (unrv.)	sich setzen
ge-slacht Adj.	beschaffen, gestaltet
ge-sprechen stv.	sprechen, aussprechen
gestalt Adj.	beschaffen, gemacht
ge-stân unrv.	stehen, sein
ge-stechen stv. IV	stechen
gesteine stn.	Edelstein, Schmuck
gesunt, -des Adj.	gesund
ge-tragen stv. VI	ertragen, tragen
ge-treffen stv. IV	antreffen, betreffen
ge-triuten swv.	lieben
getriuwe Adj.	treu
ge-troesten swv.	trösten
ge-trûren swv.	trauern, traurig sein
getwanc, -ges stm.	Gewalt
ge-vallen stv. VII	gefallen

gevangen substantiv. Part.	Gefangener
gevê Adj.	feind, feindselig
gevidere stn.	Gefieder, Federn
ge-vrumen swv.	nützen, fördern
gevüege Adj.	gehorsam, gefügig, wohlerzogen
gewalt stmf.	Gewalt, Kraft, Herrschaft
gewar Adj.	gewahr, bewußt
ge-weinen swv.	(heftig) weinen
ge-wenen swv.	gewöhnen
ge-wern swv.	gewähren
gewizzen Adj.	klug, unterrichtet, einsichtig
ge-zemen stv. IV	ziemen, passen
ge-zîhen stv. I	vorwerfen, zeihen
gich, giht →jehen stv.	
gîst; gît = gibest; gibet →geben stv.	
glesîn Adj.	gläsern
gluot, glüete stf.	Glut
got stm.	Gott
gouch stm.	Kuckuck, Gauch, Dummkopf
grâ, -wes Adj.	grau
grâwen swv.	grauen
grîfen stv. I	greifen
güete stf.	Güte, angemessenes Verhalten
güetlîche(n) Adv.	mit Freundlichkeit, angenehm
guldîn Adj.	golden, aus Gold
gunnen Prpr.	gönnen, zugestehen
guot Adj.	gut (schön, tapfer, passend usw.)
guot stn.	Besitz, Reichtum
dur guot	im Guten, ohne böse Absicht
guote swf. substantiv. Adj.	(Bezeichnung für die Dame, Geliebte)
habe stf.	Habe, Besitz
habedanc stm.	(Siegespreis im Turnier, Grußerwiderung)

hân, haben swv.	haben
harpfen swv.	Harfe spielen
hazzen swv.	hassen, verachten
heben, heven stv. VI (unrv.)	heben, erheben
heide stf.	die Heide
heide swm.	der Heide, Ungläubige
heil stn.	Gesundheit, Glück
heime Adv.	zu Hause, daheim
heizen stv. VII	nennen, heißen, befehlen
helfe stf.	Hilfe
helt, -des stm.	Held
hemede stn.	Hemd
her Adv.	hierher, bis hier
her(e) stn.	Heer
hêr Adj.	erhaben, hehr
hêrre, herre swm. (Kurzform her)	Herr
hêrsch Adj.	herrisch, stolz
herze swn.	Herz
herzeclîchen Adv.	von Herzen, herzlich
herzeleit, -des stn.	Herzeleid
herzelîch Adj.	zu Herzen gehend
herzeliebe stf.	herzliche Liebe
herzeliep, -bes Adj.	herzlich lieb
herzesêr stn.; herzesêre stf.	Herzeleid, tiefer Schmerz
hie Adv.	hier
himelwagen stm.	Himmelswagen (Sternbild)
hinder Präp.	hinter, nach
hinne Adv.	hier drinnen
hinnen Adv.	von hinnen, von hier fort
hiute Adv.	heute
hiuwer, hiure Adv.	heuer, dieses Jahr
hô, hôh, hôch Adj.	hoch
hôchgemüete stn.	Frohsinn
hôchgemuot Adj.	in gehobener Stimmung
hoehen swv.	erhöhen
hoenen swv.	verhöhnen
hoeren swv.	hören
hof, -ves stm.	Hof
holt Adj.	zugetan, freundlich
houbet stn.	Kopf, Haupt
hovelîch Adj.	hofmäßig
hövisch Adj.	hofmäßig, höfisch
hübsch Adj.	zum Hof gehörig
hüeten swv.	bewachen, hüten
hulde stf.	Huld, Freundlichkeit
hulden swv.	huldigen, Treue geloben
huot stm.	der Hut
huote stf.	die Hut, Bewachung
hût stf.	Haut
i = ich Pers.pron.	
ie Adv.	immer, je
iedoch Adv.	jedoch
ieman, iemen Pronominalsubst.	jemand
iemer Adv.	immer
iender Adv.	irgendwo
ietweder Pron.	jeder von beiden
iezuo Adv.	gerade jetzt
iht stn. (Pronominalsubst.)	(irgend) etwas
iht Adv.	irgend
îlen swv.	eilen
în Adv.	hinein
ingesinde stn.	Dienerschaft
inne Adv.	inne(werden)
inneclîche Adv.	inniglich, heimlich
ir-lîden = erlîden stv.	
irren swv.	irrmachen
îsengewant, -des stn.	Rüstung
jâmer stm.	Jammer, Trauer
jâmerlîch Adj.	jammervoll, bejammernswert
jârlanc Adv.	von jetzt ab das ganze Jahr

jehen, jên stv. V	sagen, behaupten, zugestehen
jô Interj. (bekräftigend)	
joch Adv.	ja auch
jugent stf.	Jugendalter, Kindheit
jungen swv.	jünger werden
jungest Adv. (Superl.)	jüngst, vor kurzem
keden, queden stv. V	sagen, heißen
kiesen stv. II	wählen
kindelîn stn.	kleines Kind
kinne stn.	Kinn
kît = kidet →keden stv.	
kiusche stf.	Keuschheit
klâ, klâwe swf.	Klaue
kleine Adj., Adv.	klein, gering, fein
kouf stm.	Kauf, Geschäft
kranc Adj.	schwach, krank
krenken swv.	schwächen, erniedrigen, schänden
kriuze stn.	Kreuz
kroenen swv.	krönen, bekränzen
krône stf.	Kranz, Krone
krump, -bes Adj.	krumm, schief
kûme Adv.	kaum, schwerlich
künde stf.	Kenntnis
künde gewinnen	kennenlernen
küneginne stf.	Königin
kunnen, künnen Prpr.	können, wissen
kunst stf.	Kenntnis, Kunst
kunt Adj.	bekannt
küssen stn.	Kissen
küssen swv.	küssen
lân stv. VII	lassen
laster stn.	Schande, Schmach, üble Nachrede
lâzen stv. VII →lân stv.	ablassen, verlassen, loslassen
lebendic Adj.	lebend, lebendig
ledic Adj.	frei, ledig
leide stf.	Leid, Feindseligkeit
leide Adv.	leid
leiden swv.	leid machen, verleiden
leides →leit stn. (Gen.)	
ach leides (Redewendung)	wie traurig!, welches Leid!
leie swm.	Laie, Nichtgeistlicher
leisten swv.	erfüllen, leisten
leit, -des stn.	Leid
leit, -des Adj.	leid, unlieb
leitlîch Adj.	leidvoll
lîden stv. I	leiden
liebe stf.	Liebe
liebe Adv.	lieb
lieben swv.	lieb, angenehm machen
liegen stv. II	lügen
lieht Adj.	hell
lieht stn.	Licht
liep, -bes stn.	Liebes, Angenehmes
liep, -bes Adj.	lieb, angenehm
substantiviert diu liebe	Bezeichnung für die geliebte Dame
lieplîch Adj.	lieblich, freundlich
liet stn.	Lied, Strophe
ligen stv. V (unrv.)	liegen
lîhen stv. I	leihen
lîhte Adv.	leicht, vielleicht
liljenvar Adj.	lilienfarben
lîp, -bes	Körper
mîn lîp usw.	Umschreibung für ich usw.
lît = liget →ligen stv.	
liuhten swv.	leuchten
liute stm. Plur.	Leute, Menschen
lobelîchen Adv.	löblich, lobenswert
lobesam Adj.	lobwürdig
lop, -bes stn.	Lob, Ruhm
losâ verstärkter Imperativ →losen swv.	

losen swv.	horchen
loufen stv. VII	laufen
lougen stn.	Leugnung
âne lougen	unleugbar, fürwahr
loup, -bes stn.	Laub, Blätter
lucken, lücken swv.	locken, ködern
lûterlîch Adj.	lauter, rein
lützel Adv.	wenig, selten
mâc, -ges stm.	Verwandter
mac →mugen Prpr.	
maere stn.	Nachricht, Erzählung
maget stf.	Mädchen, Magd
mâne swm.	Mond
manen swv.	mahnen
mang- = manig-	
manic, -ges Adj.	manch, viel
mat Interj.	matt (Zuruf im Schachspiel)
mâze stf.	Maß
mâzen swv.	mäßigen
mê = mêre	
megede →maget stf.	
megetîn stn.	Mädchen
meie swm.	Mai
meier stm.	Meier, Hofverwalter
meinen swv.	im Sinn haben, denken, lieben
meist Adj. (Superl. →vil, michel)	
meister stm.	Meister, Vorbild, Gebildeter
meit, -de (= maget) stf.	Mädchen
men(e)g- = manig-	
menigî stf.	Menschenansammlung, Menge
mer stn.	Meer
mêre, mê Adv. (Komp. →vil)	mehr

merkaere, merker stm.	Aufpasser
merken swv.	beachten, erkennen
michel Adj.	groß
michels Adv.	um vieles
mîden stv. I	meiden
miete stf.	Lohn, Bezahlung
mîle stf.	Meile
minne stf. (auch swf.)	Minne, Liebe (auch personifiziert)
minne(n)clîch Adj.	liebenswert, substantiviert: Bezeichnung der Geliebten
minnen swv.	lieben
minnesinger stm.	Minnesänger
minre Adj., Adv.	kleiner, geringer
misse-reden swv.	verleumden
missetât stf.	Missetat, Verbrechen
misse-tuon unrv.	falsch handeln, sündigen
mite Adv.	mit (bei räuml. Adv. und Verben)
müede Adj.	träge, ungeschickt, müde
müejen swv.	mühen, belasten
müezen Prpr.	sollen, mögen, müssen
mugen, mügen Prpr.	können
mül stf.	Mühle
muot stm.	Gemüt, Seelenzustand, Gemüt
muoten swv.	begehren, verlangen
muoter stf.	Mutter
nac, -ckes stm.	Nacken, Hals
nâch, nâ Adv., Präp.	nach
nâhe(n) Adv. (Komp. nâher)	nah
nâhen swv.	nahen, näherkommen
nam(e) swm.	Name, Wort
nan = nam →nemen stv.	

-ne, en- (enklitische, proklitische Neg.part.)	(nicht)
nehtint Adv.	gestern abend
nein(â) Adv.	nein
nemen stv. IV	nehmen
nîden stv. I	neiden, hassen
nider(e) Adv.	nieder, hinab
nie Adv.	nie(mals)
nieman, niemen Pron.subst.	niemand
niemer Adv.	niemals, nie mehr
niender, ninder Adv.	durchaus nicht
niene Adv.	nicht, nichts
niet = niht	
nîgen stv. I	neigen, sich verneigen
niht stn. (Pron.subst.)	nichts
nît, -des stm.	Haß, Neid
niuwan, niuwen Adv.	nur, nichts als
niuwe Adj.	neu
noch Konj.	Negation: noch, und nicht
nôt stf.	Mangel, Bedrängnis, Not
nû, nu Adv.	nun, jetzt
ob(e) Konj.	daß, wenn
ob Präp.	über
ôsterlîch Adj.	österlich
ouwe stf.	Aue, Wiese
ouwê, owê, ôwî Interj.	o weh!
pfat, -des stn.	Pfad, Weg
pflegen stv. V	pflegen, tun
phaffe swm.	Geistlicher, Priester
poisûn stn.	Gift(trank), gemeint ist der für König Marke bestimmte Liebestrank, den Isolde mit Tristan trinkt.
prîsen swv.	preisen, rühmen

prüeven swv.	prüfen, betrachten
rat, -des stn.	(Mühl)rad
rât, -tes stm.	Rat, Vorrat, Verzicht
reht Adj.	richtig, angemessen
reht stn.	Recht
rehte Adv.	richtig
reie swm.	Reigentanz
reise stf.	(Kriegs)fahrt
rîchen swv.	reich machen
rîchtuom stm.	Herrschaft, Reichtum
rieme swm.	Riemen
ringen stv. III	kämpfen
rîter, ritter stm.	Reiter, Ritter
ritterlîch Adj.	ritterlich (bezieht sich auch auf Damen!)
riuschen swv.	rauschen, lärmen
riuwen stv. II	reuen, betrüben
roeseloht Adj.	rosig
ros, -sses stn.	Pferd
rôse swm.f.	Rose
rôsevar, -wes Adj.	rosenfarben
rouberîn stf.	Räuberin
rouwe, riuwe swm.	Schmerz
rucken swv.	rücken, schieben
rüefen, ruofen swv.	rufen
rüemen swv.	rühmen
rûmen swv.	räumen
rûnen swv.	raunen, flüstern
ruochen swv.	bedacht sein, geruhen
ruote (sw)f.	Rute
sache stf.	Sache, Ursache, Streitsache
saelde stf.	Glück
saeldebaere Adj.	glückbringend
saelic Adj.	glücklich
sam Adv., Konj.	so wie
sam Präp. (= sament, sant)	zusammen mit

sanc, -ges stm.	Gesang
sanft(e) Adv.	angenehm
sant = sam Präp.	
schade swm.	Schaden, Nachteil
schamen swv. (refl.)	sich schämen
schapel stn.	Kranz
schate swm.	Schatten
schedelîch Adj.	Schaden bringend
scheiden stv. VII	trennen, unterscheiden
schiere Adv.	bald, schnell
schimph stm.	Scherz
schîn Adj.	offenbar, sichtbar
schîn stm.	Schein, Licht, Spiegelbild
schînen stv. I	erscheinen, sichtbar sein
schoene stf.	Schönheit
schoen(e) Adj.	schön, substantiviert als Bezeichnung der Dame
schône Adv.	schön
schouwen swv.	anschauen, betrachten
schôz stn.	Schoß
schulde stf. (auch schult)	Schuld, Ursache
schuldic Adj.	schuldig, verpflichtet
sê, -wes stm.	See, Teich
seite = sagete →sagen swv.	
selbe Adv.	selbst
selh = solh	
selp, -bes Pronominaladj.	selb
sem = sam Adv., Konj.	
sem mir got (ellipt. Beteuerung)	so wahr mir Gott helfe
sende, senende, senede Adj.	sehnsüchtig, verlangend
senen swv.	sehnen
senfte Adj.	sanft, mild, leicht
sêr stn.m.	Schmerz, Leid

sêre Adv.	sehr, heftig
sêrste Adv. (Superl.) →sêre	am meisten, heftigsten
sicherheit stf.	Schwur, Versprechen
sicherlîche(n) Adv.	gewiß, mit Sicherheit
sîdîn Adj.	seiden
siech Adj.	krank
sigen swv.	siegen
sîn unrv. (wesen stv.)	sein
sin, -nnes stm.	Sinn, Verstand
sît Adv.	seitdem
sît Konj.	da, weil
site stm.	Sitte, Gewohnheit, Art
smecken swv.	duften, riechen, schmecken
snel, -lles Adj.	kühn
solh, sölh, selh Pron.adj.	solch, so beschaffen
spâte Adv.	spät
spehen swv.	aussuchen, Ausschau halten
spil stn.	Spiel, Vergnügen
spiln swv.	glänzen
spruch stm.	Spruch, Vers, Rede
staete Adj., Adv.	beständig, treu
staete stf.	Beständigkeit, Treue
staeteclîchen Adv.	beständig, treu
staetekeit stf.	Beständigkeit, Treue
stân unrv.	stehen
stat stf.	Stelle, Ort
stein stm.	Stein (Grab-, Mühl-)
stên unrv. = stân	
sterne swm.	Stern
stîgen stv. I	steigen
stillen swv.	stillen, zufriedenstellen
stiurman, -nnes unr.m.	Steuermann
streben swv.	sich abmühen, zappeln
strîchen stv. I	streichen

strît stm.	Kampf, Streit, Zwiespalt
strîten stv. I	kämpfen
stunde, stunt st. sw. f.	Zeitpunkt, Stunde
drîstunt	dreimal
süeze Adj.	süß, substantiviert als Bezeichnung der Geliebten
suht stf.	Krankheit
suln Prpr.	sollen, schuldig sein
sumelîch Pron.adj.	irgendeiner, mancher
sûmen swv.	säumen
sumer stm.	Sommer
sumerlate stf.	Rute (einjähriger Schößling)
sumerwunne stf.	Sommerwonne
sumerzît stf.	sommerliche Jahreszeit
sun stm.	Sohn
sünden swv.	sündigen
sunder Präp.	ohne
sunne swmf.	Sonne
suoze Adv.	süß
sus demonstratives Adv.	so
swâ Konj.	wo auch immer
swach Adj.	schwach, traurig, hilflos
swachen swv.	erniedrigen
swaere Adj.	schwer, lästig
swaere stf.	Beschwernis, Mühe, Last
swanne Konj.	wenn
swar Konj.	wohin auch immer
swaz, swer verallgem. Rel.pron.	was, wer auch immer
sweder verallgem. Rel.pron.	welcher auch immer von beiden
sweimen swv.	schweben, sich schwingen
swelch verallgem. Rel.pron.	welcher auch immer
swenne Konj.	immer wenn
swern stv. IV	schwören
swie Adv., Konj.	wie auch immer
swîgen stv. I	schweigen
swinden stv. III	verschwinden

tagen swv.	tagen, hell werden
tal stn.	Tal
ze tal	hinab
tar →turren Prpr.	wagen, sich getrauen
tegelîch Adv.	täglich
teil stn.	Teil
ein teil Adv.	teilweise
tier stn.	wildes Tier, Reh
tiure Adj.	teuer, kostbar
tiuren swv.	wertvoll, teuer machen
tiusch, tiutsch, diutisch Adj.	deutsch
toben swv.	unsinnig sein, toben
tougen Adv.	heimlich
tougenlîche(n) Adv.	heimlich
touwen swv.	tauig werden, sich mit Tau bedecken
trahen stm.	Träne
tranc stm.	Trank (Liebestrank)
treit = treget →tragen stv. VI	
triegen stv. II	betrügen
triuwe stf.	Treue, Aufrichtigkeit
triuwen, trouwen swv.	sich getrauen
trôst stm.	Hilfe, Bestärkung, Trost
trouwen, trûwen, triuwen swv.	vertrauen
trüeben swv.	trübe werden, machen
truoben swv.	trübe werden
trût stm.	Geliebter, Geliebte
tugen Prpr.	taugen, wert sein
tugent, -de stf.	Tugend, Verdienst, Tauglichkeit
tumbe stf.	Unverstand
tump, -bes Adj.	ungebildet, uner-

	fahren, unverständig
tumpheit stf.	Ungezogenheit, Tölpelhaftigkeit
tuon unrv.	tun
turren Prpr.	wagen
tûsent Zahlwort	tausend
tûsentstunt Adv.	tausendmal
twanc, -ges stm.	Zwang
twerhes Adv.	schief
twingen stv. III	zwingen
übel stn.	Böses, Unheil
übel(e) Adv., Adj.	böse
überhêr Adj.	übervornehm
ûf Präp.	auf
ûfe Adv.	hinauf, auf
umbe Adv., Präp.	um, für
umbe-vân stv. VII (umme-)	umfangen, umarmen
unbereit Adj.	unfertig, nicht bereit
und(e) Konj.	und; auch zur Einleitung eines Konzessivsatzes
undanc, -kes stm.	Vorwurf
ünde stf.	Flut, Welle
undertân Adj. (Part.)	untergeben
underwîlen(t) Adv.	bisweilen
under-winden stv. III (refl.)	sich befassen mit
unêren swv. (refl.)	sich mit Schande bedecken
unerlân Adj. (Part.)	nicht frei gelassen
ungelîche Adv.	ungleich
un-gelônet Adj.	unbelohnt
ungelücke stn.	Unglück
ungenâde stf.	Ungunst, Unglück, Mühsal
ung(e)naedic(lîche) Adj., Adv.	böswillig, ungnädig
ungevüege Adj.	ungezogen, unhöflich, grob
ungewin, -nnes stm.	Schaden
ungewon Adj.	nicht gewöhnt
unguot Adj.	unfreundlich, übelwollend
unmaere Adj.	unlieb, gleichgültig
unmâzen Adv.	unmäßig, sehr
unmilte Adj.	geizig, kleinlich
unminne stf.	Haß
unminneclîche Adv.	nicht minnemäßig
unnôt Adj.	unnütz, nicht nötig
unsaelic Adj.	unglücklich, verdammt
unsanfte Adv.	schwer, widerwillig
unsenfteclîch(e) Adv.	auf schmerzliche Weise
unstaete stf.	Unbeständigkeit
unstaetekeit stf.	Untreue
un-vergeben Adj. (Part.)	nicht verteilt
un-versunnen Adj. (Part.)	unbewußt, unvernünftig
unvrô Adj.	unfroh, griesgrämig
unvuoge stf.	Unsitte
unwendic Adj.	unabwendbar
unwîp stn.	schlechte Frau
unwîse stf.	Lärm-Melodie
unz Konj.	so lange wie (bis)
urloup, -bes stm.n.	Erlaubnis, Abschied
ûz Adv., Präp.	aus
ûzer Präp.	aus
vâhen, vân stv. VII	fangen, bekommen
val, -wes Adj.	fahl, bleich
valsch stm.	Falschheit
varn stv. VI	gehen, reisen, fahren
varwe stf.	(Haut-)farbe
vaste Adv.	heftig, fest
vederspil stn.	Beizvogel
vehten stv. IV	kämpfen
ver-ban; ver-bunnen Prpr.	mißgönnen
ver-bern stv. IV	nicht haben, entbehren, vermeiden

ver-dagen swv.	verschweigen
verdâht Adj. (Part. →verdenken unrv.)	in Gedanken vertieft
ver-dringen stv. III	verdrängen
ver-einen swv. (refl.)	sich verbinden mit, einigen
ver-eischen, vreischen stv. VII	zu erfahren suchen
ver-gâhen swv. (refl.)	sich übereilen
vergebene Adv.	vergebens
ver-gên stv. VII (unrv.)	übergehen, vorbeigehen
ver-heln stv. IV	verhehlen, verschweigen
verholne Adv.	heimlich
ver-kêren swv.	ändern
ver-klagen swv.	verklagen, verfluchen; aufhören zu klagen
ver-liesen stv. II	verlieren
ver-mezzen stv. V (refl.)	sich vermessen, überheben
ver-mîden stv. I	vermeiden
ver-nemen stv. IV	hören, vernehmen
verre Adv.	fern, weit
ver-sagen swv.	ablehnen
ver-sehen stv. V (refl.)	rechnen auf
ver-sêren swv.	verletzen
ver-sinnen stv. III (refl.)	wahrnehmen, bemerken
ver-smâhen swv.	verächtlich werden
ver-süenen swv.	versöhnen, verbinden
ver-suochen swv.	angreifen, zu erreichen suchen, prüfen
verte: vart stf.	Fahrt, Kriegsfahrt
ver-teilen swv.	verdammen, verfluchen, verloren geben
ver-tragen stv. VI	tragen ohne zu zeigen, gefallen lassen
ver-vâhen, ver-vân stv. VII	verfangen, nützen, beurteilen
ver-waenen swv.	rechnen mit
ver-wâzen stv. VII	zugrunderichten, verdammen
verwen swv.	färben
ver-winden stv. III	überwinden, verschmerzen
ver-wîzen stv. I	vorwerfen
ver-zîhen stv. I	verzichten, verschmähen
vil Adv.	viel, sehr
vingerlîn stn.	Ring
vlîz stm.	Fleiß, Mühe
vlîzen stv. I (refl.)	sich befleißigen, mit Eifer tun
vlîzic Adj.	eifrig, fleißig
vogel stm.	Vogel
vogellîn stn.	Vöglein
vogelsanc, -ges stn.	Gesang der Vögel
volle Adv.	voll und ganz
vreislîchen Adv.	schrecklich
vremden swv.	meiden
vremede = vrömede	
vreude = vröide	
vreudelîn stn.	kleine Freude
vreuen = vröwen swv.	
vrevellîchen Adv.	frevelhaft, unverschämt
vriedel stm.	Geliebter
vriundinne stf.	Geliebte, Freundin
vriunt, -des stm.	Freund, Geliebter
vrô (Anrede) = vrouwe	
vröidenvrühtic Adj.	freudebringend
vröiderîche Adj.	freudig
vrömede Adj.	fern, fremd
vrouwe, vrowe swf.	Herrin, adlige Dame
vrouwelîn stn.	junge Dame
vröwen swv. (refl.)	sich freuen
vruot Adj.	verständig, froh
vüegen swv.	zufügen
vüeren swv.	führen

vuoge stf.	Schicklichkeit
vuoz stm.	Fuß
vürdern swv.	voranbringen
vürste swm.	Fürst, Fachausdruck für die Bienenkönigin
wâ Interrogativpron.	wo
wâc, -ges stm.	Woge, Welle, Meer
wachen swv.	wach werden, sein
wâfen stn.	Waffe
wâfen(â) Interj.	Hilferuf
wâgen swv.	aufs Spiel setzen, wagen
wahtaer(e) stm.	Wächter
wallen stv. VII	wallen, fließen
wallen swv.	wandern, wallfahrten
wan = man Pronominalsubst.	
wan, wand(e) Konj.	weil, denn, außer
wan, wande Interrogativpron.	warum, wann
wân stm.	Hoffnung, Wahn
wanc, -kes	Bewegung
wankelmuot Adj.	wankelmütig
wâr Adj., stn.	wahr, Wahrheit
war Interrogativpron.	wo
war(e) stf.	Wahrnehmung, Aufmerksamkeit
war nemen	wahrnehmen
warten swv.	Ausschau halten
was →sîn, wesen unrv.	
wât stf.	Kleidung
wê, -wes stn.	Weh
wê Adv.	weh
wegen stv. V	wiegen
wehsel stm.	Abwechslung, Tausch
wellen unrv.	wollen
welt stf.	Welt, Leute
weltlîch Adj.	zur Welt gehörend
wenden swv.	abwenden, hindern
wenken swv.	abwenden, weichen
wenne, wanne Interrog. pron.	wann
wenne = swenne, swanne Konj.	immer wenn
wengel stn.	Wange, Bäckchen
wer stf.	Bürgschaft, Währung; Verteidigung, Bollwerk
werben stv. III	ausrichten, erledigen, streben
werde Adv.	würdig, ehrenvoll
werdekeit stf.	Würde, Ansehen
werlt, werlde = welt stf.	
wern swv.	gewähren
werren stv. III	stören, kümmern
wert, -des stn.m.	Wert, Würde
wert, -des Adj.	würdig, herrlich, wertvoll
wesen stv. V (sîn)	sein
wider Adv., Präp.	wiederum, gegen
wider-sagen swv.	herausfordern
wider-varn stv. VI	widerfahren, begegnen
wiel →wallen stv.	
wîle stf.	Weile, Zeit
die wîle	so lange wie
willeclîch Adj.	willfährig, absichtsvoll
willekomen Adj.	willkommen
wilt, -des Adj.	wild, ungezähmt
wilt, -des stn.	wildes Tier
winder stm.	Winter
wîp stn.	Frau, Weib
wîpheit stf.	Weiblichkeit
wîplîch Adj.	weiblich, frauenhaft
wirde stf.	Würde
wirren swv.	verwirren, stören
wirs Adv. (Komp. übele)	schlimmer
wis (Imperativ) →sîn, wesen unrv.	

wîs(e) Adj.	weise
wîse stf.	Art und Weise, Melodie
wise swf.	Wiese
wîsen swv.	zeigen
wîsheit stf.	Weisheit
wît Adj.	breit
witze stf.	Wissen, Verstand, Besinnung
wîz Adj.	weiß
wîzen stv. I	vorwerfen
wizzen Prpr.	wissen, können
wolgetân Adj.	schön, substantiviert als Bezeichnung der Dame
wolken stn.	Wolke
wonen swv.	wohnen
wortel stn. (= wortelîn)	Wörtchen
wüeten swv.	rasen
wunderlîch Adj.	erstaunlich
wunderwol (verstärktes wol)	wunderbar
wunne stf. (wünne)	Wonne
wunneclîch Adj.	wonnevoll
wunne(n)clîchen Adv.	wonnevoll
wünnenrîch Adj.	wonnevoll
wunsch stm.	das Wünschenswerte, Ideal
wunt Adj.	verwundet, krank
würken swv. (unr.)	wirken, schaffen

zal stf.	Zahl
zam Adj.	zahm
ze, zuo Präp.	zu
zeln swv.	zählen
zemen stv. IV	sich geziemen, gehören
zemen swv.	zähmen
zer = ze der	
zesamene Adv.	zusammen
ziehen stv. II	erziehen
zîhen stv. I	vorwerfen
zil stn.	Ziel
zouber stm.	Zauber, Magie
zuht stf.	Wohlerzogenheit
zuo Adv.	hin, zu
zwei Zahlwort n.	zwei
zweien swv.	paarweise gehen
zwêne Zahlwort m.	zwei
zwiu = ze wiu	wozu
zwîvel stm.	Zweifel
zwîvellop stn.	ironisches (zwiespältiges) Lob
zwô Zahlwort f.	zwei

Bibliographie

Diese Bibliographie verzeichnet die bereits genannten und einige weitere Arbeitsinstrumente und Handbücher sowie Textausgaben, die zur weiteren Beschäftigung mit der höfischen Lyrik zu empfehlen sind.

1 Bibliographien, Arbeitsinstrumente, Aufsatzsammlungen

1.1 Bibliographien

Tervooren, Helmut: Bibliographie zum Minnesang und zu den Dichtern aus „Des Minnesangs Frühling" (Bibliographien zur deutschen Literatur des Mittelalters 3). (Erich Schmidt) Berlin 1969. [Verzeichnet die ältere Literatur in einer intelligenten Auswahl. Weitere und vor allem neuere Literatur findet man in den meisten der unten genannten Werke und Ausgaben, besonders in MF und bei de Boor.]

1.2 Arbeitsinstrumente

1.2.1 *Wörterbücher*

Heffner, R.M.S. / Petersen, Kathe: A Word-Index to "Des Minnesangs Frühling". Wisconsin 1942 und Ann Arbor, Mich. 1966.

Benecke, G.F. / Müller, W. / Zarncke, F.: Mittelhochdeutsches Wörterbuch. 3 Bände. (Olms) Hildesheim 1963 (1854/66).

Lexer, Matthias: Mittelhochdeutsches Handwörterbuch (zugleich als Supplement und alphabetischer Index zum mittelhochdeutschen Wörterbuch von Benecke-Müller-Zarncke). (Hirzel) Stuttgart 1979 (1872).

Lexer, Matthias: Mittelhochdeutsches Taschenwörterbuch. (Hirzel) Stuttgart ^{37}1983.

1.2.2 *Grammatiken*

Gärtner, Kurt / Steinhoff, Hans-Hugo: Minimalgrammatik zur Arbeit mit mittelhochdeutschen Texten (Göppinger Arbeiten zur Germanistik 183). (Kümmerle) Göppingen 1976.

Paul, Hermann / Moser, Hugo / Schröbler, Ingeborg: Mittelhochdeutsche Grammatik. (Niemeyer) Tübingen ^{22}1982.

Helm, Karl, / Ebbinghaus, E.A.: Abriß der mittelhochdeutschen Grammatik. (Niemeyer) Tübingen ^{5}1980.

1.3 Aufsatzsammlungen

Fromm, Hans (Hrsg.): Der deutsche Minnesang – Aufsätze zu seiner Erforschung (Band 1: Wege der Forschung 15, Band 2: Wege der Forschung 608). (Wissenschaftliche Buchgesellschaft) Darmstadt 1961 und 1985.

Beyschlag, Siegfried (Hrsg.): Walther von der Vogelweide (Wege der Forschung 112). Darmstadt 1971.

2 Handschriften und Ausgaben

2.1 Handschriften

Die Kleine Heidelberger Liederhandschrift Cod. pal. germ. 357 der Universitätsbibliothek Heidelberg (Facsimilia Heidelbergensia 2). Einführung von Walter Blank. (Ludwig Reichert) Wiesbaden 1972. [Die Einführung ist eine umfassende Monographie zur Handschrift A.]

Die Weingartner Liederhandschrift – Faksimile, Textband. (Müller und Schindler) Stuttgart 1969. [Der Textband zum Faksimile enthält ausführliche Studien und eine vollständige Transkription der Handschrift B von Otfrid Ehrismann.]

Codex Manesse. Die Große Heidelberger Liederhandschrift. Vollständiges Faksimile des Codex palatinus germanicus 848 der Universitätsbibliothek Heidelberg. (Insel) Frankfurt a. M. 1974–79. – Kommentar zum Faksimile, hrsg. von Walter Koschorrek und Wilfried Werner. (Insel Verlag und Graphische Anstalt für Kunst und Wissenschaft Ganymed) Kassel 1981. [Umfassendes Sammelwerk zur Gestalt und Geschichte der Handschrift C.]

Literatur zu diesen drei und allen anderen Minnesanghandschriften verzeichnet ausführlich MFA.

2.2 Ausgaben

2.2.1 *Minnesang vor Walther von der Vogelweide*

Des Minnesangs Frühling. Unter Benutzung der Ausgaben von Karl Lachmann und Moriz Haupt, Friedrich Vogt und Carl von Kraus bearbeitet von Hugo Moser und Helmut Tervooren. (Hirzel) Stuttgart; I: Texte (^{36}1977, ^{37}1982); II: Editionsprinzipien, Melodien, Handschriften, Erläuterungen (1977); III: Kommentare (1981), III/1 Untersuchungen von C. von Kraus (1939), III/2 Anmerkungen von K. Lachmann, M. Haupt, Fr. Vogt, C. von Kraus (1950). [Diese unentbehrliche Sammlung für jede wissenschaftliche Arbeit am Minnesang wird S. 128 ff. erläutert; vgl. Anm. 8.]

Schweikle, Günther: Die mittelhochdeutsche Minnelyrik. Texte und Übertragungen, Einführung und Kommentar. (Wissenschaftliche Buchgesellschaft) Darmstadt 1977 (Band 1). [Diese sorgfältig übersetzte und reichhaltig kommentierte Ausgabe ist auf drei Bände berechnet und wird alle Texte aus MF enthalten. Von unseren Dichtern in Band 1: KÜR, SEV, DIE, RIE, VEL, FEN, HAU, HEI, BLI, HOR, JOH.]

Heinrich von Morungen: Lieder – mittelhochdeutsch/neuhochdeutsch. Text,

Übersetzung und Kommentar von H. Tervooren (Reclams UB 9797) Stuttgart 1975 (vgl. Anm. 40).

Hartmann von Aue: Lieder – mittelhochdeutsch/neuhochdeutsch. Herausgegeben, übersetzt und kommentiert von Ernst von Reussner (Reclams UB 8082) Stuttgart 1985 (vgl. Anm. 36).

Friedrich von Hausen: Lieder – mittelhochdeutsch/neuhochdeutsch. Text, Übersetzung und Kommentar von Günther Schweikle. (Reclams UB 8023) Stuttgart 1984.

2.2.2 *Walther von der Vogelweide und späterer Minnesang*

Die Gedichte Walthers von der Vogelweide. Hrsg. von Karl Lachmann, neu hrsg. von Hugo Kuhn. Berlin 1965.

Walther von der Vogelweide: Sämtliche Lieder – mittelhochdeutsch und in neuhochdeutscher Prosa. Hrsg. und übersetzt von Friedrich Maurer (UTB 167). (Fink) München 1984.

Walther von der Vogelweide: Gedichte – mittelhochdeutscher Text und Übertragung. Ausgewählt, übersetzt und mit einem Kommentar versehen von Peter Wapnewski (Fischer-Taschenbuch 6052). Frankfurt 1984.

Wapnewski, Peter: Die Lyrik Wolframs von Eschenbach. Edition, Kommentar, Interpretation. (C. H. Beck) München 1972.

Die Lieder Neidharts. Hrsg. von Edmund Wiessner, Hanns Fischer, Paul Sappler; Melodienanhang von H. Lomnitzer (Altdeutsche Textbibliothek 44). (Niemeyer) Tübingen ^{4}1983.

Neidhart von Reuental: Lieder. Hrsg. von Siegfried Beyschlag. (Wissenschaftliche Buchgesellschaft) Darmstadt 1975. [Die Ausgabe enthält neben einer Übersetzung und einem ausführlichen Kommentar einen wichtigen Notenanhang mit den Melodien zu Neidharts Liedern.]

Neidhart von Reuental: Lieder – mittelhochdeutsch/neuhochdeutsch. Hrsg. und übersetzt von H. Lomnitzer (Reclam UB 6927). Stuttgart 1966

Deutsche Liederdichter des 13. Jahrhunderts (2 Bände). Hrsg. von Carl von Kraus und Gisela Kornrumpf. (Niemeyer) Tübingen ^{2}1978.

3 Literaturgeschichte

3.1 Gesamtdarstellungen

Sayce, Olive: The Medieval German Lyric 1150–1300. The developments of its themes and forms in their European context. (Clarendon Press) Oxford 1982. [Eine informative und ausgewogene Darstellung der gesamten Lyrik des behandelten Zeitraums, sowohl unter historischem und chronologischem als auch unter gattungstechnischem Gesichtspunkt.]

Haubrichs, Wolfgang: Deutsche Lyrik. In: Europäisches Hochmittelalter, hrsg. von Henning Krauss (Neues Handbuch der Literaturwissenschaft, hrsg. von Klaus von See, Band 7, S. 61–120). (Akademische Verlagsgesellschaft Athenaion) Wiesbaden 1981. [Ein anregender Überblick unter vorwiegend künstlerischen und gedanklich-ideologischen Gesichtspunkten.]

3.2 Einzeldarstellungen

Die deutsche Literatur des Mittelalters. Verfasserlexikon (VL). 6 Bände. Hrsg. von Kurt Ruh. (de Gruyter) Berlin 1977 ff. [Dieses noch nicht abgeschlossene Handbuch informiert umfassend über die Dichter, fügt sie aber seiner alphabetischen Anlage gemäß nicht in einen historischen Zusammenhang ein.]

de Boor, Helmut / Newald, Richard: Geschichte der deutschen Literatur von den Anfängen bis zur Gegenwart. Band II: Die höfische Literatur, bearbeitet von Ursula Hennig. (C. H. Beck) München ^{10}1979. [Die Lyrik steht hier im Rahmen der ganzen mittelalterlichen dt. Literatur; ausführliche Bibliographie.]

4 Metrik und Musik

4.1 Metrik

Tervooren, Helmut: Minimalmetrik zur Arbeit mit mittelhochdeutschen Texten (Göppinger Arbeiten zur Germanistik 285). Göppingen 1979.

Heusler, Andreas: Deutsche Versgeschichte. Band 2: Der altdeutsche Vers. (de Gruyter) Berlin ^{2}1956. [Das wissenschaftliche Standardwerk zur Versgeschichte; in vielen Punkten allerdings überholt, insbesondere was die Verstheorie und den musikalischen Aspekt des mittelhochdeutschen lyrischen Verses betrifft.]

Beyschlag, Siegfried: Altdeutsche Verskunst in Grundzügen. (Hans Carl) Nürnberg ^{6}1969. [Wertvoller Anhang mit 27 erschlossenen oder überlieferten Melodien.]

Paul, Otto/Glier, Ingeborg: Deutsche Metrik. (Hueber) München ^{9}1974.

Breuer, Dieter: Deutsche Metrik und Versgeschichte (UTB 745). (Fink) München 1981.

Wagenknecht, Christian: Deutsche Metrik – eine historische Einführung. (C. H. Beck) München 1981. [Ein anregendes Buch über Metrik, das zwar nicht die mittelalterliche Epoche behandelt, aber bei jedem Interesse finden wird, der sich mit Lyrik befassen möchte.]

4.2 Musik

Ewald Jammers: Die sangbaren Melodien zu Dichtungen der Manessischen Liederhandschrift. (Ludwig Reichert) Wiesbaden 1979. [Die Übertragungen von Jammers sind für den praktischen Gebrauch geeignet. Besonders bei den frühen Liedern wird man aber oft zweifeln können, ob die rekonstruierten Melodien wirklich zu diesen Liedern gehörten.]

Es gibt eine Reihe von modernen Aufführungen mittelalterlicher Musik mit Beispielen aus dem Minnesang auf Schallplatten. Man sollte sie jedoch weniger als historische Dokumente denn als Versuche schöpferischen Umgangs mit der Überlieferung werten. Das gilt besonders für hypothetische Rhythmisierungen und mehrstimmige Begleitung. Eine Diskographie hat Ulrich Müller zusammengestellt in seinem Beitrag zu: Walter Hinderer (Hrsg.): Geschichte der deutschen Lyrik vom Mittelalter bis zur Gegenwart. Stuttgart 1983 (S. 47 f.).

Namenregister